学前儿童
科学教育与活动指导

滕忠萍　陈金菊　胡慧睿◎编著

清华大学出版社
北京

内 容 简 介

本书充分体现“课证融合”特点，各章节除了对本课程的知识点进行全面梳理外，还通过设置“相关链接”和“互动平台”等栏目，让学生进行课堂操作、讨论以及课外实践，增进学生对理论知识的理解并提升其实践水平。本书结合幼儿园教师资格证考试要求设计了“在线测试”栏目，帮助广大学生准确掌握答题技巧，并选取典型的历年真题加以解析。学生可以进行自我检测，巩固学习效果。此外，“拓展阅读”栏目还提供了相关的阅读资料，以拓展学生知识结构。

本书适合作为各大中专院校的教学用书和幼儿园教师资格证考试辅导用书。

图书在版编目（CIP）数据

学前儿童科学教育与活动指导 / 滕忠萍，陈金菊，胡慧睿编著. — 北京：清华大学出版社，2020.11（2023.1重印）
ISBN 978-7-302-56697-7

Ⅰ. ①学… Ⅱ. ①滕… ②陈… ③胡… Ⅲ. ①学前儿童—科学教育学 Ⅳ. ①G613

中国版本图书馆 CIP 数据核字（2020）第 203277 号

责任编辑： 邓 艳
封面设计： 刘 超
版式设计： 文森时代
责任校对： 马军令
责任印制： 宋 林

出版发行： 清华大学出版社
网　　址： http://www.tup.com.cn，http://www.wqbook.com
地　　址： 北京清华大学学研大厦 A 座　　**邮　　编：** 100084
社 总 机： 010-83470000　　**邮　　购：** 010-62786544
投稿与读者服务： 010-62776969，c-service@tup.tsinghua.edu.cn
质量反馈： 010-62772015，zhiliang@tup.tsinghua.edu.cn
印 装 者： 北京国马印刷厂
经　　销： 全国新华书店
开　　本： 185mm×260mm　　**印　　张：** 14.5　　**字　　数：** 344 千字
版　　次： 2020 年 12 月第 1 版　　**印　　次：** 2023 年 1 月第 3 次印刷
定　　价： 49.00 元

产品编号：086606-01

前　　言

“学前儿童科学教育活动与指导”是学前教育专业课程体系中实践性较强的专业课，也是主干核心课程之一，同时更是幼儿园教师资格证国家级考试的重点考查内容。本书认真贯彻《幼儿园工作规程》《幼儿园教育指导纲要（试行）》《幼儿园教师专业标准（试行）》《3～6 岁儿童学习与发展指南》《教师教育课程标准（试行）》的思想，以 0～7 岁儿童，特别是 3～6 岁幼儿为研究对象，旨在帮助学前教育专业的学生运用学前教育学以及学前心理学的理论、原则来研究学前儿童科学教育过程的基本问题，培养学生具有从事学前儿童科学教育的专业素养和教学能力，同时也为幼儿园教师资格证的考取奠定理论基础，积累实践经验。幼儿园教师资格证是幼儿教师的从业许可证。该许可制度的全面实施，进一步明确了幼儿教师的从业门槛和基本素养，对幼儿园教师队伍整体素质的提升做出了重要贡献。近年来，在产教融合的背景下，幼儿园教师资格证往往被提升到与学历证和学位证同样的高度。考取幼儿园教师资格证成为学前教育专业的学生最重要的学习任务之一。帮助学生顺利考取幼儿园教师资格证，也成为课程建设必须考虑的重要问题。因此，在确保学生获得学历证和学位证的课堂教学基础上，兼顾考证指导的“课证融合”教育模式备受关注。学生通过考取幼儿园教师资格证，完善自身知识结构，提升自身实践能力，达到理论学习与工作实践的协调发展，实现产教融合。

“课证融合”是指在专业教学过程中涵盖职业资格标准的要求。在制订教学计划时，将该专业的职业资格标准融入高职学历教育要求，根据能力、知识和素质要求，进行课程的整合，使课程结构、教学内容和教学进度安排与职业考证的内容、要求和时间相一致，培养出大批高素质技能型人才。近年来“课证融合”的教学模式备受关注，本书正是在“课证融合”的基础上，以“学前儿童科学教育活动与指导”课程改革为切入点进行编写的。本书注重理论知识与实践操作相结合，紧扣《幼儿园教师资格证考试大纲》，不仅系统地呈现了学前儿童科学教育活动与指导应知应会的内容与基本方法，还梳理了本门课程在幼儿园教师资格证考试中的要求和要点，既能满足学生掌握基础知识和提升能力的要求，又能满足学生考取幼儿园教师资格证的需要，融“研、教、学、做、产”为一体，充分体现了前瞻性、科学性、实操性和多样性等特点。

本书是广西教育科学“十三五”规划 2019 年度课题《“全面二孩”政策下广西幼儿师资队伍建设面临的挑战与对策研究》（编号：2019A038）、2018 年度教育部人文社会科学研究（青年基金）项目《广西少数民族地区留守儿童管理体系建构研究》（18YJC880151）和 2020 年广西职业教育教学改革项目《基于岗位群工作过程系统化的学前教育专业群课程体系构建研究》（GXGZJG2020A032）部分研究成果的体现，它反映了课题组成员在实践研究中的“实践—研究—反思—实践—研究—实践”的经验，是集体智慧的结晶。本书的编写人员既是长期从事学前儿童科学教育教学工作、具有丰富教学经验的教师，又是参与编写正式出版的全国教师资格证书考试通用教材的专家，并熟悉全国幼儿园教师资格证考试各项工作，具有丰富的指导经验。本书由滕忠萍、陈金菊和胡慧睿拟定编写框架并撰写提纲，第一章、第二章和第三章由陈金菊编写；第四章和第五章由胡慧睿编写；第六章和第七章由滕忠萍编写；最后由滕忠萍统稿并定稿。

本书在编写过程中参考了国内不少研究成果以及大量文献资料，谨向有关专家和学者一并表示诚挚的谢意！本书的出版得到了清华大学出版社的大力支持，在此表示衷心的感谢！

由于编写时间仓促，编者水平有限，本书还有诸多不足之处，恳请社会各界人士、同行和广大读者批评指正，以便我们在修订时完善。

编　者

目　　录

第一章　学前儿童科学教育的基本问题

本章导读

21 世纪，随着科学技术的迅速发展，以及人们对科学和科学探究本质认识的日益深化，科学教育已经从传统的模式走向了现代的模式。如何提升国民的科学素养，如何对幼儿进行科学启蒙教育，已经成为学前教育工作者关注的一个重要话题。但是，幼儿园科学教育的实践面临许多问题，如有的教师科学知识匮乏，有的教师因科学活动材料准备比较麻烦，省去了幼儿动手操作的探究活动，将幼儿的“做”科学变为了教师的“讲”科学。这些问题的存在，与教师科学知识储备不够有关，更与教师对幼儿科学教育的内涵、幼儿科学学习的特点掌握不到位有关。

学习目标

1. 掌握学前儿童科学学习的特点。
2. 理解学前儿童科学教育的含义和特点。

学习重点

掌握学前儿童科学学习的特点。

思维导图

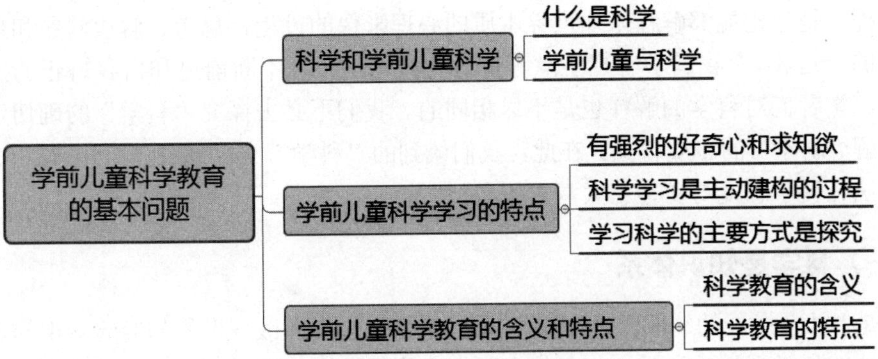

第一节　科学和学前儿童科学

典型案例

中秋节快到了，大一班的幼儿在教师的带领下走进科学活动室中，他们分成四个小组，和面、揉面、包豆沙馅儿、用模子将面饼刻成不同形状的小月饼，然后将月饼放进烤箱，最后，教师和幼儿一起品尝月饼。这样一个过程观察下来，观察者发出了很多疑问：

“这样的烹饪活动属于科学活动吗？为什么放在科学活动室里呢？”

“幼儿学习烹饪有意义吗？月饼去超市买来吃就好了，为什么非要让幼儿自己学习做呢？”

“幼儿那么小，学做月饼会不会太难了，我长这么大还不会做!”

……

事实上，现在很多幼儿园都开设了烹饪课程，面对这样一种现象，你是怎样理解的呢？烹饪活动是科学活动吗？究竟什么是科学？幼儿学习科学的意义究竟是什么？让我们带着这些思考，开始幼儿园科学教育的学习。

一、什么是科学

提到科学，人们可能首先想到的是物理、化学、生物、天文、地理等学科知识，或者是科学家们穿着白大褂在实验室进行研究的情景。但对于科学是什么，人们没有一致的看法，也很难下一个确切的定义。随着科学自身的不断发展，人们对科学的认识也日益深刻和趋于全面。

从“科学”的词源上看，英文中的science，源于拉丁文的scio，意为“求知”。我国1979年版的《辞海》对科学的解释是“关于自然、社会和思维的知识体系”。英国科学家C. 辛格提出：“科学创造知识而不是知识本身。”美国学者威廉和玛丽指出：“科学的本质是模式建构的过程，是建构能够解释未知世界本质的心理影像的过程，思考、解决问题和形成概念是科学的全过程。”我国学者赵学漱等也认为科学是一种不断前进和自我矫正的探究过程。可见，学者们对科学的解释也是不尽相同的。我们不必去探究“科学”的确切定义，而应去理解“科学”的本质含义。在此，我们谈到的“科学”，至少应包含科学知识、科学过程与方法、科学态度与精神三大基本要素。

（一）科学是知识体系

科学是“社会发展的一般精神成果”，是人类认识世界和改变世界的经验知识的理论概括。常识性的科学观认为科学知识是指人类探究周围世界而积累的、对客观世界和人类自身的系统的认识。这是以一种静态观看待和认识科学的观点。因为人类对客观世界的探究是一个不断地肯定、否定、否定之否定，经过实证得以修正、发展和深化的过程，因此科学知识并不是固定不变的真理。

科学知识的表现形式有科学事实、科学概念、科学原理、科学理论等。达尔文曾说过："科学就是整理事实，以便从中得出普遍的规律或结论。"这就说明了科学的本质就是发现人们未知的事实。我们通过自身感官感知并获得对事物状况的认识，从而归纳总结，形成科学的事实。科学概念是建立在科学事实的基础上，并运用思维和推理来确认及在一些事实或信息间建立起有意义的联系，将其所具有的本质特点进行概括而形成的。概念反映的是客观事物内在、共同和本质的特征，是具有共同特征或特性的事件、事物或现象的抽象化，如动物、植物、电流、声音等都是科学概念。科学原理反映事物的本质。与科学事实、概念不同，科学理论不只停留于对现象的分类和描述，而是达到解释的水平。运用科学理论可以对那些模糊的和隐藏在直接观察之外的复杂的现实进行解释。从科学事实的认识到科学概念的形成和科学理论的建立，是个体深入地认识和理解各种科学知识，探讨和分析各种科学知识之间的关联以及存在此种关联的原因，并运用科学思想来解释和预测其他自然现象或问题的过程。因此，在科学知识的获得过程中，个体理解和运用科学知识的能力也得到了发展。

（二）科学是探索过程

从静止形态看，科学是反映自然、社会和思维的知识体系，但如果从动态角度去分析，那么科学不但认识结果，而且还认识过程。因为科学认识不是一蹴而就的，也不是一成不变的，它随着实践的深入与扩展而不断丰富和发展，原来不成熟的错误的认识逐渐地被成熟的、正确的认识所取代。由此可见，科学是探索客观事物奥秘以获取知识的探究过程。探究是人类认识世界的一种最基本的方式，人类正是在对未知领域的不断探索中认识世界的。美国学者兰本达、布莱克伍德和布兰德韦恩认为，科学是一种"探究意义的经历"，发现意义、领会意义是经历、卷入、参与的结果，没有这些先决条件，就不可能真正理解事物的意义。

在科学探究中，人们不仅使用观察、分类、交流、测量、推论、预测、假设等科学方法，还使用逻辑、想象以及以证据为基础的思维来形成并修正科学解释，交流并总结得出科学结论。因此，教师要创设问题情境，让学生通过观察发现提出问题，并引导学生针对问题提出假设，找到解决问题的方法；通过收集整理和分析信息，学习表达和交流，在亲历科学探究过程中掌握探究的方法，从而理解科学过程与方法的本质。

（三）科学是看待世界的一种态度

在对科学本质的理解中，无论是静态还是动态地把科学理解为知识体系以及过程与方法都是不够的，科学还是一种态度和精神。所谓科学态度，是个体基于对科学本质的理解、对科学价值观认同基础上的一种情感和行为倾向。所谓科学精神，是个体在科学活动中所形成和表现出来的人格特征，是对各种科学价值观、科学品质以及行为准则的整合。科学态度作为一种建立在科学观念基础上的心理与行为倾向，与由各种科学观念整合而成的科学精神是密切相连的。科学态度是科学精神的重要组成部分，科学精神是科学态度的内化与升华。

对待科学学习的态度，对待科学、自然以及科学技术与社会的关系是科学精神和科学态度的主要表现。对待科学学习的正确态度，应该是对周围世界和事物有强烈的探究与发现的兴趣，能尊重事实、尊重他人意见，敢于提出不同见解，乐于合作与交流。对待科学和自然就是知道科学能解释世界上的许多奥秘，但还有许多领域等待人们去探索发现，不迷信权威，珍爱自然事物，初步形成人与自然和谐相处的意识。对待科学技术与社会的关系就是形成能用科学提高生活质量的意识，知道科学技术对人类与社会的发展既有促进作用也有消极作用。在科学技术飞速发展的今天，对公民提出应有的科学素质要求，反映了知识社会的特点。科学素质包括必要的科学知识和技能、科学的思维方式、对科学的理解、科学的态度与价值观，以及运用科学知识、方法解决问题的意识和能力等。公民的科学素质包括三个方面的内容：掌握必要的科学知识；习惯于对遇到的问题用探究的方式对待，使探究成为基本的生活态度和思维方式；具有科学精神指导下的价值取向。

对于科学本质的认识，我们认为科学既是一种过程，同时也是一种结果。一方面，科学作为一种认知活动，是人们积极探索周围世界、获取知识、探求规律的过程，它包括探索、解释和检验三个基础性要素。另一方面，科学也是人们探索和认识自然世界的活动结果，它不仅表现为系统化的知识体系，还包含有独特的科学方法和科学精神。由此可见，科学知识与能力、科学过程与方法、科学态度与精神是科学的三大基本要素。

二、学前儿童与科学

由于对科学的认识不同，因此有不同的科学教育理念，并影响教师对科学教育本质的理解以及对学前儿童科学教育内涵的把握。理解科学的本质，确立正确的科学教育观，对构建有效的学前儿童科学教育活动无疑是至关重要的。那么，对于什么是学前儿童科学这一问题，也应有明确的认识，这样教师才能实施有效的科学教育。因此，我们应从学前儿童的角度去看待他们对周围事物的探究方式和提出的各种问题，而不要以成年人已有的科学知识经验来评价他们获得的感性认识，不要将学前儿童的科学等同于成人的科学，要求他们像成人一样做科学；同时也不应对此持怀疑态度，认为他们不可能进行真正的科学学习。

怎样理解学前儿童的科学？首先要认同并尊重他们对待周围事物的好奇好问心理和探究态度，然后试着去理解他们的探究行为表现，在观察和理解的基础上给予必要的支持和鼓励。那么学前儿童的科学究竟是什么？我们还是从他们对事物的探究行为来解释这一问题吧。

案例 1-1：浩浩在玩沙子，他把沙子装到漏斗里，一边装，一边漏。漏斗里的沙子满了以后，他把漏斗放到一个瓶子上面，想让沙子漏到瓶子里，可是，他的动作慢，沙子漏的快，沙子总是漏到瓶子外面。浩浩尽量加快动作速度，还是赶不上。突然，他想到一个好办法，把漏斗直接放在瓶子上， 然后再装沙子，沙子很快就装满了瓶子。

浩浩在玩沙子的过程中，感知到了细沙的特点，同时在探索中发现了解决问题的方法。尽管他不知道重力没变，沙子下陷速度减慢与受力面积改变有关，但他对这一现象的关注以及获得解决问题方法的早期科学体验，无疑为他日后的科学学习积累了感性经验。由此可见，学前儿童的科学并不一定是理解和掌握有关的科学知识或概念，比科学知识更重要的是他们在探究过程中形成的对科学现象的关注和他们所表现出来的探究热情，以及养成尊重事实、用事实验证猜想的求实态度。我们还应清楚学前儿童所理解的科学知识概念是建立在亲身探究、获得感性认识的经验基础上的。

好奇心和求知欲是学前儿童与生俱来的，他们观察到有趣的事物时会发出疑问，如“地里种的是南瓜，可为什么有干草的地方长出了一朵小蘑菇呢？”“洋葱一直泡在水里不会烂吗？”“蚯蚓没有脚，它是怎么走路的呀？”“为什么影子是不一样的？”“风是怎么来的呀？”等。这些问题涉及了各方面的内容，来自他们对周围环境事物的探索和发现，也正是这无数个“为什么”的疑问，促使学前儿童以自己的特有方式去探究事物的奥秘，观察事物是怎样运动变化的，并尝试去操作、感知，提出问题试着去寻找答案。但由于他们的经验有限，又因受到对自然界的现象表现出来的好奇心和探究欲望的驱使，在探究周围事物和科学现象的过程中，有时会表现出不合乎成人逻辑的想法和行为。例如：冬天冷了，学前儿童往金鱼缸里倒温开水，理由是金鱼会被冻着，所以要给它暖和一下，看见水养植物在水里能生长，也把花瓣放到水里，学前儿童的解释是花瓣也能长大。《3～6岁儿童学习与发展指南》（以下简称《指南》）指出：幼儿的学习是以直接经验为基础，在游戏和日常生活中进行的。由此可见，他们是通过直接经验来认识事物的，会用原有经验解释自然事物和现象及其关系，因主观愿望带来的局限性使得他们获得的经验具有表面性和片面性，所以有些经验具有非科学性。因此，教师要理解学前儿童这些独特的非科学的想法和做法，引导他们进行观察、比较、操作验证，发现事物的异同及其联系，获得有益的科学经验。

学前儿童科学不但指那些与其生活密切联系并容易理解、接受的有关自然科学和渗透于社会生活的科学技术产品的普通知识，而且还包括学前儿童针对自然事物和科学现象，联系已有经验进行感知、观察、操作、发现问题、寻求答案的主动探究过程。动态的科学观认为学前儿童科学是积极地探究科学知识和一种创造性的思考。从学前儿童对周围环境的好奇、发问、观察并对现象进行解释来看，我们把学前儿童科学称为“儿童的科学”。

第二节　学前儿童科学学习的特点

《指南》指出：幼儿的科学学习是在探究具体事物和解决实际问题中，尝试发现事物间的异同和联系的过程。有学者提出，儿童是一个小小科学家，或者说儿童像科学家一样。“儿童像科学家”的比喻告诉我们儿童具有像科学家一样的探究兴趣、好奇心，具有创造性、理论建构与合作等特质。

一、学前儿童有强烈的好奇心和探究欲望

好奇心是对周围环境中新异刺激的积极反应倾向。学前儿童有与生俱来的好奇心和探

究欲望，每个孩子都是天生的科学家。幼儿的好奇心主要表现在以下两个方面。

（一）爱提问题

好奇好问是幼儿的特点，尤其是从 3 岁左右开始，幼儿会向家长、老师或其他熟悉的成人问个没完。他们什么都想知道，他们的问题没完没了。例如，天空为什么是蓝的？地球在动，为什么我却感觉不到呢？吹出的泡泡为什么是彩色的？为什么会有风？……幼儿所关心的这些现象，绝大多数都是最基本的科学问题。

（二）喜欢动手操作

幼儿园的孩子喜欢动手探索事物之间的因果关系。听完了有趣的故事，为了知道收音机里谁在说话，他们会设法打开收音机；为了弄清楚玩具汽车里是不是有小司机在驾驶，他们常常会动手将玩具汽车打开……这样的探究热情绝不亚于科学家。

二、学前儿童科学学习是主动建构的过程

建构主义者认为，世界是客观存在的，但对于世界的理解和意义的赋予是由个体自己决定的，是以自己的经验为基础来建构现实或解释现实的，经验不同，对世界的理解也就不同。建构既是对新信息的意义建构，同时又包含对原来经验的改造和重组。建构主义学习观注重学习者的直接经验，认为学前儿童是通过动态的、互动的过程而建构知识的。我们在实践中也不难发现这样的事实——科学活动开始时，学前儿童是积极的，充满了跃跃欲试的热情，但在活动过程中得到了教师的指导后，却失去了原来的探索兴趣。原因在于，教师为了让学前儿童理解某个科学概念或者关键知识点，按照预设的思路，让他们看似忙碌地操作一番，亦步亦趋，学前儿童不能按照自身的猜想和想法去探究问题。教师让学前儿童操作的目的就是为了得出教师给出的预定答案。在活动中，学前儿童被教师牵着走，其效果可想而知。

案例 1-2：在某幼儿园，教师正组织大班幼儿玩找空气的游戏。教师先演示吹气球，提醒幼儿观察气球的变化。在引导幼儿理解因为有空气进去，所以气球变大时，教师是这样总结的："我们的身边到处都有空气，空气是看不见、摸不着的。"然后教师请幼儿每人拿一个塑料袋去找空气。找了一会儿后，在一旁听课的另一位教师问："涛涛，请你告诉老师，空气在哪里呀？"涛涛答："在塑料袋里。"于是再问："塑料袋外面有没有空气？"涛涛很坚决地说没有。然后这位老师让他再用另一个塑料袋去装空气，又问："塑料袋里有空气吗？""有空气。""那塑料袋外面还有空气吗？"涛涛看着手里两个膨胀的塑料袋，又看看旁边小朋友在用袋子装空气，然后肯定地说："袋子外面有空气。"

由以上案例可以看出，如果教师需要让幼儿理解科学概念，就必须根植于幼儿积极主动获得的直接经验，为他们提供更多的机会去感知事物，积累相应的经验基础。如果我们忽视了学前儿童对经验层次的理解，而让他们坐着听教师讲科学经验，看教师演示科学实

验，或者是为了操作而操作，就无疑误解了科学的本质，忽视了学前儿童科学学习的特点，这对他们科学学习的积极性和探究思考科学现象的能力是一种严重的伤害。

三、学前儿童学习科学的主要方式是探究

什么是探究？不同领域的研究者会从不同的视角来认识和理解，但有其共同之处，即问题是探究产生的前提，也是探究的核心。科学探究是指人们通过一定的过程和方法对客观事物和现象进行探索、质疑和研究，这就说明科学探究的对象是自然界，是对自然现象或问题的一种调查和研究。科学探究作为一种认识活动，要经历一定的活动程序或阶段，如形成问题、提出假设或猜想、制订研究的计划（方案）、验证假设、得出结论等。由此可知，科学探究具有问题性、主动建构性、思维性、合作性、交流性、情境性等特点。

《幼儿园教育指导纲要（试行）》提出："要尽量创造条件让幼儿实际参加探究活动，使他们感受科学探究的过程与方法，体验发现的乐趣。"《指南》明确告诉我们："幼儿的思维特点是以具体形象思维为主，应注重引导幼儿通过直接感知、亲身体验和实际操作进行科学学习，不应为追求知识和技能的掌握，对幼儿进行灌输和强化训练。"这都指明了学前儿童学习科学强调以探究、体验、发现为核心的学习方式，意味着学前儿童是在"做"的过程中学科学的，强调让其亲身经历以探究为主的科学活动，在探究中亲历科学、体验科学，进而理解科学、运用科学，这就要求教师应从学前儿童科学学习的特点和方式出发，为他们提供适宜他们探究的材料和活动，理解探究性是他们科学学习方式的核心特征。学前儿童学习科学不仅要求掌握一定的科学知识，更重要的是要掌握学习科学的方法，体验到学习科学的乐趣。

我们知道引发学前儿童进行科学探究的动力是他们感兴趣的问题或现象，而这些问题源于对周围生活的观察与发现。探究过程也是学前儿童发现问题、提出问题和解决问题的过程。因此，教师在引导他们进行科学探究时，要考虑其年龄特点和思维特点，当儿童面对未知事物或问题而急切想知道答案时，最直接的解决方法就是实际操作一下，切身体验一下，这样就获得了关于事物的最直接也是最有效的操作经验。当他们面对更为复杂、困难的问题时，就会反复操作、多次试验，需要尝试各种工具、材料和技巧，教师需要做的就是为其创设和提供必要的条件，为他们的探究活动做好充分的物质和精神上的准备。

产生问题是学前儿童进行探究的出发点。选择和确定什么内容和问题更值得其探究并从中有所收获，这是教师首先必须考虑的问题，这对提高科学探究活动的有效性尤为关键。科学性问题是针对周围世界中的物体、生物和事件提出的，它与学前儿童通过探究来理解的科学核心经验或概念相联系，能够引发他们积极主动参与，通过收集和利用证据形成对科学现象的解释。

因此，教师应该弄清楚什么是真正的科学问题。科学问题是当学前儿童已有的知识经验不足以对当前的现象或者问题进行解释，产生不解，也就是认知冲突时提出来的，而不是在教师追问下提出来的。所以，教师要明确学前儿童是在什么情况下产生了这些问题，应该给予他们什么支持。另外，教师要正确使用"是什么"和"为什么"的问题，因为学前儿童的探究主要是以描述性探究为主，教师可以鼓励他们对"为什么"进行思考，但必须

明白有些问题是不适合让学前儿童探究为什么的。例如，关于沉浮，学前儿童会描述具体的物体在水中的沉浮情况，但不能正确解释物体在水里为什么会沉、为什么会浮。像这类问题是不适宜在幼儿不具有相关经验时就提出来让他们思考的，如果从表面现象去解释，结果就会出错。

如何认识科学教育活动中的“探究”呢？有些教师认为在组织科学教育活动时，尽量为学前儿童提供材料，让他们自己动手去操作摆弄一番，然后按照教师预设的操作程序去引导并得出已定结论就是科学探究活动，将探究视作只要让学前儿童动手了、体验了、看到了就是探究了，将探究等同于仅是动手操作的学习活动。但事实上科学教育活动过程中的“探究”是学前儿童主动发挥能动作用的过程，仅仅动手还不够，还必须具有动脑思考的思维活动。

判断一个活动是否是真正的科学探究活动，可以从以下几方面来考虑。

一是师幼共同提出可以引发探究的问题；

二是幼儿在探究过程中主动地进行了知识经验的建构；

三是幼儿收集了有关的证据并对证据进行解释；

四是幼儿之间有充分的合作、表达和交流。

探究并不是唯一的教学方法，不是所有强调动手的活动都是探究，也不是所有的探究活动都要强调亲自动手。

案例 1-3: 在中班“蜗牛”的系列探索活动中，老师引导幼儿猜想“蜗牛喜欢吃什么”，孩子们提出了很多食物，比如叶子、葡萄、白菜、花……

老师提示幼儿用绘画的形式记录自己的猜想，之后鼓励幼儿按照自己的猜想给蜗牛喂食，看蜗牛喜欢吃什么和不喜欢吃什么。幼儿自己做验证，从家里带来了不同的食物，认真观察蜗牛进食的过程，并画图来记录。

活动经过一段时间后，教师组织了交流和集体分享，帮助孩子们一起汇总观察中的发现：“你都喂了蜗牛什么？”“哪些东西蜗牛吃了，哪些东西蜗牛没有吃？”“你觉得蜗牛喜欢吃什么样的东西？”“你觉得蜗牛不喜欢吃什么样的东西？”“你们的发现都一样吗？”“你还有什么新的发现吗？”

教师引导孩子们整理每个人的发现，汇总成班级的结果。孩子们知道了生物要维持生命都需要吃食物。生物有它们喜欢吃的食物和不喜欢吃的食物，还有它们不吃的食物。

孩子们经历了提问、猜想、实验、观察、记录、讨论、表达的互动过程，又提出了新的问题：

“蜗牛吃什么颜色的食物就排泄什么颜色的粪便吗？”

“水果是甜的，蜗牛更喜欢吃甜食吗？”

教师引导孩子们联系自己的情况，问孩子们：“你们喜欢吃什么？”继续进行探究。

（资料来源：韦钰，ROWELL P. 探究式科学教育教学指导[M]. 北京：教育科学出版社，2005.）

在以上案例中，幼儿在不知不觉中进行了观察、提问、假说、预言、调查、解释及交流等一系列活动，这些活动经常被称为“过程技能”，它在帮助幼儿形成科学概念方面起着至关重要的作用，这也说明了科学探究是幼儿进行科学学习的基本方法。

第三节　学前儿童科学教育的含义和特点

人们对科学教育的本质问题的认识，使人们习惯把科学教育理解为“对系统的科学基础知识、基本技能和科学思维方法的教育”。而实际上，科学教育应是包括科学知识、科学方法、科学态度、科学精神等方面的综合教育，是基础教育的基本内容。但科学教育实践体现出来的却是忽视科学思维方法和科学态度及科学精神的教育，因而科学教育被简单地认为是进行科学知识的教育。在幼儿园科学教育活动中，因为受这样的科学教育观念影响，幼儿的学习是被动的接受性的，教师操作演示、讲解，幼儿在教育活动中“听”科学，教师担心幼儿操作失败或者未按自己设想的思路去寻找答案，于是严格控制着幼儿动手操作和主动发现的活动环节。例如，教师让中班幼儿观察水的流动（重点是了解水会流动的特点），让幼儿把瓶子里的水倒入小桶里，再把小桶里的水倒入盆中，观察水的流动现象。虽然教师可以控制幼儿倒水的过程，但是要让幼儿观察到水是怎么流动的，单凭倒水这一动作无法达到目的。如果教师给幼儿提供透明的塑料管，让幼儿想办法如何让小桶的水流到盆里，幼儿就可以通过观察水在塑料管里的流动状态感知水会流动这一特点，但是这个操作过程对于幼儿来说有很大的尝试空间，幼儿会怎么做，教师可能无法预料。如果教师因担心调控不了活动进程，从而采取限制幼儿的主动性、创造性的教学方法，使幼儿处于被动执行教师指令的地位，科学教育就会沦为科学知识的教育。同时我们也要认识到，如果这个活动只是单纯地感知水的特点，让幼儿在教育活动中认识水的无色、透明、流动等特性，那么这样的活动究竟有多大的意义？要开展有意义的幼儿科学教育活动，让幼儿体验到探索发现的乐趣，教师应准确把握幼儿科学教育的含义。

一、学前儿童科学教育的含义

自 20 世纪 90 年代始，幼教工作者就尝试对幼儿园的科学教育（当时称为常识教育）进行变革，提出了从目标、内容、具体的教学方法以及教师的指导策略等方面进行改革的思路，但由于有关幼儿科学教育的理论与实践研究不多，教师对科学教育内涵的理解不够深刻，幼儿科学教育的理念基本还是等同于以前的常识教育。幼儿科学教育改革发生根本性的变化是在《幼儿园教育指导纲要（试行）》颁布以后，该纲要指明了幼儿科学教育是科学启蒙教育，重在激发幼儿的认识兴趣和探究欲望，应联系幼儿的实际生活，创造条件让幼儿参加探究活动，感受科学探究的过程和方法，体验发现的乐趣。刘占兰博士认为，幼儿科学教育是引导幼儿主动学习、主动探索的过程，是支持幼儿亲身经历探究的过程，体验科学精神和探究解决问题策略的过程，是使幼儿获得有关周围物质世界及其关系的感性经验的过程。

幼儿主动探究的必要环节和要求：一是幼儿产生疑问或者困惑；二是幼儿运用已有的

经验进行猜想和解释；三是幼儿按自己的想法作用于物体，并对结果进行解释。如何让幼儿体验科学探究过程？教师的指导又是怎样的？为此，教师首先要创设条件给予幼儿亲身经历探究过程的机会；其次应细致地观察幼儿的探究行为，对幼儿的问题反应敏锐，这样才能及时或适时地引导幼儿深入探究。幼儿认识事物的特点决定了幼儿科学教育不应要求幼儿掌握严格的科学概念，所以应引导幼儿积极主动地与周围环境及材料互动，将自身的感知内化为自己的经验。因此，我们把幼儿科学看作是幼儿对“轮子为什么必须是圆的才能滚动？”“为什么鸟能飞？”等问题所做的主动探究，是幼儿联系已有的科学经验，寻求方法解释或解决他们遇到的诸如“怎样让浮在水面上的东西沉下去”等问题所做的创造性思考。

二、学前儿童科学教育的特点

《幼儿园教育指导纲要（试行）》指出：“幼儿园应为幼儿提供健康、丰富的生活和活动环境，满足他们多方面发展的需要，使他们在快乐的童年生活中获得有益于身心发展的经验。”这说明幼儿园教育具有生活性、活动性、情境性、发展性的特点。学前儿童科学教育是幼儿园教育的组成部分，当然也具有这些特点。

此外，学前儿童科学教育还具有其自身的特点。

首先，学前儿童科学教育应从幼儿生活的现实问题入手，做到教育内容生活化。在实践中，我们也常常发现教育活动内容越是贴近幼儿实际生活，越能引起幼儿自觉探究的欲望，也越能让幼儿体验到科学的有趣和神奇。因此，教育活动要立足幼儿的生活，关注幼儿的需要，科学教育内容应注重联系幼儿已有的生活经验，并以幼儿的经验为基础，开展适宜幼儿探究的科学活动，通过教师的指导使幼儿原有的经验得到提升。

其次，学前儿童科学教育应关注幼儿的兴趣和需要，体现趣味性。学前儿童科学教育的活动内容与形式虽然是由教师按照教育目标来确定的，但是确定的依据来自于教师对幼儿的观察和对他们学习科学的规律和特点的了解。学前儿童科学教育应从满足幼儿发展的需要出发，为幼儿提供可以直接观察到的客观事物，引发幼儿兴趣，发挥多种感官参与的作用，让幼儿通过自己的主动探究建构和理解科学概念，获得知识经验。

再次，学前儿童科学教育的过程应体现探究性。探究性主要表现在幼儿直接作用于客观事物或现象，经历提问、猜想、验证、发现、讨论交流、得出结论等一系列过程。在探究过程中幼儿是积极主动的，能够产生疑问，具有寻求答案的强烈愿望，进而产生探究的动力。活动过程就是幼儿猜想验证、尝试解决问题、发现或获得经验的过程。学前儿童科学教育的组织方式应体现灵活性和多样性。在活动形式上注重集体活动、小组活动和个别活动的有机结合，无论是正规性科学活动还是非正规性科学活动，教师都应成为幼儿探究活动的引导者和支持者，将科学教育内容渗透到幼儿的一日各项活动之中，综合利用各方面的资源，提供丰富的探索材料，创设适宜幼儿探究的环境，适时引导幼儿感受到科学现象的存在和有趣。学前儿童科学教育的灵活性和多样性是幼儿探究活动得以延伸和发展的重要条件。

在 线 测 试

单选题

1．儿童运用自身感知器官，主动地和周围的物质世界相互作用，通过感知、操作、思考和交流、探索、发现和理解周围世界中的事物和现象，这是指（　　）。

A．学前儿童科学活动　　B．学前儿童科学教育原则

C．学前儿童家庭教育　　D．学前儿童认知活动

2．学前儿童科学教育的实质是（　　）。

A．儿童的科学探索活动　　B．教师组织科学知识教育

C．家长参与科学教育　　D．儿童自己收集科学教育的材料

3．儿童认为石头沉到水里是因为它“不勇敢”，说明儿童学科学具有（　　）。

A．好奇的特点　　B．好探索的特点

C．自我中心的特点　　D．好动的特点

4．幼儿科学学习的核心是（　　）。

A．激发探究兴趣，体验探究过程

B．激发探究兴趣，通过探究获得科学概念

C．学习科学知识

D．学习掌握各种科学仪器的使用方法

5．以下对“科学”的认识不正确的是（　　）。

A．科学是一种知识体系　　B．科学是一种过程与方法

C．科学是一种实践意义　　D．科学是一种精神、态度和价值体系

6．科学精神的核心是（　　）。

A．发展　　B．求真　　C．务实　　D．验证

真 题 训 练

单选题

下列不宜作为幼儿科学领域学习方式的是（　　）。

A．直接感知　　B．实际操作　　C．亲身体验　　D．概念解释

（2019 年下）

第一章参考答案

本章拓展阅读

科学教育应注重幼儿的亲身体验

在科学教育中，应该强调让儿童“以身体之，以情验之，以思悟之”，这是一种全身心体验的生命活动形式。卢梭在《爱弥儿》中曾用浪漫的笔触描绘道：“如果一个人从未在干燥的田野上跑过，而他的脚也没有被灼热的沙砾烫过，如果他未领受过太阳从岩石上所反射出的闷人的热气，他怎能领略那美丽清晨的新鲜空气呢？花儿的香、叶儿的美、露珠的湿润，在草地上软绵绵地行走，所有这些，怎能不使他的感官感到畅快呢？如果他没有经历过美丽的爱情和享乐，鸟儿的歌唱又怎能使他陶醉呢？如果他的想象力还不能给他描绘那一天的快乐，他又怎能带着欢乐的心情去观看那积极美丽的一天的诞生呢？最后，如果他还不知道是谁的手给自然加上了这样的装饰，他又怎样欣赏自然的美呢？”科学教育首先是一个生命的全身心体验过程，尔后才成为获知科学知识的一部分。

生活是一个大舞台，生活环境包括自然环境和社会环境。陶行知曾说“生活即教育”。生活是教育的中心，在生活中含有丰富的科学知识和科学现象。生活性体验是通过教师创设一定的生活情境，引导幼儿对某些科学现象进行探讨，充分发挥幼儿的主动探究精神，让幼儿在自己亲身的参与中不断获得知识体验与情感体验的过程。

在早秋的一个温暖而有阳光的中午，我和孩子们来到河岸边。我们分散在一个草地上。在我们的眼前，是一片点缀着秋季花朵的草原，鱼儿在清可见底的河水里游来游去，蝴蝶在空中翩然起舞，燕子在蔚蓝色的天空飞翔……

“孩子们，你们看，这儿是黄沙，这儿是青草。它们有什么不一样的地方，有什么区别吗？”孩子们在思考，他们看着绿色的草地和光秃秃的悬崖。柳达眼里露出沉思的神情，彼特里克皱起双眉，小亚拿一把沙子从这个手掌倒进另一个手掌里。

“沙子上面没有开花，青草上面开着花。”柳达说。

“青草地上可以放牧牛群，可是在沙子地上，你去放放看吧!”西西喊着说。

“青草遇到下雨就会长高，可是沙子呢，难道下了雨它还会长吗？”沙沙沉思着说。

“沙子在地的深处，而青草长在地面上头的……”米拉说。

沙沙反驳说：“可是，河岸上难道没有沙子吗？青草向着太阳往上长，沙子只是被太阳晒热了……”

当嘉嘉说“生物会移动，非生物不会移动”时，几乎所有的孩子都同意他的说法。可是接着是一片沉默，孩子向周围看着，于是反驳的意见提出来了：“棍子在河里漂着，它在移动，难道棍子是生物吗？”“拖拉机在移动，可是谁都知道它不是生物啊!”“蜘蛛网在空中飘动，难道蜘蛛网也是生物吗？”“还有沙子，它也在移动。我们到过采沙场，沙子就像小溪一样流动着。”

不，原来问题不在于移动还是不移动。那么生物和非生物的区别究竟何在呢？孩子们一次又一次地用周围世界的各种事物来做比较。小舒高兴地喊道："生物在生长，而非生物不生长……"

这是一节有意义的体验式科学教学课，老师把孩子们带到真实的生活情境中，让孩子们自由感知，自由辩论，自由思考。当孩子们看着绿色的草地和光秃秃的悬崖的时候，他们体验到"沙子上面没有开花，青草上面开着花""青草地上可以放牧牛群""青草遇到下雨就会长高"；当孩子们看到河里漂着的棍子、行驶的拖拉机、飘动的蜘蛛网和流动的沙子时，都体验到"生物在生长，而非生物不生长"。孩子们一次次用周围的各种事物做比较，一次次的探索体验，一次次的快乐发现，不仅收获了知识，还逐渐形成了科学探究的思维习惯：不但获得了科学发现的乐趣，更体会到了科学的神奇与奥妙。

在具体的操作中教师应该注意把握以下 5 个步骤：第一，创设适当的生活环境；第二，巧妙地吸引幼儿的兴趣；第三，让幼儿充分体验，教师稍做引导；第四，重视幼儿在情境中的表达、交流；第五，教师做的总结要有设疑性。在生活性体验方法的应用中，教师一定要把握好"教师为主导"的程度，要让幼儿"以身体之"，更重要的是让他们"以情验之""以思悟之"。

资料来源：孔露，韩珊．体验：幼儿科学教育教学的呼唤[J]．现代教育论丛，2014（3）：88-93．

学习评价与反思

____

____

____

____

参考文献

张文军，刘洪玉．学前儿童科学教育与活动指导[M]．上海：华东师范大学出版社，2014．

第二章　学前儿童科学教育的目标和内容

本章导读

通过第一章的学习，明确了学前儿童科学教育并不是一定要教授给幼儿一些有关的科学知识或概念，比获得科学知识更重要的，是幼儿在亲历探究过程中形成对科学现象的关注以及所表现出来的探究热情，并养成尊重事实、用事实验证猜想的求实态度。这就是学前儿童科学教育最终的目的。本章将详细介绍学前儿童科学教育的目标和内容，帮助读者了解学前儿童科学教育目标的内涵以及如何分析和选择内容来实现科学教育活动的目标。

学习目标

1. 了解学前儿童科学教育的目标体系。
2. 掌握学前儿童科学教育的目标。
3. 理解学前儿童科学教育的内容范围。

学习重点

1. 掌握学前儿童科学教育的目标。
2. 理解学前儿童科学教育的内容范围。

思维导图

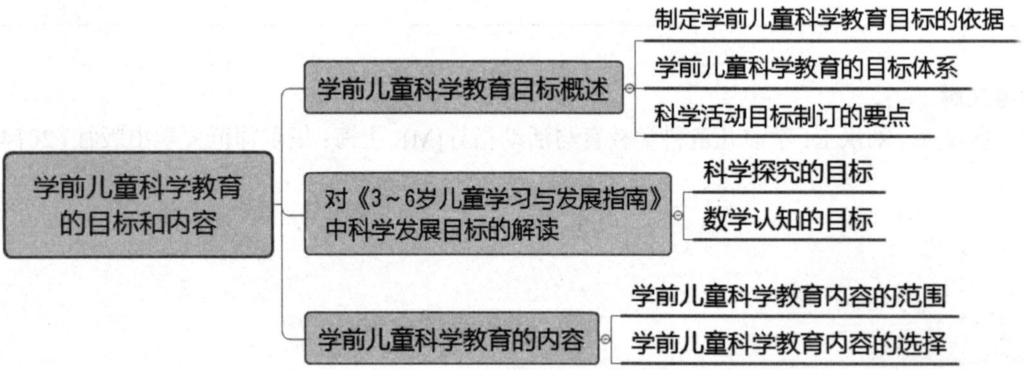

第一节　学前儿童科学教育目标概述

典型案例

在一次小班科学活动中，教师设计了“水果沉浮”的科学活动，预设目标是观察水果在水中的沉浮现象。活动开始时，教师首先在每张桌子上放好苹果、香蕉、葡萄等水果和一盆水，然后对幼儿说：“小朋友，你们知道这些是什么吗？”接着，又继续引导：“水果宝宝想到水里去玩一玩，请你们帮忙把水果放到水里，看看它们在水里是怎么样的？”于是每个幼儿拿了一个水果在水里玩了起来，有的拿住不放，有的在水里拍拍打打，没有认真观察水果在水里的沉浮情况。

讨论：你觉得教师的目标制订得是否合适？孩子们的表现能实现活动目标吗？科学活动的目标应如何设计、如何实现呢？

科学教育的最终目标是培养具有科学素养的人，我们在前面对科学本质进行阐述时提到科学教育是包括科学知识、科学方法、科学态度、科学精神等方面的综合教育。因此学前儿童科学教育目标理应从这些方面去理解和确定，适宜的科学教育目标可以促进幼儿身心和谐发展，是评价学前儿童科学教育质量的重要衡量标准。

一、制订学前儿童科学教育目标的依据

学前儿童科学教育目标是依据幼儿教育总目标，结合幼儿身心发展的规律和特点、科学教育的内涵以及自然科学的学科特点而制订的，是幼儿教育总目标和社会发展对人才的要求在学前儿童科学教育中的具体体现。

（一）幼儿的发展与学前儿童科学教育目标

《幼儿园教育指导纲要（试行）》（以下简称《纲要》）提出：幼儿园教育应尊重幼儿身心发展的规律和学习特点，关注个别差异，促进每个幼儿富有个性的发展。因此，学前儿童科学教育应根据幼儿的发展水平和规律，考虑幼儿发展的需要，制订出能促进其发展的科学教育目标。幼儿对周围世界充满了好奇心，他们对自己感兴趣的问题总是有着强烈的探究热情，因此，教师在引导幼儿进行科学探究时，要考虑幼儿的年龄特点和思维特点，让幼儿去实际操作，亲身体验一下，才能获得关于事物的最直接也是最有效的操作经验。同时幼儿在不懈地探究自己感兴趣的事物过程中，总是积极地进行建构并用自己的理论来解释他们所看到的一切。由于幼儿对科学现象的好奇心和兴趣处于萌芽状态，不稳定、不持久，容易受周围环境和成人态度的影响，而且他们建构的理论基于有限的经验，可能有不合理和不完善之处，因此，需要通过科学教育满足幼儿的探究兴趣，保护幼儿的好奇心，在教师的支持与鼓励中，发展兴趣，稳定对科学的积极情感并初步形成求真务实态度，完

善其建构的理论，这也会对幼儿日后具有正确对待周围事物和生活的态度产生积极的影响。学前儿童科学教育是科学启蒙教育，重在激发幼儿的认知兴趣和探究欲望。因此，我们应研究幼儿的兴趣需要和动机，了解幼儿已有的生活经验和社会生活背景，关注幼儿的经验，根据幼儿的年龄特征，从有利于他们将来的科学学习，并养成良好的科学素养出发，对幼儿进行科学启蒙教育，引导幼儿在日常生活和教育活动中生动、活泼、主动地学习，以取得良好的教育效果。

科学教育对幼儿发展之所以重要，是因为科学活动为幼儿提供了扩展兴趣和主动建构理论的机会，而且丰富的科学教育资源有利于幼儿获得直接经验，有助于幼儿日后的学习，更为重要的是科学教育可以帮助所有的幼儿专心探究科学内容，养成自己动手动脑的探究习惯，在了解周围世界的过程中形成对社会的理解并与他人交流互动。当面对不同观点、不同的解决问题的方法时，学会协调、合作，共同寻求解决问题的方法。幼儿在与环境、他人相互作用的互动过程中，产生积极的情绪体验，有利于幼儿自信心、社会性、独立性、道德心、创造性等各方面个性品质的发展。幼儿的发展具有明显的个别差异，在确立学前儿童科学教育目标时，应强调让幼儿通过自己的主动活动，用自己的方法获取经验，对不同发展水平的幼儿，应尊重其个性，给予必要的适宜的指导，只有这样才能保证每个幼儿在原有水平上获得发展。

（二）社会的要求与学前儿童科学教育目标

教育目标与社会生活、社会发展需要密切相关，它体现了社会对幼儿的发展期望和要求，规定了幼儿的发展方向和预期的教育结果。学前儿童科学教育目标的确立，应与社会发展要求一致。我们处在一个以信息化、全球化、知识经济、可持续发展等为特征的时代，各种新信息不断地充实着我们的社会生活，科学知识急速增加，原有的科学知识也在发展变化，各种信息和知识的快速更新使我们扩展了视野，同时也让我们深切感受到目不暇接。因此，具有终身发展的愿望与能力、收集和处理各种信息的能力、交流与合作的能力、自主获取新知识的能力以及环保意识、合作意识、创新意识等良好的情感态度与价值观，是社会发展对人才发展的基本要求。《纲要》提出：幼儿教育是基础教育的重要组成部分，是我国学校教育和终身教育的奠基阶段。城乡各类幼儿园都应从实际出发，因地制宜地实施素质教育，为幼儿一生的发展打好基础。这一要求说明了学前儿童科学教育应该满足幼儿终身发展需要，以适应未来社会发展的要求。同时，现代社会科技发展的基本趋势是分化与综合并存，新学科不断产生，学科类别分化越来越细，学科之间的综合也越来越强，交叉学科和前沿学科层出不穷。在知识经济社会，仅仅拥有知识和被动接受知识是不能适应社会发展需要的，在这一方面，美国、英国的科学教育给了我们重要的启示。美国《国家科学教育标准》明确提出：每一名学生都必须获得科学学习的机会，能接触到训练有素的教师，拥有足够的课堂学习时间和丰富的学习资源，等等，使对科学的理解成为绝大多数公民的基本素养。由此可见，美国国家科学教育标准把培养公民的科学素养放在首位。英国的学校课程反映出科学教育的价值不仅是促进幼儿的理性发展，如理智、批判性的思考力等，还要促进幼儿的非理性发展，如求知欲、好奇心、合作精神、情感的体验等；不仅使幼儿理解科学，运用科学改善人的生活，还要通过理解人与自然的关系来保持人类的可持续发展。我们生活在一个极其依赖科学技术的社会里，具有理解日新月异的科学与技术发展的能力是必备的科学素养。幼儿教育是未来教育，幼儿将来要适应多变的、多元发展的社会需要，必须养成综合运用知识解决问题的意识和创新意识，具备合理结构的科学知识和对科学知识主动学习的自觉精神，拥有对科学的独特理解及运用科学知识创造性地解决问题的能力。因此，具备科学素养是所有科学教育的基本目标，学前儿童科学教育目标应充分考虑现代社会发展的特点和社会发展对人才培养提出的要求，只有这样才能为幼儿的终身发展奠定良好的基础。

（三）学科特点与学前儿童科学教育目标

学科特点反映了学科知识自身的特殊性以及所能起到的一般教育功能。科学是实践的产物，是自然界的现象、属性和自然规律的正确反映，是人类对世界认识的成熟的知识结构，它涉及的内容范围广泛，有严密的知识逻辑体系；科学崇尚实证方法，强调用事实证据和逻辑推理获得新的知识。因此，制订学前儿童科学教育目标，需要明确科学的本质特点与幼儿发展需要的关系。

科学本质主要体现在“科学知识”“科学探究”和“科学价值观”三个层面上，在学前儿童科学教育目标方面主要表现在：一是幼儿通过亲历科学活动过程，在“知识与技能”“过程与方法”“情感态度与价值观”等方面进行学习与体验，获得对科学本质的认识与理解，主要是对科学知识及其性质的理解；二是对科学探究过程和方法的学习与运用；三是科学态度、情感、价值观的形成与发展。

幼儿科学教育有其自身的学科特点。第一，幼儿对科学的探究源于好奇心。当幼儿注意到周围事物中一些令他们感兴趣、觉得惊奇或者产生疑问的现象时，好奇与兴趣就会成为幼儿探究科学现象的内驱力。科学内容的广泛性为拓展幼儿的视野提供了条件，也充分满足了幼儿好问、好奇的天性。第二，幼儿是在探索中学科学的。幼儿在观察、探索客观事物过程中发现问题，提出问题，并尝试解决问题，学习科学的方法和技能。在尊重实证的同时，结合观察到的事实进行批判性思考，体验方法与过程的科学性，发展逻辑思维，初步形成尊重事实、尊重证据的求真务实的情感与态度。

二、学前儿童科学教育的目标体系

教育目标是教育活动的核心，只有目标明确，才能保证教育活动有序进行，达到预期教育结果。因为教育目标是按照一定的有序结构组织而成的，所以目标具有层次性和递阶性。学前儿童科学教育的目标体系也具有层次结构，即纵向的一般结构和横向的分类结构。

（一）学前儿童科学教育总目标

学前儿童科学教育总目标也可称为科学教育的领域目标，是根据教育目的和幼儿教育总目标制订的，是幼儿教育总目标的有机组成部分。

《纲要》对幼儿科学教育的总目标有明确规定。

（1）对周围的事物、现象感兴趣，有好奇心和求知欲；

（2）能运用各种感官，动手动脑，探究问题；

（3）能用适当的方式表达、交流探索的过程和结果；

（4）能从生活和游戏中感受事物的数量关系并体验到数学的重要和有趣；

（5）爱护动植物，关心周围环境，亲近大自然，珍惜自然资源，有初步的环保意识。

《纲要》中的科学领域目标，第一点和第五点是关于情感态度方面的目标，由此可见情感态度方面的目标在学前儿童科学教育中的重要性。这是因为过去的幼儿园科学教育唯科学知识至上，在制订活动目标时考虑更多的是知识方面的目标，在活动过程方面关注的也是幼儿是否掌握了教师认可的科学知识。这种以科学知识为本位的观念致使科学情感态度弱化。《纲要》给我们指明了学前儿童科学教育应着眼于终身发展的价值取向，让幼儿对科学学习有兴趣，具有获取知识、解决问题的能力，这些都是幼儿将来发展所需要的基础，所以情感态度的发展更为重要。随着社会的进步和科技的迅猛发展，知识更新速度越来越快，这告诉我们，具有正确的科学态度和价值观比知识本身更有利于促进幼儿将来的可持续性发展。同时，我们也要明确科学知识在幼儿科学活动中的作用，过去将知识作为主要目标贯穿于整个活动过程之中，现在提倡把科学知识作为活动开展的问题切入点，知识更多起到的是桥梁或中介的作用，让幼儿带着问题去亲历探究活动的全过程，然后在教师的指导下交流分享自己的探索发现，最后在幼儿已有的经验基础上进行总结并形成科学知识。

《纲要》中的科学领域目标，第二点和第三点是关于科学方法和科学过程方面的目标，突出了科学方法的重要性。因为教育情境的不确定性、幼儿个体发展的差异性、教育活动过程的多变性以及教师指导策略的不可复制性，无论教师在活动前准备多么充分，在实际活动中都会发生与预想不一致的情况，这通常会让我们反思该如何应对活动过程中的动态变化。有些教师在活动反思时会谈到因为自己没有储备相应的科学知识，所以对幼儿的疑问不能给予准确的解释。因此，我们应该思考，幼儿教师应具有多少科学知识才能组织好幼儿的科学活动，是否让自己变为百科全书就可以胜任了呢？事实上不管你具有多少科学知识，总是不够的。况且科学知识并不是固定不变的真理，有些科学知识会被新的知识代替或修正。基于这样的认识，我们认为让幼儿学会求知的方法，培养提出问题、解决问题的能力比单纯获得知识更有价值。幼儿要掌握科学的方法，就必须学会如何动手探究科学，教师在科学教育的过程方法上，应创设有利于幼儿主动探究的条件，鼓励幼儿动手探索和发现，使科学知识成为幼儿获得探究能力和方法的桥梁。

对于目标中提出的“能用适当的方式表达、交流探索的过程和结果”，我们可以理解为幼儿能用准确清楚的语言描述自己在探究活动中的想法、方法及发现，并能与同伴交流分享；除了语言表达之外，还可运用其他如动作、表情、图表、绘画等方式来展现自己在科学活动中的探索结果。

科学领域目标中的第四点内容是“能从生活和游戏中感受事物的数量关系并体验到数学的重要和有趣”，说明了数学教育内容应结合幼儿的生活经验，教师应善于从幼儿的生活中充分挖掘数学教育元素，采用幼儿喜欢的游戏方式进行，只有这样才能达到预期效果。

综上所述，我们可以明确学前儿童科学教育目标的构成要素：一是情感态度，即有好奇心、求知欲和探究热情，有关爱环境的积极情感和态度；二是科学过程与方法，即具有观察和实验操作的技能与方法，学会思考与表达；三是科学知识经验，即获得关于周围环境事物及其关系的感性经验。

（二）学前儿童科学教育的分类目标

根据上述对学前儿童科学教育总目标的分析，科学教育的目标有三个方面：科学态度、科学探究技能和科学知识。下面我们就从这三个方面，对科学教育的目标进行具体分析。

1．科学态度方面

科学教育不仅是科学知识和科学方法的启蒙，还是一种态度的启蒙。培养幼儿对科学、对自然界的积极情感和态度，将影响其一生。幼儿科学教育中有关科学态度的目标包括以下几个方面。

（1）发展幼儿的好奇心、兴趣和求知欲。这一条目标的具体意义是：发展幼儿对周围世界各种事物（包括自然事物和科技产品）和现象（包括自然现象和科学现象）的好奇心，培养幼儿参与科学探究活动、科技制作活动的兴趣，激发幼儿的求知欲。

幼儿的好奇心、兴趣和求知欲常常表现为：对新奇的、不协调的或者不理解的事物和现象表现出一种特别的注意和趋向，或亲自探究（包括看似随意的摆弄），或向成人提问。从年龄阶段上看，两三岁是幼儿提问的高峰期。

（2）培养幼儿对自然的积极情感和态度。这一条目标的具体意义是：培养幼儿对周围自然界的兴趣、审美情趣以及热爱自然的情感和爱护环境的行为。在世界环境问题日益严重的今天，提出这条目标具有重要的意义。幼儿在探索自然的过程中产生的积极情感和态度，会进一步激发他们对周围世界的好奇心，进而促使他们继续探究。其中，有关自然的情感目标，应以建立人与自然的和谐关系为核心。不仅要让幼儿形成对自然界的探究兴趣，还要让幼儿萌发对于自然的责任感——从人类最基本的同情心出发，关爱生命，尊重自然。同时，还要引导幼儿发现自然界的美，学会欣赏自然。

（3）培养幼儿对科学技术及其对社会的作用的关注。这一条目标的具体意义是：培养幼儿关注周围生活中的人造物品、科技产品，引导他们感受科技发展给人们生活带来的变化，激发他们学科学、用科学的兴趣。

科学教育不仅是自然领域的教育，它还涉及社会的生活。这是因为在现代社会，科学技术和社会的相互联系、相互渗透、相互影响已越来越明显。我们不仅要引导幼儿探索科学，还要引导幼儿用正确的态度看待科学，看待科学技术对社会的影响，萌发正确的科技价值观。

2．科学技能方面

教师所能给予幼儿的科学知识是有限的，如果能引导幼儿掌握获取知识的方法或技能，那么幼儿便能逐渐在没有教师的帮助下自行获取更多的知识。因此，掌握科学技能比单纯获得科学知识更有意义，幼儿只有掌握了必需的科学技能，才能真正成为自主、自动的学习者。

幼儿在科学探究过程中，需要运用的主要技能有以下几种。

（1）观察能力。观察是一种有目的的知觉活动，同时也是一种基本的科学方法。它是指运用感官直接获取第一手资料的方法。由于幼儿的逻辑推理能力十分有限，所以他们获取科学知识的途径更多是直接观察。幼儿通过观察所获知的事实材料，既是一种科学经验，同时也是进一步学习科学的基础。

幼儿观察技能的具体目标包括：

- 学会运用多种感官感知物体的外部特征，如借助手、眼、口、鼻等多种感官感知水果的特征。
- 学会观察比较不同物体或同类物体的特征，如比较小鸡、小鸭外形的不同。
- 学会观察物体的运动和变化，即对自然现象的观察，如观察植物的生长过程。

（2）探究能力。科学过程本身就是一个探究的过程，探究能力可以使我们对科学事物和现象的理解不只停留在表面，而是可以进行更深层次的理解。这里我们说的探究能力主要是指：幼儿所具备的，能够不断深入分析、研究和解释科学事物及现象的能力。

探究能力有很多，幼儿在科学探究中最经常用到的探究能力主要有：分类、测量，操作和思考。其中最主要的是操作，它不仅是一种探究能力，还是幼儿阶段其他探究能力（分类、测量和思考）得以发展和运用的基础，更是我们在培养幼儿探究能力过程中坚持的一条重要的原则。幼儿只有在动手操作基础上的探究，才是真正有意义的科学探究。

幼儿探究技能的具体目标包括：

- 学会运用一些既基本又常用的探究方法，如分类、测量等。
- 学会动手操作和制作具体材料，进而对科学事物和现象进行深入探究。
- 学会在探究的过程中积极地动脑思考，包括对现象、过程等，甚至是关系的思考，以促进幼儿思维的发展。

（3）表达交流能力。表达作为一种技能，在科学活动中是必不可少的信息交流手段。幼儿在科学探究过程中学会运用多种表达和交流的方式，以一种别人能理解的方式进行准确而完整的交流是十分必要的。幼儿通过表达可以对自己的科学过程进行思考，强化自己的科学发现，同时也能增强自信心。

幼儿表达交流方法和技能的目标包括：

- 学习用准确、有效的语言表达、交流自己在科学活动中的做法、想法和发现。
- 学会用适当的方式表达自己在科学活动中的情绪体验，如体态、动作、表情等。
- 学会用各种手段（如图表、绘画、作品展览等）展示自己的科学活动结果。

3．科学知识方面

由于幼儿掌握科学知识的主要方式，并不是通过学习抽象的科学概念，而是在动手操作的基础上获得经验性的知识。因此，要特别注意以下两点。

一是要注重幼儿在自身的实际水平上，建构并运用自己的知识经验。也就是说，要根据幼儿的年龄特点、生活经验特点等选择适合幼儿的内容，在调动幼儿以往相关经验的基础上，要以幼儿主动建构知识经验为主，而非教师进行知识灌输。

案例 2-1："声音是由物体振动产生的"这种抽象的科学概念，教师不能只是口头讲解，而应该在帮助幼儿提取以往生活经验的基础上，为幼儿提供大量的操作、探索性活动，如敲击锅盖后，将手放在锅盖上感受其振动，等等，让幼儿构建关于声音的多样性，产生声音的各种方法等丰富、具体的科学经验。

二是要注重幼儿科学知识的获得应从幼儿生活的周围环境出发，由近及远。也就是说，幼儿所获得的科学知识，不应该是脱离幼儿生活经验的知识，而应该是和周围事物息息相关的知识。在内容的选择上坚持由近及远的原则，即先认识身边的、常见的事物，再认识较远的、不常见的事物。比如处于山区、远离江河湖海的幼儿园，可以先让幼儿认识山区常见的动物、植物，再认识较远的江河湖海中的动物、植物；而处于江海边但远离山区的幼儿园则相反。

综上所述，幼儿科学教育的所有目标，最终都要归于幼儿科学素养的早期培养，促进幼儿的全面发展。

三、科学活动目标制订的要点

（一）根据同一内容制订不同的活动目标

在创造性使用教材这一思想的引领下，教师有了广阔的创造平台。面对同一内容，教师能根据本班幼儿的特点与需求，从不同切入点设计活动，然而在活动目标制订中教师往往会有一些困惑，如怎样的目标才是合适的，目标怎样才能体现针对性，等等。

首先，要判断某一内容更适合用集体活动还是个别活动完成；其次，要思考每个年龄段的幼儿有哪些需求和特点，据此寻找合适的、有挑战性的目标；最后，要思考如何完善目标，即根据目标选择内容、设计环节，然后再反过来思考目标的有效性。

（二）把握目标挑战性的“度”

目标要对幼儿形成适度的挑战，才是有意义的。把握活动目标挑战性的“度”关键在于找到衡量“度”的依据，而这一依据来源于教师对目标若干维度（知识、能力与情感）的理解与把握。具体来说，教师要把握以下几个方面。

- 根据幼儿的经验有效地融入知识点，把各年龄段总目标作为设置挑战点的依据。
- 根据幼儿的年龄特点，参阅《纲要》及其“解读”中所介绍的幼儿发展的目标，形成适切的教学目标。
- 情感和能力的培养也是有层次的，教师要善于分解这两个维度的目标，根据活动载体（内容）的特质有效地融入相关的情感与能力发展的目标。
- 根据本班幼儿的需求、兴趣与发展水平，确定适合本班幼儿特点的目标，关键在于每个活动价值的定位及关键经验的挖掘。

如果说制定目标仅仅是活动的开始，那么学会评价目标则有助于进一步完善活动，如教师可从目标陈述看其是否符合课改理念；从环节设计与目标是否匹配看其适切性；从教学活动现场幼儿的反应看目标的挑战性，等等。制订好目标后，教师还需对目标进行不断反思，使其尽可能更加合理、更加完善。科学活动的目标制订需要教师客观、深入地分析活动素材的内涵和幼儿的已有经验，并紧紧抓住新课改精神，这样才能制订出恰当的活动目标。

第二节　对《3~6岁儿童学习与发展指南》中科学发展目标的解读

基于人类自然科学发展的历程和儿童认识客观世界的特点，科学探究和数学认知成为《指南》科学领域中相互联系又相对独立的两个重要方面，可以称为科学领域的两个子领域，这两个子领域又分别提出了三个方面的目标以及相应的不同年龄阶段的典型表现（见图2-1）。

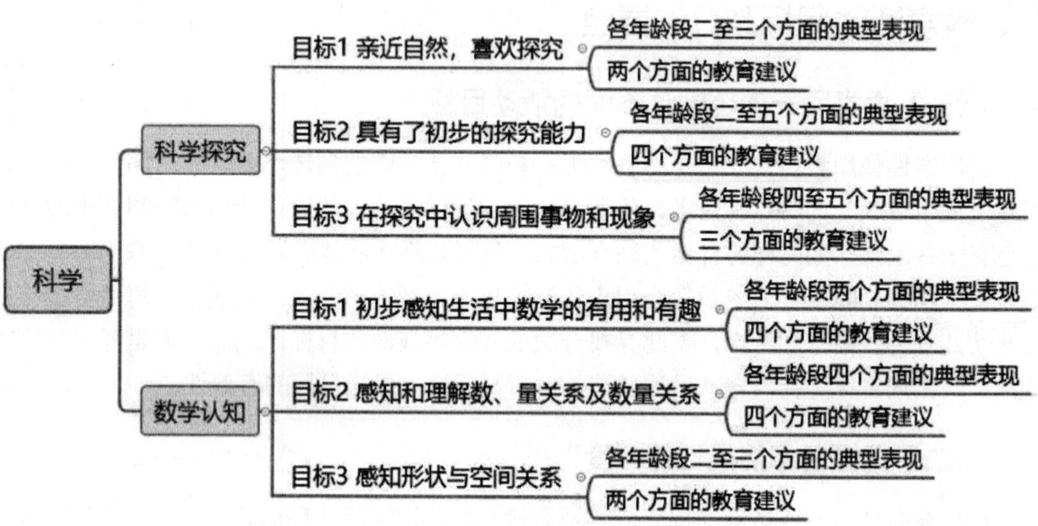

图2-1　科学领域的目标结构图

一、科学探究的目标

《指南》中幼儿科学探究的目标包括三个维度：情感态度、方法能力和知识经验。三个目标相互依存，是一个探究过程中的不同方面和不同表现，具有不同的性质和特点（见表2-1）。

表2-1　科学探究的目标

目标表述	目标的性质与特点
目标1　亲近自然，喜欢探究	首要目标/前提性目标
目标2　具有初步的探究能力	重要目标/关键性目标
目标3　在探究中认识周围的事物和现象	载体目标/产物性目标

（一）目标1 亲近自然，喜欢探究（见表2-2）

表2-2 亲近自然，喜欢探究

3～4岁	4～5岁	5～6岁
（1）喜欢接触大自然，对周围的很多事物和现象感兴趣。 （2）经常问各种问题，或好奇地摆弄物品	（1）喜欢接触新事物，经常问一些与新事物有关的问题。 （2）常常动手动脑探索物体和材料，并乐在其中	（1）对自己感兴趣的问题总是刨根问题。 （2）能经常动手动脑寻找问题的答案。 （3）探索中有所发现时感到兴奋和满足

这一核心目标体现了对幼儿好奇心和探究兴趣的高度重视，可以用“好奇”“好问”“好探究”单个关键词来概括。

好奇是学前阶段幼儿的年龄特点，好奇心是幼儿探究的动机基础和内在动力，正是由于强烈的好奇心才能使幼儿保持探究的热情和积极性。幼儿的“好奇”主要表现在喜欢接触大自然和新鲜事物，常常被周围的事物吸引，驻足观看。

好问的幼儿会常常对自己接触和观察到的事物和现象提出问题，幼儿真正的探究也正是始于对这些问题答案的追求。因此，幼儿真正感兴趣且能够通过探究找到答案的问题——“适宜地探究问题”具有重要的意义。“刨根问底”是幼儿积极主动的探究倾向和表现，在幼儿5～6岁时比较明显或出现较多，但4～5岁时也会有相关表现。教师要予以支持和鼓励，并创造条件支持幼儿自发地达成目标。

动手探究是幼儿满足好奇心，找到问题答案的必由之路。好奇、好问是幼儿探究的动力和前提，而动手操作才是幼儿探究的真正开始。当幼儿好奇地摆弄物体、探索物体和材料、试图通过各种动手动脑的方式解决问题和寻找答案时，正是幼儿“好探究”的表现。幼儿的“好探究”还表现在看到新奇的事物、发现有趣的现象时，感到兴奋，乐在其中，而且有交流的愿望和冲动。

（二）目标2 具有初步的探究能力（见表2-3）

表2-3 具有初步的探究能力

3～4岁	4～5岁	5～6岁
（1）对感兴趣的事物能仔细观察，发现其明显特征。 （2）能用多种感官或动作去探索物体，关注动作所产生的结果	（1）能对事物或现象进行观察比较，发现其相同与不同。 （2）能根据观察结果提出问题，并大胆猜测答案。 （3）能通过简单的调查收集信息。 （4）能用图画或其他符号进行记录	（1）能通过观察、比较与分析，发现并描述不同种类物体的特征或某个事物前后的变化。 （2）能用一定的方法验证自己的猜测。 （3）在成人的帮助下能制订简单的调查计划并执行。 （4）能用数字、图画、图表或其他符号记录。 （5）探究中能与他人合作与交流

具有初步的探究能力是幼儿科学探究的重要目标或关键性目标。这一目标包括经历探究过程和获得探究能力两个相辅相成、相互交织的层面。幼儿有了初步的探究能力就具备了基本的探究未知、寻求答案和获取知识的方法和能力，也就在一定程度上具备了主动学习、自主学习的能力。应特别注意的是，不能对幼儿的观察、调查、比较等方法进行单独的训练，应该积极鼓励和支持幼儿动手动脑，积极探究、解决问题，不断通过有意义的活动学习相关的方法；在鼓励和引导幼儿做记录时特别要注意方式方法，记录力求简单、便捷，不要让记录成为幼儿的负担。

（三）目标 3　在探究中认识周围事物和现象（见表 2-4）

表 2-4　在探究中认识周围事物和现象

3～4 岁	4～5 岁	5～6 岁
（1）认识常见的动植物，能注意并发现周围的动植物是多种多样的。 （2）能感知和发现物体和材料的软硬、光滑和粗糙等特性。 （3）能感知和体验天气对自己生活和活动的影响。 （4）初步了解和体会动植物和人们生活的关系	（1）能感知和发现动植物的生长变化及其基本条件。 （2）能感知和发现常见材料的溶解、传热等性质或用途。 （3）能感知和发现简单物理现象，如物体形态或位置变化等。 （4）能感知和发现不同季节的特点，体验季节对动植物和人的影响。 （5）初步感知常用科技产品与自己生活的关系，知道科技产品有利也有弊	（1）能察觉到动植物的外形特征、习性与生存环境的适应关系。 （2）能发现常见物体的结构与功能之间的关系。 （3）能探索并发现常见的物理现象产生的条件或影响因素，如影子、沉浮等。 （4）能感知并了解季节变化的周期性，知道变化的顺序。 （5）初步了解人们的生活与自然环境的密切关系，知道尊重和珍惜生命，保护环境

这一目标之下 4～5 个方面的典型表现所反映的幼儿对事物和现象的认识，都是在幼儿感知、体验、探究和发现的过程中获得的，是幼儿探究过程的必然结果。理解和领会这一目标的关键在于认识到其发现性和伴随性特点，即所列举的这些典型性表现所对应的几个方面的事物和现象是举例性的，是探究的载体，也是探究的必然产物。

科学探究子领域的三个目标是不可分割的统一整体，是在不同的探究活动和探究过程中，通过感知操作、体验感悟得以实现的，切忌分别学习或单独训练。每个方面的目标都是在探究过程中实现的，也可以说是完整探究过程不可分割的组成部分，是在探究的不同阶段，以不同的形式表现出来的。在某一个或一系列探究活动中，幼儿会不断强化亲近自然和喜欢探究的特点，形成初步的探究能力，获得对周围相关事物和现象的认识。

二、数学认知的目标

儿童早期数学认知能力的发展包含了儿童对数、计算、空间/几何、测量和模式的认知能力。《指南》中数学认知领域的内容侧重于我们常说的数和形，这两个领域是儿童早期数学学习的核心内容。对数和数量关系的初步理解是儿童早期数学学习的第一步，也是最重要的一步。理解和运用数是儿童日常生活必备的重要技能，也是儿童学习几何、测量等其他数学知识技能的前提。其次，对数和数量关系的初步理解也能促进儿童的逻辑思维和推理能力的发展。同样，形状和空间知识是儿童认识和了解周围世界的一项重要技能，也是几何学习的重要基础。本领域提出了三个目标。从这三个目标来看，第一个是有关数学的感知体验和态度，第二个是感知和理解数、量和数量关系，第三个是感知形状与空间关系。

（一）目标 1　初步感知生活中数学的有用和有趣（见表 2-5）

表 2-5　初步感知生活中数学的有用和有趣

3～4 岁	4～5 岁	5～6 岁
（1）感知和发现周围物体的形状是多种多样的，对不同的形状感兴趣。 （2）体验和发现生活中很多地方都用到数	（1）在指导下感知和体会有些事物可以用形状来描述。 （2）在指导下感知和体会有些事物可以用数来描述，对环境中各种数字的含义有进一步探究的兴趣	（1）能发现事物简单的排列规律，并尝试创造新的排列规律。 （2）能发现生活中许多问题都可以用数学的方法来解决，体验解决问题的乐趣

数学的学习与儿童的生活经验建立联系是有效的数学学习和发展必不可少的条件。发现数学与日常生活之间的联系，即帮助儿童看到数学在自己实际生活中的有用之处。第一个目标尽管与数学内容有联系，如涉及了形状和模式，但它最后并没有落实到数学内容上，而是体现了对数学的态度以及对数学学习过程性能力方面的期望。此外，这一目标还期望儿童能发现生活中的许多问题都可以用数学的方法来解决这一现象，它既强调了数学与日常生活之间的联系，又强调了解决问题能力启蒙的重要性。对学前儿童来说，解决数学方面的问题意味着他们能够在生活或游戏中运用自己已有的数学知识和经验解决遇到的问题，并对这一过程进行反思和形成新的数学知识。幼儿涉及的数学问题往往与日常生活和游戏中的比较多少、分享食物和玩具、日常计时工具的理解与运用、钱币的使用、比较与测量、使用工具解决数学问题等活动有关。例如，在解决分享食物的问题时，幼儿要弄清楚食物够不够分给所有的人，如果不够，用什么办法来解决食物分配中的公平问题；在测量活动中采用其他物品作为测量的单位或标准化工具解决实际的测量问题；等等。

（二）目标 2　感知和理解数、量及数量关系（见表 2-6）

表 2-6　感知和理解数、量及数量关系

3～4 岁	4～5 岁	5～6 岁
（1）能感知和区分物体的大小、多少、高矮、长短等量方面的特点，并能用相应的词表示。 （2）能通过一一对应的方法比较两组物体的多少。 （3）能手口一致地点数 5 个以内的物体，并能说出总数，能按数取物。 （4）能用数词描述事物或动作。如我有 4 本图书	（1）能感知和区分物体的粗细、长短、厚薄、轻重等量方面的特点，并能用相应的词语描述。 （2）能通过数数比较两组物体的多少。 （3）能通过实际操作理解数与数之间的关系，如 5 比 4 多 1；2 和 3 合在一起是 5。 （4）会用数词描述事物的顺序和位置	（1）初步理解量的相对性。 （2）借助实际情景和操作（如合并或拿取）理解加和减的实际意义。 （3）能通过实物操作或其他方法进行 10 以内的加减运算。 （4）能用简单的记录表、统计图表示简单的数量关系

第二个目标涉及一些重要的数学知识技能和能力，包括量的比较、基数概念、集合比较、序数、加减运算；涉及的数学学习的过程性能力包括数的表达交流、数的表征。数的学习是儿童数学认知能力发展中的一个难点，因为数与数之间的关系看不见摸不着，它涉及对数的抽象逻辑关系的理解，也涉及学习和运用人类发明的抽象的阿拉伯数字符号系统。

1．量的比较

量的比较，即根据具体特征或属性，探寻两种事物或几组事物之间的关系。儿童在日常生活中有大量的机会通过感知来了解和比较物体的各种特征，如：通过积木学习长度、重量和面积的知识；通过玩沙、玩水学习容量的知识；等等。小班幼儿通常要求理解有关大小、多少和高矮的概念，并能准确使用这些术语。它意味着幼儿被要求在两两比较的情况下能用语言来描述物体的量的特征。中班幼儿被要求能感知和区分粗细、长短、厚薄、轻重，也要能理解这些概念和会用相关的术语描述物体的特征。大班幼儿被要求能初步理解量的相对性。5～6 岁的幼儿已经开始理解物体的大小、长短、高矮的相对性，如在三个物体相比较的情况下，幼儿能说出物体 B 小于物体 A，但大于物体 C。

2．基数概念

数数是儿童早期数概念发展的重要基础，儿童通过与具体的情境和实物有关的数数过程来学习基数概念。儿童掌握了基数概念，说明他们在数物体时已经理解最后说出的数是这一组物体的总数。《指南》目标中仅对小班幼儿有掌握基数概念的要求。小班基数概念的学习目标涉及手口一致点数，说出总数和按数取物。说出总数是按数取物的前提，但能说出总数并不一定说明幼儿真正理解了基数含义。小班末掌握 5 的基数概念应该是一种最低要求。

3．序数

幼儿序数概念的发展晚于基数概念。《指南》对中班幼儿提出了“会用数词描述事物的顺序和位置”的目标要求，在这个年龄段，对序数掌握的要求一般是指 10 以内的序数。

4．集合比较

儿童能同时考虑两组物体的数量，判断两组物体数量是否相同或是其中一组物体数量更多；或在出示一组物体的情况下，儿童能摆出和这组物体数量相同的物体。《指南》对小班和中班幼儿都提出了集合比较的要求。对小班幼儿的要求是能通过一一对应的方法比较两组物体的多少。因为小班的基数概念的目标要求是 5，而 5 以内的数量只要采用目测的方法就能比较多少，不需要用到一一对应的方法，所以这里一一对应的方法应该应用于 5 个以上的物体，即超出目测的范围才有实际的意义。

5．加减运算

学前儿童的实物加减运算的能力在 2 岁左右开始出现。在掌握基数概念以前，儿童就已经知道添加物体的行为能使一个集合的数量增加，拿走物体的行为能使一个集合的数量减少。这种有关物体的增加与减少的感性经验是学习加减运算的重要基础。《指南》对中班和大班均提出了加减运算的目标，但侧重于对加减运算的实际意义的理解，如对中班要求“能通过实际操作理解数与数之间的关系，如 5 比 4 多 1；2 和 3 合在一起是 5”。这一目标的提出是希望幼儿在自己的操作活动中真正理解 5 以内数与数之间的关系，同时它也是最简单的实物加减运算。大班的要求有两个，一是“借助实际情境和操作（如合并或拿取）

理解加和减的实际意义”。这一要求的目的很清楚，即对大班的幼儿来说，加减运算的学习最重要的是理解它们的实际意义，而不是仅仅会背诵几加几等于几的结果。二是“能通过实物操作或其他方法进行 10 以内的加减运算”。这对幼儿加减运算的技能提出了一定的要求，幼儿可以使用任何策略来完成，包括使用实物、借助手指、口头数数或心算。

6. 表达交流

目标中除了数、量和数量关系的内容目标之外，还蕴含了数学的表达和交流的过程性能力目标。对小班幼儿提出了“能用数词描述事物或动作”，对中班幼儿提出了“会用数词描述事物的顺序和位置”。这两条要求既期望幼儿能够在日常生活中运用数，同时也是希望他们能学习运用数学的术语来表达自己的需求，加深对数学概念的理解。

7. 表征

目标中还蕴含了表征的过程性能力目标，即能运用数的表征方式来解决问题，演示、解释各种现象。学前儿童可以运用多种表现手段，如手势动作、实物、绘画、口头语言和书面语言来表征对数的理解。《指南》对大班幼儿提出了“能用简单的记录表、统计图等表示简单的数量关系”的要求。学前儿童对数量之间关系的认识大多在实物或口头数字的层面上进行，而到大班末，希望幼儿对数量关系的理解逐步从具体到抽象，能够在书面符号表征的层面上反映出来，如运用简单的表格、数字符号等。这既是对表征能力发展的要求，同时也是对幼儿最初的数据分析能力发展的要求。它期望幼儿能提出自己的问题，并收集相关数据，对数据进行整理并能运用多种手段来表征数据。如户外活动班里有多少人选择了拍球，多少人选择了跳绳，多少人选择了走平衡木。

（三）目标 3　感知形状与空间关系（见表 2-7）

表 2-7　感知形状与空间关系

3～4 岁	4～5 岁	5～6 岁
（1）能注意物体较明显的形状特征，并能用自己的语言描述。 （2）能感知物体基本的空间位置与方位，理解上下、前后、里外等方位词	（1）能感知物体的形体结构特征，画出或拼搭出该物体的造型。 （2）能感知和发现常见几何图形的基本特征，并能进行分类。 （3）能使用上下、前后、里外、中间、旁边等方位词描述物体的位置和运动方向	（1）能用常见的几何形体有创意地拼搭和画出物体的造型。 （2）能按语言指示或根据简单示意图正确取放物品。 （3）能辨别自己的左右

1. 形状

《指南》对小班幼儿提出的主要是对形状整体认知和命名的要求。小班幼儿通常在入园时已能认识三四种形状，到小班末可能认识六七种。圆形和三角形是幼儿最早掌握的形状，其他的形状包括长方形、正方形、椭圆、半圆形等。中班幼儿在形状方面发展的要求，一是对各种形状的特征有更为细致的了解，如对边和角的认识，并能用图画或积木等材料表现形状；二是对形状进行分类，如不同形式的三角形：对称三角形、直角三角形等。大班幼儿关于形状的要求更高，即能通过对形状的有创意的组合形成一个新的产品，并能用图画表征出来。这一要求综合了几何形状、形状的组合、空间表征以及创造性思维品质等多种元素，并涉及二维平面和三维形体之间的转换。

2. 空间

小班幼儿大多能理解上下、里外和前后的方位词，其中对上下和里外方位词的理解好于对前后方位词的理解。对于中班幼儿的要求，除了增加中间和旁边的方位概念以外，还要求幼儿能用这些方位词来描述物体运动的方向，从静态方位的认识转向在物体动态的情况下关注方位和空间的关系。对于大班幼儿，要求设计物体空间方位表征以及实际物体的空间方位与符号表征的物体方位之间的对应关系。这里所指的简单示意图可以是物体的方位图或简单的地图。

第三节　学前儿童科学教育的内容

一、学前儿童科学教育内容的范围

在幼儿园课程领域中，科学领域的教育内容极其广泛，这既为教师开展科学教育提供了广阔的空间，同时也向教师提出了一个问题："如何选择科学教育的内容呢？"在这里，我们将幼儿科学教育内容大致划分为物质科学、生命科学、地球和空间科学、科学技术以及数学教育五个范畴。

（一）物质科学

天生的好奇心促使幼儿通过感知、观察和操作周围环境中的物体和材料不断地探究世界。幼儿在摆弄这些物体和材料的过程中，了解它们的基本特征和变化，形成科学探究的能力。物质科学的内容包括以下几个方面。

1. 物体和材料的性质

了解物体和材料的基本性质是进一步学习事物性质和变化的基础。具体的内容有：

（1）运用感官对常见的物体进行观察和摆弄，获取并描述物体的性质和特征，如物体的颜色、大小、形状、重量、温度、结构、硬度等。

（2）使用一些简单的工具，测量物体的一些性质，如大小、重量、温度等，进而对物体进行更加精确的比较。

（3）用多种感官从多方面感知物体和材料的不同属性，而不仅限于其中的一种或两种属性，如铁不仅是硬的，而且能导电和导热，等等。

（4）物体和材料的性质具有多面性，使用自己的多种感官从多方面感知物体和材料的不同属性，而不仅限于其中的一种或两种属性。

（5）探索材料在不同的条件下可以具有不同的存在状态，即固态、液态、气态，如水放入冰箱冷冻后会变成冰块等。

2. 物体的位置和运动

（1）力。我们让幼儿探索力，不是让他们学习各种力的概念，而是启发幼儿探索和思考日常生活中的这些经验，从日常的事情中发现其规律性。具体的内容有：

- 感受和探索力，如力的大小、方向、力和运动之间的关系等。

- 通过实验探索各种力（地球引力、浮力、摩擦力等）的现象，如地球上的所有物体都会受到地球的引力，都会落到地面上，等等。
- 玩跷跷板、天平、平衡架等，探索平衡的条件，体验力的平衡。
- 探索各种机械，发现它们的作用，如瓶起子在使用的时候省力，等等。
- 探索各种自然力（如风力和水力），了解人类对它们的利用，如水力或风力可以发电。

（2）声音。幼儿的日常生活中充满了各种各样的声音，同时幼儿也是声音的制造者。我们可以结合听觉能力的培养让幼儿探索有关声音，具体内容有：

- 注意并辨别各种声音，包括自然的声音、人的声音、机器的声音等，了解各种声音所代表的意义。
- 探索各种能产生声音的物体和能产生声音的方法，了解不同物体的声音类型。
- 探索各种声音的不同。不同的声音具有不同的性质，如音调和音量。
- 通过游戏、实验等方式探索声音的传播，如制作土电话和扩音器，体验声音的传播。观察生活中几种常见的传播声音的现代科技产品，探索它们是如何将声音传得更远的。
- 了解噪音的产生及其危害，如马路上汽车发出的声音和公共场合的大声喧哗会让人心情烦躁等。

3．光、热、电、磁

（1）光。光既是自然界中普遍存在的现象，又与幼儿生活密切相连，并且经常会引起幼儿观察和探索的兴趣。教师可以引导幼儿探索以下与光有关的现象。

- 认识各种光源（自然的、人造的）以及它们的不同，了解光的重要性，如太阳光和灯光等。
- 通过玩各种光学仪器（如平面镜、三棱镜、凸透镜、凹透镜）和日常的物品、玩具（如望远镜、万花筒等），探索光的反射和折射现象。
- 通过实验探索光和影子的关系，如光是怎样影响影子的大小和方向的。

（2）热。幼儿对于热的生活经验比较多，但仅对于热的现象很难进行研究和探索。可以结合幼儿的日常经验，让幼儿学习以下内容。

- 感受有的物体热，有的物体冷；学习用温度计测量物体冷热的程度。
- 探索并发现热的物体会变冷，冷的物体会变热；讨论可以用什么办法使物体变冷、变热。
- 知道天气的冷热。讨论夏天怎样散热，冬天怎样取暖保暖，并了解几种取暖或散热的产品。

（3）电。电在生活中的作用越来越大。虽然对幼儿来说电是危险的，但是我们不能因此就禁止幼儿接触和探索电的现象，相反要进行适当的有关电的知识教育，使幼儿了解电的作用和危险。幼儿可以了解的关于电的内容有：

- 通过游戏探索摩擦起电的现象。
- 初步了解日常生活中电的来源，知道电是发电厂通过电线输送来的。

- 初步了解干电池也能产生电，在游戏或实验中探索干电池的用途；还应告诉幼儿，废旧的干电池是有毒的，不能随便丢弃。
- 探索各种家用电器的功能，初步了解电在日常生活中的应用；玩各种电动玩具或进行简单的实验操作。
- 向幼儿介绍安全用电的常识，如不能将手指插到插座孔里等。

（4）磁。尽管幼儿并不理解磁究竟是什么，但是由于磁的现象带有神秘和魔幻般的色彩，因此磁很容易引起幼儿的好奇。幼儿可以学习的磁的内容有：

- 探索各种大小和形状的磁铁，发现磁有吸铁的性质。对于稍大的幼儿，还可以探索不同磁铁的磁力大小。
- 通过游戏或实验探索磁铁之间的相互作用，发现吸引和排斥的现象。
- 玩指南针或磁针，探索指南针指南的现象。
- 探索磁铁在生活中的应用，寻找用到了磁铁的物品。

除了以上列出的内容，物质科学的内容还有很多。幼儿在生活中遇到的很多事情、提出的很多问题，都和物质科学的知识有关。我们不必受限于以上具体内容，可以充分利用随机的情境，引导幼儿探索物质科学领域。

（二）生命科学

幼儿对其周围的生物充满了兴趣与好奇，他们在与有生命物体的直接接触中开始建立对生物概念的理解。生命科学的教育提供给幼儿不断观察生物的机会，促进他们了解生物的特性、生存方式和生命周期等，并探索生物的多样性以及生物与环境的相互关系。

1. 生物的自然特性

幼儿对生物的认识，首先建立在对生物自然特性的观察基础上。通过观察真实的生物，幼儿不仅可以认识常见生物的典型特征，如猫是多毛的、鱼是有鳞的……还可以观察和描述更加详细和丰富的多种特征，如猫不仅是多毛的，形体小，还有四肢、尾巴，在脚的底部有厚实的肉垫，等等。

除此之外，我们还可以引导幼儿思考生物的形态结构和功能之间的关系，如鱼儿有腮，所以能够在水里呼吸。

2. 生物的基本需要

幼儿可以通过日常的生活经验和学习了解到生物所共有的一些基本需求，同时也需要了解它们在具体需求上存在不同：不仅动植物之间存在着差异，不同种类的动物之间、不同种类的植物之间也有着各自不同的需求。例如，动物可以分为食草性、食肉性、杂食性动物；植物有喜阴的，也有喜阳的，有些植物在阳光充裕的地方可以长得更好，而有些植物则可能枯萎。

3. 生物的简单行为

幼儿可以通过观察、阅读、讨论等方式了解生物的多种行为，如觅食方式、自我保护方式、繁殖方式等。例如，蜘蛛是通过结网的方式捕获食物的；植物虽然不会运动，但是它们也呈现出一定的行为模式，如大多数的植物会呈现向光性。

4. 生物的生命周期

在日常生活中，幼儿会有一些培育植物、饲养动物的经验，可以利用这些经验让幼儿感受生命的历程，以及不同生物生命周期的长短与细节的不同。

同时，幼儿在培育动植物的过程中，还会发现幼小的动植物与双亲存在着很多相同点，如幼犬会延续双亲基本的体格特征，但是幼犬的毛色却可能与双亲不同。

5. 生物的多样性和物种

幼儿要能够理解自然界中的生物是多种多样、千差万别的。动物有大的、有小的，有凶猛的、有温顺的，有多毛的、有皮肤光滑的，有会生蛋的、有会生“小宝宝”的，有爬的、有跳的、有飞的……植物中，有的树高大、有的树低矮，还有矮小的草，有各种各样的叶子，也有各种各样的花和种子，等等。

不同年龄的幼儿可以观察不同的生物。此外，还可以鼓励幼儿根据一些明显的特征对常见的生物做粗略的归类，比较它们的相似与不同，以更好地体会生物多样性的特点。

6. 生物和环境的关系

（1）生物之间的关系。动植物之间的关系包括动物和动物的关系、动物和植物的关系。可以让幼儿了解动物之间的朋友和敌人，初步了解不同动物的食性，如鳄鱼和牙签鸟是“好朋友”，狼则是羊群的天敌。

动植物和人类的关系——可以让幼儿了解人类在生活中是怎样利用动植物的，如认识竹子和竹制品；还要让幼儿了解人类是怎样保护动植物的，这一内容可以渗透在总体的认识活动中。

（2）生物与环境之间的关系。生物与周围环境是相互联系、不可分离的。促进生物与环境的和谐发展日益成为全球共同关注的焦点，向幼儿展示彼此之间的密切联系构成了生命科学教育的必要内容。

- 动植物与环境的关系。在观察动植物的同时，可以通过具体的事实，引导幼儿探索和初步了解动植物与环境之间的关系。例如，动植物的多样性与环境的相互关系；动植物的形态结构与环境的关系；动植物的生长与环境的关系；动植物和季节变化的关系。
- 人与自然环境的关系。人与自然环境关系的教育，应该渗透和体现在认识自然界中的动植物和非生物的内容中。如在观察小草时，要引导幼儿和小草交朋友，关心和保护小草的生长。

除了以上的教育外，我们还可以带领幼儿参加力所能及的实践活动，如植树等；让幼儿养成良好的保护环境的行为习惯，如教育幼儿爱护花草树木、爱护小动物，保持环境整洁，不污染环境，等等。

以上关于生物与环境之间关系的内容，并不要求幼儿形成明确的概念，而只是让他们通过具体事实获取相关的经验。在教育过程中，应该把这些关系蕴含和体现在具体的内容中，而不是教给幼儿概念化的结论。

（三）地球和空间科学

1. 地球物质的性质

地球物质包括沙、土、石、水和空气等，这些物质具有各自的特性和用途，并且幼儿对这些物质是极为熟悉的。

（1）沙、石、土。沙、石、土是幼儿在生活中经常接触到的物质，幼儿非常喜欢玩沙、玩土。对于这些内容，不仅要让幼儿探索它们的物理性质，还要从生态的意义进行教育。具体地说，可以让幼儿玩沙、石、土，感知并比较它们的特征；让幼儿了解沙、石、土在日常生活中的用处。此外，还可通过探索活动让幼儿知道沙、石、土都是覆盖在大地上的，但是沙和石头都很难长出植物，只有土壤才能够长出植物来，让幼儿体会土壤和动植物以及和人类的关系，知道要珍惜土壤。

（2）水。幼儿对水的认识，包括两个方面：

- 对水的物理性质的探索。可以让幼儿在玩水的过程中感受它的无色、无味、无嗅、透明，但无须幼儿用语言描述；探索一些和水有关的物理现象，如水向低处流，水有浮力，等等。
- 对水的生态意义的认识。让幼儿探索固态、液态和气态的水以及相互变化的现象；让幼儿了解自然界中的水对于人和动植物生存的重要性；结合幼儿的生活经验让他们懂得要节约用水，保护水源的清洁。

（3）空气。空气比较抽象，缺乏具体的形象供幼儿探索，因此幼儿较难理解。对于幼儿，只要让他们体会到空气就在我们的周围，我们看不见、摸不着它，但也离不开它。可以通过探索空气的流动（风）、充气等和空气有关的现象以及空气污染的现象来增强幼儿对空气的感性体验。如可以让幼儿通过制作和玩“风车”“风筝”“火箭发射器”来感受风。

2. 天空的物体及其变化

幼儿从小就对神秘的天空有探索的兴趣，但他们无法直接探索这些遥远的天体，同时限于思维的水平，很难理解那些抽象的天文知识，于是就会产生很多离奇的想象。例如，有的幼儿认为太阳落山以后就“躲到山底下睡觉去了”，星星眨眼睛是因为“有人在星星上用手电筒对着我们晃来晃去”。在学前时期，我们不必向幼儿解释各种抽象的天文知识，而要通过幼儿能够直接观察到的天文现象，使其获取相关的经验。

3. 天气、气候和季节

幼儿有关气候和季节现象的学习内容，主要是他们熟悉、可见的现象及其和人类、动物、植物的关系，重在积累这方面的经验，培养幼儿对周围自然环境的关注。

结合具体的天气，引导幼儿观察和探索气候与季节的变化，包括：观察和感受不同情形下风的不同；观察空中的云及其运动和变化，特别是不同天气时云的变化；观察并记录晴天、阴天、雨天等不同的天气现象，以及小雨和大雨等的不同；观察和探索冬天常见的天气现象——冰、雪、雾、霜等，夏天常见的天气现象——雷雨、彩虹等；认识四季的名称，观察其变化，感受并了解各个季节的典型特征，初步了解季节变化与人类以及与动物、植物的关系，人如何适应季节变化，等等。

4．地貌变化

地球的表面在环境的作用下会不断地发生变化，如受到侵蚀和风化的影响，以及自然灾害的产生。但这并不要求对幼儿进行地貌产生变化原因的知识灌输。借助于书本和媒体，让幼儿初步了解我们生活的地球是变化的，以及这些变化会影响人类的生活，激发他们探究地球的兴趣和好奇，促使他们关注地球、热爱地球、保护地球。

（四）科学与技术

对幼儿进行技术教育，能够使其获得最初的“技术体验”，还能满足幼儿渴望了解周围生活中现代科技的需要，同时培养幼儿关注科技的兴趣，向幼儿进行善待自然、善用科技，培养正确的科技观的初始教育。具体内容包括：

1．幼儿生活中常见的科技产品及其作用

引导幼儿认识科技产品，不在于向他们介绍其中的技术，而在于引导他们关注技术的世界，即人类设计的世界。让幼儿知道，在我们的周围除了自然的世界之外，还有一个“人造的”世界，由此向幼儿渗透“技术改变世界”的观点。

具体的内容有：探索认识现代家用电器，初步学习简单的使用方法，并体会它们在家庭生活中的作用；探索、观察常见的各种交通工具，比较它们的优缺点，并体会它们与人们生活的关系；探索并初步了解几种农业科技产品，以及经过加工的食品等；探索各种科技玩具等。

2．科技产品的发展

向幼儿介绍常见科技产品的发展、进步，使其体会到它们与人们生活的关系。例如，向幼儿介绍灯的发展史，让他们探索、了解从古至今的灯是什么样的，人们是怎样照明的，由此体会科学技术的发展给人们生活带来的影响。还可以鼓励幼儿讨论科学技术的未来，激发他们的想象力和创造力，萌发幼儿运用科技、造福人类的愿望。

3．使用简单的工具

工具是人手的延伸，是技术的物化形式。我们可以让幼儿学习使用生活中常用的工具，了解工具的用处。可以让幼儿尝试使用小剪刀、小锤子，也可以让他们学习使用榨汁器、订书机等。这不仅发展了幼儿的操作技能，还使其获得了技术实践的机会，并在实践中认识工具的用途。

4．简单的科技小制作

我们不仅可以让幼儿探索科学现象，还可以在此基础上，学习运用工具和材料制作简单的科技玩具，如风车、不倒翁等。幼儿完成一个科技小制作和探索一个科学现象是两种不同的经验。他们不仅能获得亲手制作的经历，还能获得一些具体的操作技巧。这也是一种对技术的直接体验。

除此之外，还可以向幼儿介绍他们熟悉的科学家的故事，如果有可能，也可以请附近的科学家来给幼儿讲故事。

总之，幼儿的技术教育不是向幼儿进行抽象的说教，而是要通过幼儿熟悉的内容，让幼儿在生动、具体的经验中，体会科学、技术和社会的关系，萌发正确的科学价值观。

（五）数学教育内容

学前儿童数学教育内容主要包括感知集合、数、量、形、时间和空间等，具体如下。

（1）感知集合。

- 感知集合及其元素，能按照一定的标准对物体进行分类。
- 认识 1 和许多及其关系。
- 以对应的方法比较两组物体数量的相等和不等。

（2）10 以内的数的概念。

- 学习 10 以内的基数（包括数的实际意义、数的形成、数的守恒、相邻数等）。
- 学习 10 以内的序数和数的组成。
- 认读和书写 10 以内的阿拉伯数字。

（3）10 以内的加减运算。

（4）认识几何形体。

- 平面图形：圆形、正方形、三角形、长方形、椭圆形和梯形。
- 立体图形：球体、圆柱体、正方体、长方体。
- 图形之间的转换和组合关系。

（5）量的比较和自然测量。

- 比较大小、长短、粗细、厚薄、宽窄、高矮、轻重和容积等量的特征。
- 掌握自然测量的方法，初步理解量的相对性及量的守恒。
- 按照量的差异进行正排序和逆排序。

（6）空间和时间概念。

- 在空间方位方面，能分清上下、前后、里外、左右、远近等，知道空间的运动方向。
- 在时间方面，能区分早晨、晚上、白天、黑夜，今天、明天、昨天，星期、年月名称及顺序。
- 认识时钟，能判定整点和半点。

二、学前儿童科学教育内容的选择

《纲要》中明确提出诸如“引导幼儿对身边常见事物和现象的特点、变化规律产生兴趣和探究的欲望”“在幼儿生活经验的基础上，帮助幼儿了解自然、环境与人类生活的关系”“科学教育应密切联系幼儿的实际生活进行，利用身边的事物与现象作为科学探索的对象”等要求，这说明了学前儿童科学教育应贴近幼儿的生活。只有选择在幼儿周围生活中常见的科学教育内容，才能让幼儿感受到科学就在自己的身边，从而积极主动去探究科学现象。因此，教师在选择科学教育内容时可从以下几方面来考虑。

（一）科学性和启蒙性

学前儿童科学教育内容选择的首要要求是科学性和启蒙性。科学性是指科学教育内容必须符合科学原理，反映客观事物的本质，尊重科学事实。应根据幼儿的经验，让幼儿通过科学学习，正确理解周围生活中有关的自然现象和自然物。虽然幼儿理解的是经验层次的科学概念，不一定明白某些科学原理，但这不代表不将科学知识给予他们。因此，选择具有科学性的教育内容，使幼儿通过观察、操作，从小学会客观、实事求是地看待周围世界，为日后形成尊重事实、求真务实的科学态度奠定基础。

启蒙性是指科学教育内容必须符合幼儿的认知发展水平和理解能力，所选的科学教育内容应是粗浅而非系统的科学知识。《纲要》指出："幼儿的科学教育是科学启蒙教育，重在激发幼儿的认识兴趣和探究欲望"，因此应从幼儿认识能力和已有生活经验出发，基于幼儿的发展水平和年龄特点，选择那些与他们的日常生活紧密联系的科学内容。我们在实践中不难发现，那些脱离幼儿生活经验的内容，易使幼儿失去探究的热情和动力，从而使幼儿的科学探究活动演变成教师的独白活动。强调启蒙性：一是要选择幼儿可探索的内容，让幼儿通过自己的探索，在力所能及的范围内学科学；二是要选择幼儿可以理解的内容，将复杂、深奥的科学道理寓于简单、明显的现象之中，让幼儿通过具体的经验获得对科学知识的粗浅理解；三是要选择幼儿日常生活中熟悉的内容，引导其发现日常生活中的科学现象。

在选编学前儿童科学教育内容时应处理好科学性和启蒙性两者之间的关系。没有科学性就不存在科学教育，没有启蒙性就无法实现科学教育的目标。我们可以这样理解：科学性是进行学前儿童科学教育的前提条件，启蒙性是完成学前儿童科学教育目标的保证。坚持科学性不是让幼儿学习难以理解的科学专业名词或者术语，而是根植于科学现象本质、科学原理，用幼儿能理解接受的词语、句子来表述科学专业名词或术语，将抽象的科学原理通过简单的现象反映出来，使幼儿在亲历探究活动的过程中获得对科学的理解。这就是启蒙性的要求，既注意到科学知识的准确性，使科学教育内容符合科学原理和自然界的客观规律，又兼顾到幼儿具体、形象的思维特点。另外值得注意的是，未根据幼儿特点和发展需要选择科学教育内容，过分追求以孩子的兴趣为主，为突出趣味性和表面的操作性而忽视内容的科学性，此类现象在幼儿园实践中时有发生。

（二）地方性和季节性

地方性和季节性是指学前儿童科学教育内容的选择应结合当地的自然条件和季节特点，做到因地、因时制宜。这是由幼儿认识事物的特点和自然科学现象的地域特点所决定的。自然界的任何事物，它们的存在、变化和发展都与环境及环境的变化密切相关。我国幅员辽阔，地跨寒、温、热三带，有山区和平原、内陆和沿海，地理环境不同，因此存在着不同的自然景观。南方和北方社会生活环境、自然资源、风土人情各不相同，幼儿的生活环境差异性明显，而文化和社会条件的差异，也会造成幼儿见识上的差异。例如，农村幼儿对农作物、家禽和家畜十分熟悉，而城市幼儿则对公园里的花草树木、动物园里的动物比较熟悉。

自然界万物的变化反映了季节更替的规律。动植物也会随着季节变换而改变。例如，冬天来了，有的动物储存食物过冬，有的动物冬眠，还有的动物增厚皮毛来御寒；树木在春天长出嫩叶，树叶在秋天变黄凋落。另外，气候、气象也随着季节的变化而体现季节性特点，在不同的季节里，除了气温的显著变化外，典型的天气现象也不一样，如夏天有雷雨，冬天有霜雪。学前儿童科学教育应让幼儿亲临其境去了解大自然的这些季节变化，所选择的科学教育内容应符合季节变化的规律，体现季节性。

依据地方性和季节性选择内容时，还要体现灵活性，即考虑当地当时的条件，选择幼儿熟悉的事物作为教育内容。例如观察鱼类，在内陆的幼儿可以选择有代表性的河鱼、虾蟹等进行观察，在沿海的幼儿可以观察有代表性的海鱼等，生活在河边的幼儿可以玩鹅卵石，海边的幼儿观察贝壳、珊瑚等，而南京的幼儿可以欣赏其独有的雨花石……尽管观察的具体事物不同，但都有机会运用感官感知和观察，所达到的目的是相同的。观察熟悉的事物，还可以萌发幼儿爱家乡之情。也可以根据不同的情况让幼儿了解现代科技产品在生活中的应用，如城市幼儿可以选择电梯、地铁等，农村的幼儿则可以选择常见的交通工具和家用电器。

在编排教育内容时，要考虑我国不同地区季节特点的差异性，当北方还有冰霜的时候，南方已是春雨潇潇，所以应结合地域特点和季节变化来制订教育计划。另外值得注意的是，认识当地没有的事物，要遵循由近及远的顺序，即先认识身边的、常见的事物，再扩展到较远的、不常见的事物。例如，对于内陆地区的幼儿，可以将海生动物安排在大班，作为扩展幼儿经验的内容，而生活在海边的幼儿经常接触海生动物，积累了一定的相关经验，这种情况下就可以将这一内容安排在小班，在编排教育内容时体现出地方性特点。

（三）广泛性和代表性

科学本身具有综合性，涉及许多自然学科知识，内容范围相当广泛。广泛性是指学前儿童科学教育的内容丰富多样，但都是幼儿日常生活中所能接触的内容。强调广泛性，是根据幼儿的发展需要和认知特点，让幼儿从不同角度、不同方面来认识客观世界，积累广泛多样的科学经验。

代表性是指选择科学教育内容时应体现事物或者现象的典型性。由于科学体系的分支繁杂，知识内容庞大，不可能让幼儿面面俱到认识每一种事物，因此就要考虑教育内容的代表性，抓住事物或者现象的典型性进行科学教育活动，只有这样才能为幼儿今后进一步学习系统的科学知识打下坚实的基础。

根据广泛性和代表性的要求，在选择科学教育的内容时应注意以下几点。

1. 从广泛的内容范围中选择

我们既可以从幼儿广泛的生活中，也可以从广泛的学科知识中选择适合的教育内容。比如，在幼儿的生活中，会遇到许许多多的事物和现象：地上的鲜花，空中的蜻蜓，天上的彩虹……它们吸引了幼儿的兴趣和注意，幼儿甚至会自发地进行探索。教师可以从幼儿生活中的这些事物中得到启发，寻找适宜幼儿的科学教育内容。此外，我们还可从自然科学知识中寻找合适的教育内容。比如物理学中有关力的知识点，力的种类包括重力、浮力、弹力、摩擦力等；生物学中有关动物的知识点，如水生动物、陆地上的动物、空中飞的动物等。

2. 衡量所选内容的代表性

在广泛选择的基础上，我们还要衡量这些内容的代表性，以确定它们的认识价值。衡量代表性的依据就是，这些内容能否反映学科知识的基本结构，能否使幼儿举一反三，为幼儿学习其他类似的内容提供帮助。例如，让幼儿观察蝴蝶的身体和生活，蝴蝶不仅是幼儿喜欢的小动物，它的身体结构还反映了昆虫的典型特征，代表了这一类动物，可以为幼儿将来学习昆虫的共同特征打下基础，由此可以判定这一内容具有代表性。再如，水的三态变化，也是比较有代表性的内容。因为幼儿对水的三态（冰、水及水蒸气）都比较熟悉，让幼儿接触、观察水的三态变化，获取有关感性经验，可以为其将来由此及彼认识其他的固体、液体和气体，以至于认识物质的三种基本形态打下基础。

3. 考虑各部分内容的均衡性

均衡性就是要使教育内容能基本覆盖所有的内容范围，各部分内容的比例保持协调，不能过多地考虑某个部分，而忽视其他部分的内容。例如，为了体现幼儿园科学教育的“特色”，开展了一个学期的有关“水生动物”的科学活动，在这个过程中幼儿虽然认识了各种各样的水生动物，但是这一做法失去了学前儿童科学教育内容的均衡性。

均衡的教育内容，既能体现代表性，又能体现广泛性。所以在选择内容、安排教育计划时应体现这一特点。例如，认识植物的内容，不仅要认识树木，也要认识花草，还可认识苔藓等低等植物；不仅要认识生长在陆地的植物，还要认识生长在水中的植物，这样可使幼儿获得广泛而又具有代表性的科学经验。

为不同年龄班的孩子选择可探索的科学内容，应考虑幼儿的认识能力和已有的经验。小班幼儿主要是其生活中常见的、熟悉的事物和现象，常接触到的日用品或相关的物体。在观察中充分运用他们的感官，感知事物的颜色、形状、味道、气味、声音、表面的特性（如光滑）、软、硬等；中班幼儿要扩大认识范围，应多给他们观察、比较、操作的机会，让他们主动发现事物的特点；大班幼儿要注重在操作经验、发现的基础上，去寻求解决问题的不同方法，在经验上帮助幼儿形成概念。

（四）民族性和时代性

民族性是指注重选择那些能弘扬民族传统文化特色的内容。那些具有民族特色的物产和珍贵动植物都是学前儿童科学内容的重要部分。例如，我们可以选择如熊猫、金丝猴、水杉树、银杏树等作为科学教育的内容，也可以让幼儿通过观察和感受丝绸的特性，充分体验到中华民族的自豪感，树立民族自信心。

时代性是指为学前儿童选择的科学教育内容应适应时代的变化，体现现代科技飞速发展和广泛应用的特点。在当今社会，学前儿童处在现代化生活环境中，无时无刻不感受着科技影响生活并改变生活的现状。他们广泛接触现代技术产品和传媒信息，享受现代科技成果带来的便利。另外，我们也要让学前儿童感受到人类在充分利用科学技术改变生活的同时也给环境带来了不利影响，如大气污染、水污染、生活垃圾污染等。因此，可以通过“保护我们的家园”“植树节”“世界环境保护日”“参观污水处理厂”“感受干净水来之不易”等活动，对学前儿童进行环境保护教育。

在线测试

单选题

1．一般来说，“帮助儿童了解各种感官在感知中的作用，学习正确使用感官感知的方法”，这一目标适合于（　　）。

A．小班　　B．小班和中班　　C．中班　　D．大班

2．在幼儿园活动室内向阳的窗台、角落安放一张桌子或设置一个分层木架，将一些适于在室内生长和照料的动植物或收集来的微生物有秩序地布置在上面，这是幼儿园设置的（　　）。

A．小小图书角　　B．水池

C．学习室　　D．自然角

3．下列动物中，不适合在自然角饲养的是（　　）。

A．猫　　B．小白鼠　　C．金鱼　　D．蚕宝宝

4．学前儿童科学教育内容选择的首要要求是（　　）。

A．科学性与启蒙性　　B．广泛性和代表性

C．地方性和季节性　　D．时代性和民族性

5.《纲要》中关于科学领域的发展目标不包括以下哪一点？（　　）

A．能用适当的方式表达、交流探索的过程和结果

B．能努力做好力所能及的事，不怕困难，有初步的责任感

C．能运用各种感官，动手、动脑，探究问题

D．爱护动植物，关心周围环境，亲近大自然，珍惜自然资源，有初步的环保意识

真题训练

单选题

1.《幼儿园教育指导纲要（试行）》中的教育目标较多使用“体验”“感受”“喜欢”“乐意”等词汇，这表明幼儿园教育强调（　　）。

A．知识取向　　B．情感态度取向

C．能力取向　　D．技能取向

（2015 年下）

2. 教师拟定教育活动目标时，以幼儿现有发展水平与可以达到水平之间的距离为依据，这种做法体现的是（　　）。

A．维果斯基的最近发展区理论　　B．班杜拉的观察学习理论

C．皮亚杰的认知发展阶段论　　D．布鲁纳的发现教学论

（2016 年上）

3．小班幼儿观察植物时，下列哪条目标最符合他们的发展水平？（　　）

A．能感知到周围植物多种多样

B．会观察记录植物生长变化的过程

C．能察觉到植物外形特征与生存环境的反应关系

D．能发现不同种类植物之间的差异

（2018 年下）

4．按照布鲁姆等人教育目标分类的观点，“了解青蛙的生长发育过程”属于（　　）。

A．情感目标　　　　B．认知目标

C．动作技能目标　　D．行为目标

（2019 年上）

第二章参考答案

本章拓展阅读

日本幼儿科学教育的目标和内容

日本最新的学前课程纲要为 2000 年文部科学省发布的《幼儿园教育要领》(简称《要领》)，日本把科学教育命名为“环境”。科学教育即指儿童对事物表现出好奇，提出问题、进行探究、寻求解释的一系列探索和实践。它着眼于培养幼儿认识大自然与周围环境，培养幼儿适应和改变自己生活的能力。科学教育把重点聚焦于激发幼儿的探究欲望和认知兴趣。

一、目标：注重探究欲望和心灵教育

（一）探究欲望：激发幼儿好奇心

《要领》中“环境”领域包括人与自然，它的目标在于培养幼儿认识大自然与自己的生活环境，培养幼儿积极主动的态度和适应生活的能力。幼儿在成长过程中接触的所有人和物都属于教育环境，它们既隶属于科学教育的内容，又属于教育客体。幼儿主体与客体间发生联系的前提是幼儿对周围事物有强烈的探索欲望。那么幼儿是否能够主动地、随时随地与生活中的各种事物进行接触，是否能够在无形中认识到自然和人类生活的变化规律，是否能够知道生命的价值和意义就显得尤为重要。因此，幼儿的好奇心在不断拓展的主体活动中被不断激发，也在不断衍生出新的兴趣点，使幼儿在攻破的过程中获得成长和进步。

“好奇心”是幼儿的天性，不断地萌生探究欲望也是幼儿最突出的个性特质。那么抓住幼儿这一关键期，也是幼教工作者和父母应该学习和重视的。日本强调观察与理解幼儿，

以便更好地激发幼儿的好奇心和探究欲望。幼儿在园的生活从游戏开始，不管是集体游戏还是自由游戏，科学教育的源头都由与儿童密切相关的生活活动组成。要在活动中提高幼儿兴趣、增强情感体验，使幼儿喜欢做“工作”，在好奇心的指引下，使幼儿获得成长。幼儿一切的活动动机均来源于自身的主观能动性，要想幼儿主动参与自身的成长过程，就要在设计课程时尊重儿童的个体差异，以幼儿自身的兴趣和好奇心为中心原则。倡导幼儿遵循自己的想法做事，否则幼儿的主动性就得不到培养，也不能获得真正意义上的成长。因此，要提供幼儿各种各样的活动机会，使其通过观察和实验来认识环境和感受环境。

（二）心灵教育：关注幼儿情感状态

科学教育目标对幼儿情感状态极其关注，这凸显了日本教育文化对幼儿全面均衡发展的重视程度。“体验到数学的重要和乐趣”“爱护动植物，关心周围环境”“让幼儿主动和外部环境打交道，并在相处中珍惜这种环境的存在”等教育目标都体现了日本对幼儿在园活动中所获得的情绪体验的重视。情绪状态是幼儿心理活动的背景，在幼儿探究活动的过程中扮演着至关重要的作用。因而，从长远来看，培养幼儿良好健康的情感状态和心理平台为幼儿今后的全面发展奠定了坚实的情感基础。幼儿带着亲切感接触自然世界中的万物生灵，用心灵去感受事物间的内在联系，在实践中发现和解决问题。此外，社会大众尊重幼儿的“不科学”。文化传统奉行着“天赐神论”的育儿观，尊重并完全接纳幼儿，重视教育的自然性，强调儿童的直接体验和共情感受。“环境”领域强调了“与他人交流对身边现象和动植物等的感想、互相共鸣的体验”等理念，重视伙伴之间的交流，通过各种形式表达自己的情感，同时突出外界带给幼儿的影响，营造良好的精神环境，在良好的环境背景下激发幼儿的创造力和想象力，促进幼儿的全面发展。

二、内容：科学教育生活化和现代化

（一）科学教育生活化：重视周围事物间的联系

科学教育理念引导下的幼儿科学课程主张幼儿的学习活动从生活中来，又回归到生活中去。将科学教育活动渗透到幼儿的生活中，使幼儿对生活中的事物产生强烈的情感需求，提高其探知欲望，充满兴趣地全身心投入情感。科学教育要不断地与时俱进，以身边的事物和现象作为科学探究的主要“实验品”，在实践中不断尝试，通过幼儿自身的努力最终获得成功。“六度空间”理论阐述了任何陌生人所间隔的距离不超过6个人，推演到当前科学教育内容中，幼儿就像圆心，不断对外辐射，一层接一层习得生活技能和科研意识，让幼儿如花朵般，在幼儿园这片花圃中自由幸福地生长。幼儿时期是人生中的关键期，像海绵吸食水分般可以无限制地壮大充实自身，为今后在社会上立足打下坚实基础，这就需要强有力的环境支撑，而大自然的浩大、神秘就是最鲜明的特色。幼儿能够与自然建立紧密的联系，形成良好的互动，多与周围生活中的事物接触，从而使幼儿萌发出探究欲望，对自然中的事物特征能细心观察并产生出新的求知乐趣。

（二）科学教育现代化：内容与时俱进

日本教育注重与时俱进，不断吸取他人（国）的教育观念，将先进的理念引入国内，进行本土化的消化、吸收及改造，有益于本国幼儿的发展。科学教育的现代化要求教育工作者不断更新自身的教育素养，不断完善幼儿教育的教育理念，破除陈旧观念，让幼儿教育更加符合当前幼儿身心发展规律与教育进程，通过多样的教育形式让幼儿获得更加丰富的教育体验，使得幼儿更加健康地发展。

《要领》中追求现代幼儿教育的方法主要有以下几点。第一，强调环境在促进幼儿发展过程中的作用，在感受先进科技带来的进步的同时培养幼儿的创新精神和意志力。第二，精细化分类处理彰显现代化的环保意识和高尚的人文素养。日本幼儿园在幼儿办理入学手续时就告知幼儿父母准备无数个大小不一的包，包括包的尺寸和样貌，看似不可思议的背后映射的就是幼儿日后的分类和秩序意识，潜移默化却又铭心刻骨。第三，在幼儿的表达与交流中也不同程度凸显教育的现代化文明程度，幼儿在园时不要求学习数学和英语，也没有奥数和诗词，重视的是有“微笑”的教育，幼儿在无形中学会正确地表达，礼貌地“谢谢”，自由追逐“环境”中潜在的教育真理。第四，科学教育立足于幼儿的兴趣，因而也是个别化的教学活动，要求因材施教，不抛弃不放弃任何一个儿童，对待特殊幼儿，用最大的热情和最有针对性的方法，引导幼儿稳步成长。

资料来源：屈娇娇．日本幼儿科学教育：目标、内容与教学方法：基于《幼儿园教育要领》的文本分析[J]．现代教育科学，2018（7）：131-134．

学习评价与反思

____

____

____

____

参考文献

[1] 制订一个幼儿园具体的科学活动目标的要求有哪些[EB/OL]．（2016-08-12）．https://wenda.so.com/q/1471172480727284．

[2] 彭小元．幼儿科学教育与活动指导[M]．南京：江苏凤凰教育出版社，2013．

[3] 张文军，刘洪玉．学前儿童科学教育与活动指导[M]．上海：华东师范大学出版社，2014．

第三章　学前儿童科学领域核心经验与教育

本章导读

在日常生活中，我们经常听到“经验”这个词。《指南》指出，教育者要理解幼儿的学习方式和特点，知道幼儿的学习是以直接经验为基础的，幼儿的一日活动应该围绕游戏和日常生活进行。“核心经验”是指儿童掌握和理解的某一学科领域的一些至关重要的概念、能力和技能。幼儿科学活动具有哪些核心经验呢？教师可以通过哪些途径提升幼儿科学活动的核心经验？通过本章的学习，你会找到答案。

学习目标

1．掌握学前儿童科学活动核心经验。

2．掌握学前儿童数学活动核心经验。

3．了解常见的学前儿童科学教育的途径。

学习重点

1．掌握学前儿童科学活动核心经验。

2．掌握学前儿童数学活动核心经验。

思维导图

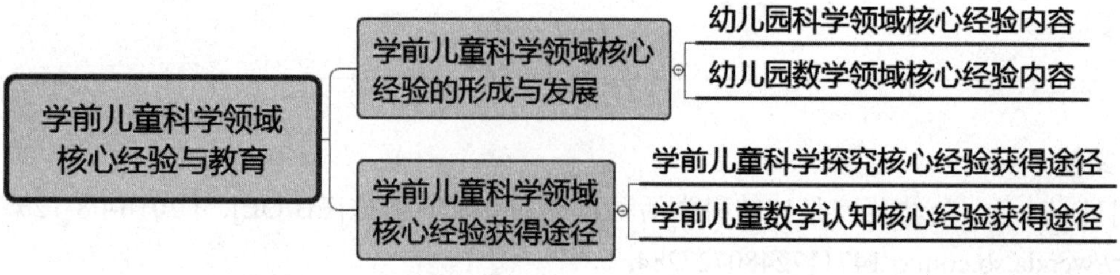

第一节　学前儿童科学领域核心经验的形成与发展

典型案例

幼儿园小班组织了一次集体活动“下雨了”。活动前，教师和幼儿一起收集了各种罐子、碗、瓶、脸盆等。一个雨天，教师将收集来的瓶罐倒扣在地上。毛毛穿上雨衣，兴奋地跑到脸盆前，仔细地观察：“老师，我看到雨水从脸盆底上流下来，像一条条小河。”“我听到声音了，是咚咚咚的声音！”宁宁等几个幼儿也紧跟着毛毛冒雨跑到了瓶罐边上，有的蹲下身子看，有的拿着罐子放在耳边，有的着急地高高举起罐子，大概是想早点听到雨打在瓶子、罐子上的声音，还不停地交流着：“我看到雨落下来，溅起一个大水花。”“雨落到的地方，颜色变了。”“雨落在我的手上，凉凉的。”有几名幼儿发现了两处“雨”特别大的地方（屋檐下和下水管道下面），他们纷纷把瓶罐移到屋檐下，看着雨水很快注满瓶罐，他们欣喜若狂，指着自己放的瓶罐，兴奋地向同伴说：“你看呀！你看呀！我这里雨这么大！”……

讨论：本案例中，幼儿运用了哪些感官来观察雨？幼儿已有的核心经验是什么？通过探索，幼儿获得了哪些新的经验？教师在活动中扮演了什么样的角色，起到了怎样的作用？

《指南》提出，幼儿科学的核心是激发探究兴趣，体验探究过程，发展初步的探究能力。幼儿在对自然事物的探究和运用数学解决实际生活问题的过程中，不仅获得丰富的感性经验，充分发展形象思维，还初步尝试归类、排序、判断、推理，逐步发展逻辑思维能力，为其他领域的深入学习奠定基础。

一、幼儿园科学领域核心经验内容

幼儿往往会对周围环境中的科学现象产生很强的好奇心，总是会问为什么。例如，天空为什么会下雨？风是从哪里来的？为什么盐、糖进入水中就不见了？为什么红色和绿色混在一起就变成了其他颜色？蚂蚁洞附近为什么总是有一圈尘土颗粒？等等。幼儿园的科学教育就是围绕着这一系列的“为什么”而展开的，幼儿带着各种各样的问题进入科学活动中，解开了一个又一个的疑惑。科学领域的核心经验能够帮助教师选择适合幼儿的科学活动内容，并且能够适时、适度地对幼儿的探究活动给予恰当的指导。

参照《指南》科学领域的内容，我们确定幼儿园科学领域核心经验的基本架构，如图 3-1 所示。

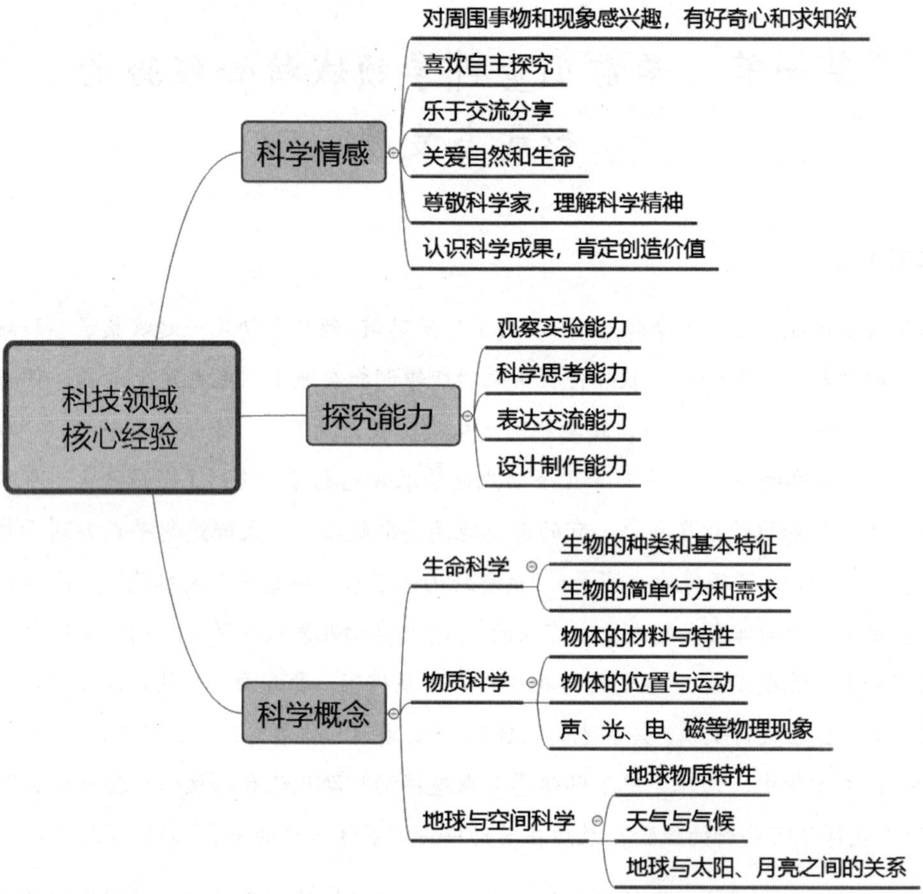

图 3-1　幼儿园科学领域核心经验架构

幼儿在科学领域中学习与发展的核心经验可划分为“科学情感”“探究能力”“科学概念”三个维度。

（一）科学情感

学前阶段的科学意味着幼儿能够对观察到的事物进行记录和评价，积极主动地接受已经证实的结论。科学活动可以满足幼儿的好奇心，培养幼儿尊重自然的科学态度。科学是对真理的追求，是幼儿探索世界的过程。幼儿科学情感的经验获得具体包含以下内容。

经验 1：对周围事物和现象感兴趣，有好奇心和求知欲。

科学思维的萌发在幼儿期的表现往往是从对身边事物的好奇开始，正是这些常见的事物和现象激发了幼儿对科学现象探究的情感，促使他们在寻找答案的路上走进科学，喜欢科学。

经验 2：喜欢自主探究。

《指南》提出，科学态度方面的目标是“亲近自然，喜欢探究”，对于幼儿来讲，身边的事物和现象蕴含着许多秘密，例如，为什么开水会冒热气？为什么天上能下雨还能下雪？

只有幼儿具备了发问的能力，才能够更好地自主探究，因此要激发幼儿自己探究知识的欲望。

经验 3：乐于交流分享。

喜欢与老师和同伴分享自己的科学发现以及探究成果，能够运用科学术语表述科学现象，具备基本的科学素养。

经验 4：关爱自然和生命。

知道自然界的生物种类繁多，了解和人类生活息息相关的自然现象，珍爱生命，保护动物，保护生态环境。

经验 5：尊敬科学家，理解科学精神。

知道科学家的存在，懂得尊重科学家，了解他们为人类创造的价值并且能够理解科学精神，实事求是，发扬求真务实的科学态度。

经验 6：认识科学成果，肯定创造价值。

早期的科学探究能够帮助幼儿学习用探究的方式思考和解决问题，认识到科学的重要性，并且能在未来的学习和生活中，利用科学创造价值。

（二）探究能力

科学活动围绕观察、思考、表达和设计制作四个维度开展。幼儿的探究能力始于观察，幼儿对周边事物的变化具有敏锐的察觉能力，这是科学探究的开端。科学思考是指幼儿对科学现象以及原理进行思考，将感性认识上升到理性认识，将知识内化。表达和设计制作能够反映出幼儿对科学知识的掌握情况。幼儿探究能力方面的核心经验积累表现出不同的阶段性特点，如表 3-1 所示。

表 3-1 幼儿探究能力的经验

年龄班	观察实验能力	科学思考能力	表达交流能力	设计制作能力
小班	能发现事物的明显特征；学习运用多种感官感知事物的特征；观察现象的发生和事物的变化；关注动作产生的结果；通过观察和触摸，使用简单工具收集信息	能对观察到的现象和事物积极思考；根据教师的引导，尝试对观察结果提出问题	能描述物体的外部特征；用描述性的词对其观察经验进行讨论和分享；提取已有的经验来进行描述和比较并表达其观察经验；运用语言大胆讲述自己在观察中的发现	能够探究结构性的材料；尝试使用简单工具；学习根据自己的目的选择和使用不同的工具和材料
中班	能按顺序观察事物的特征；比较各个观察对象的不同和相同；运用简单工具，收集更多细节性的信息；在实验过程中发现物体之间的联系	能根据观察结果提出问题，并大胆猜测答案；对事物和现象进行比较和概括，认识到事物的不同和相同；根据已经获得的资料进行推断、得出结论	能客观描述所发现的事实或事物特征；概括性地描述一类事物的特征；对现象直观简单地进行解释；运用完整的语言讲述并交流自己在观察中的发现；用图画或其他符号进行记录	利用各种材料，有目的地建构，安全地使用简单工具；学习制作简单的物品

续表

年龄班	观察实验能力	科学思考能力	表达交流能力	设计制作能力
大班	学习观察事物的运动和变化；对事物进行长期系统的观察；探寻观察对象的变化规律；学习运用标准化工具来收集信息；在成人的指导下，能制订简单的调查计划并执行	能根据观察到的现象，结合已有的经验合理地进行推断；根据过去的经验或逻辑推断，对现象进行解释和预测；用一定的方法验证自己的猜测	能描述事物前后的变化；用叙述性语言来传达信息、提出问题和提供解释；对事物和现象进行更多的概括；用准确、有效的语言表达和交流自己在科学活动中的做法、想法和发现；用数字、图画、图表或其他符号记录；在探究中学习与他人合作交流；倾听、理解和评价他人的意见	按照程序进行制作；正确、适当地使用简单的工具和技术；选择所需要的工具和材料，运用多种物体进行建构；选择需要的工具、技术对已有的材料进行设计和操作；为制作的物品设计简单的外观造型

（三）科学概念

科学概念围绕生命科学、物质科学以及地球空间科学三个维度展开。这三个维度都与幼儿的生活息息相关。幼儿能够在生活中获得比较丰富的直接经验，利于科学活动的开展。

1. 生命科学

每一个幼儿都会有一个疑问“我是从哪里来的”，这是幼儿对生命开始产生兴趣的表现。幼儿通过对生命科学概念的梳理，能够产生对生命的敬畏，对自然的感激。不同阶段的幼儿，其生命科学的经验表述如表 3-2 所示。

表 3-2　幼儿生命科学的经验

年龄班	生物的种类和基本特征	生物的简单行为和需求
小班	能辨别各种动物和植物的基本特征，如颜色、大小和形状；知道人体的外部特征及各个部分的作用，如嘴巴是用来吃东西的，鼻子是用来闻味道的，眼睛是用来看东西的；知道生物是由不同部分组成的，如根部、茎部、叶子等	知道生物有各种需要，了解动物有各种各样的行为：叫、吃、隐藏等
中班	能辨别生物的特征，除了大小、形状和颜色之外的特征；知道生物的不同组成部分对生物有不同的作用，如袋鼠妈妈的袋子可以保护小袋鼠，刺猬的刺不仅能摘取果实还可以进行自我保护，章鱼吐的墨汁可以掩护自己迅速逃走；开始理解植物也是生物，而有一些会动的东西并不是生物，如汽车、轮船、飞机等	开始理解所有动物都需要食物、水和住所，知道生物的行为具有差异性，知道植物不能够像动物那样动来动去

续表

年龄班	生物的种类和基本特征	生物的简单行为和需求
大班	能够理解生物的结构和功能之间的关系，如变色龙在遇到危险的时候会变色，变色这一功能保护它不被敌人发现；开始理解人体内部的构造，如大脑是用来思考问题的，胃部是用来消化和吸收食物的；比较两种或者是更多的生物的相似性和不同点	知道有哪些需求是植物的基本需求，理解各种植物和动物满足其基本需要的不同方法，如有的植物喜欢阳光，有的植物喜欢阴凉；蝙蝠只在夜间出动，猫咪走路没有声音是为了抓住老鼠；知道动物的运动与所处的环境和自身特征有关系，初步了解生命体个体的行为会受到内部提示和外部提示的影响

2．物质科学

我们生活的世界就是一个物质世界，各种材料组成了我们的生活。钢筋水泥建成了房子，铁皮零件组成了汽车，木头塑料制成了桌椅，电和信号能让我们使用网络，这一切的一切都离不开物质，物质科学蕴涵着大量的物理知识。不同阶段的幼儿，其物质科学的经验表述如表 3-3 所示。

表 3-3　幼儿物质科学的经验

年龄班	物体的材料与特性	物体的位置和运动	声、光、电磁等物理现象
小班	能感知物体和材料具有软硬、光滑和粗糙等特性；在操作中发现液体会流动：吃早餐的时候，牛奶有时候会洒出来，洗手的时候，水会从指缝流出去；感知液体的颜色不同味道也不同，不同颜色的饮料味道是不同的；尝试将不同的液体混合在一起	知道没有生命体征的物体是不会动的，需要借助于外力移动；初步感知和体会推或拉能改变物体的位置和运动方式；感知不同的物体放在水里，会产生不同的后果	能够感知自然界不同的声音，如鸟鸣声、流水声、走路的声音等；体验不同的声音所代表的不同意义；感知不同的物体会发出不同的声音；感知光有明暗，发现光能够产生影子；感知有的物体热，有的物体冷
中班	能根据物体的特性区分物体，发现物体的性质会影响其运动，如圆球会滚动；了解物体的特性是可以测量的；发现材料的性质会发生改变，当水加热之后，会变成水蒸气，当气温变低时，水又能变成冰	能发现物体的形态或位置会发生变化；尝试采用不同的方式让物体运动；感知和体会物体的运动可以被阻止；发现物体在不同光滑程度的平面上，运动的快慢会不同	能感知声音的不同，可以是低沉的也可以是高亢的；探索各种能让物体产生声音的方法；感知声音可以通过物体传播；感知静电现象；尝试改变影子的特征；感知磁铁之间会相互作用；感知热可以多种方式产生
大班	能够感知物体的功能和结构之间的关系；发现材料的特征在外力因素的干扰下可以改变，如加热、冷冻、撕裂等	感知物体有多种运动方式；发现影响物体的运动方式有很多种；感知物体的运动状态会随着外界条件的改变而发生变化；进一步探索各种力的现象	能发现声音的特征与声音的来源有关系；感知噪声的产生与危害；感知光的亮度取决于光源和光源的距离；知道光对生活的重要性；感知简单的电路；体验磁铁在日常生活中的广泛应用

3. 地球空间科学

关于地球的相关知识也是幼儿非常感兴趣的。在浩瀚无垠的宇宙里，地球是一个特殊的存在，因为它养育了人类，是人类赖以生存的家园。这一维度探讨了地球的物质特性、天气与气候的变化以及地球与太阳、月球的关系，倡导幼儿要保护地球，具有环保意识。不同阶段的幼儿，其地球空间科学的经验表述如表 3-4 所示。

表 3-4　幼儿地球空间科学的经验

年龄班	地球物质特性	天气与气候	地球与太阳、月亮之间的关系
小班	知道地球上有很多物质，包括岩石、水和土壤等；认识到我们周围有很多空气，空气是看不见摸不着的，无色无味的，但却是人类赖以生存的基本保障；了解石头、土壤、沙子等基本特征	能够感知各种天气现象；感知和体会天气、气温的变化；学习使用常见的表示天气的词；体验常见的天气、气温的变化	能认识到太阳和月亮存在于天空中；知道太阳和月亮的位置是不断变化的；知道和使用与天空特征有关的词
中班	能够描述石头、沙子、土壤、水和空气的基本特征；知道地球物质具有不同的用途	感知各种天气现象及其特点，了解四季的名称；感知季节的典型特征；发现季节对人类和动植物的影响	知道太阳和月亮每天都在运动；了解月相在不断变化
大班	能初步理解物质与人，动物、植物对人的重要性；理解沙子、石头和土壤具有不同的种类，并且存在差异	感知天气每天都在变化，感知天气随着季节变化；体验季节变化的周期性；初步体会和了解不同季节与动物、植物的关系；初步感知和理解季节的变化和人类生活的关系	能通过观察知道太阳和月亮的基本运动模式；知道太阳提供了保持地球温度所需要的光和热

二、幼儿园数学领域核心经验内容

数学是一门与数字、图形打交道的学科，它用抽象的数字和图形代替各种不同的事物。从认识世界的角度看，数学可以帮助幼儿正确地认识现实世界。生活中处处都能见到数学的影子，如公交车线路标号、电话号码、车牌号、球体、三角板等。数学不仅能够帮助幼儿解决生活中遇到的问题，还能教会幼儿一些数学知识，培养幼儿的数学思维，促进其逻辑思维的发展。

参照《指南》中数学认知的目标，幼儿园数学领域核心经验的基本架构如图 3-2 所示。

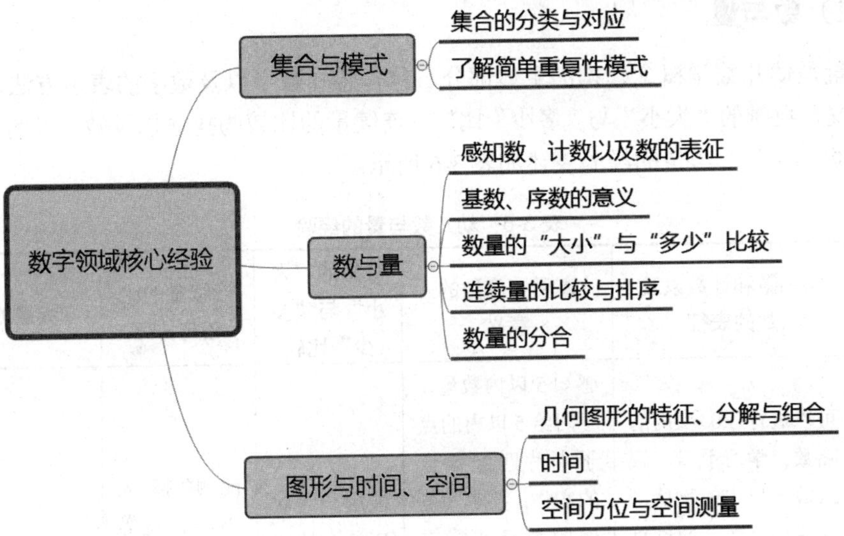

图 3-2　幼儿园数学领域核心经验架构

（一）集合与模式

集合与模式是幼儿数学领域中最基本的两个概念，了解集合与模式会为幼儿数学概念的形成提供感性的基础。集合是数学领域中一个最基本的概念，我们习惯于把具有相同属性的事物全体称为“集合”。如把橘子、苹果、香蕉等归在一起，称为“水果的集合”；把桌子、椅子、柜子等归在一起，称为“家具的集合”。集合的归类以事物所具有的相同属性为条件。集合中的每一个对象是这个“集合的元素”。模式的重复性是指由相同单元或者按照同一规律发展的单元组成，如“ABABAB”“春夏秋冬春夏秋冬”“站起来、坐下、站起来、坐下”等，模式的学习有助于幼儿发展逻辑思维。不同阶段的幼儿，其集合与模式的经验表述如表 3-5 所示。

表 3-5　幼儿集合与模式的经验

年龄班	集合的分类与对应	了解简单重复性模式
小班	在动作基础上理解“1”和“许多”之间的关系。根据标记将相同的物体集中在一起，进行简单归类。按物体的一种外部特征（颜色、形状、大小、高矮、长短等）进行简单的分类。根据物体的特点、关系寻找相关物体，将相关的物体相匹配；用一一对应的方法等量集合	能在 A、B、A、B 的规律之下，推断出下一个单元
中班	可以按物体的内部特征（性质、功能、用途等）进行分类，按物体间的数量关系进行分类；初步学习对物体进行多重角度分类	能在已知的符号、图形的基础上，创造出独特的简单重复模式，如给小熊做项链，以红、黄、蓝三色反复
大班	学习对物体进行多重角度分类、多层级分类以及同时按物体的两种以上特征进行分类	能识别、复制、扩展和创造模式

（二）数与量

数与量是幼儿数学概念建构的主体部分，包含感知数字以及数字的表示方法，基数、序数的意义，数量的“大小”与“多少”比较，连续量的比较与排序以及数、量的分合。不同阶段的幼儿，其数与量的经验表述如表 3-6 所示。

表 3-6　幼儿数与量的经验

年龄班	感知数和计数以及数的表征	基数、序数的意义	数量的“大小”与“多少”比较	连续量的比较与排序	数量的分合
小班	可以进行 20 以内的唱数；学习手口一致点数 5 以内的物体，并说出总数；通过直接感知说出 3 以内物体的数量。用点子等非正式方法标示 5 以内的数量	感知 5 以内数量，学习给 5 以内的点子卡片匹配数量的实物；按实物范例的数目或指定数目取出相应 5 以内数量的物体；根据数量属性将数量为 5 以内的集合分类	能用一一对应的方法比较 5 以内数量的多少	能够按大小、长短等差异对 5 个以内的物体进行排序	一般从中班开始，小班无
中班	可以进行 50 以内的唱数；用点数的方法对 10 以内数量的物体进行准确计数；将数字与相应数量的集合匹配；认识 10 以内的数字，并理解数字的抽象意义	感知 10 以内的数量，发现物体的数量不会因其排列方式的改变而变化；根据数量属性将数量为 10 以内的集合分类	能用计数的方法比较 10 以内数量的多少	能够按大小、长短、高矮、粗细差异对 7 个以内的物体进行排序	能进行 5 以内数量的分解与组合，体验一个量可以分成两个部分量、两个部分量合起来就是原来的总量
大班	能进行 100 以内的唱数；学习运用接数、按群计数、目测数群等多种计数方法计数；借助百数表初步感知 100 以内数的系统，初步理解数系统的排列规律	能区分基数和序数	能比较不相邻的 2 个数或 3 个数的大小关系	能按大小、长短、高矮、粗细、薄厚、宽窄差异对 10 个以内的物体进行“正向排序”和“逆向排序”	可以对 10 以内的数进行分解与组合；体验数量的多种分合方法；能对一定数量的物体进行等分，如二等分和四等分

（三）图形与时间、空间

几何图形作为整个数学概念结构中的一个重要方面，包括常见的平面图形和立体图形的识别、命名、建构、比较和区分等，以及对其所进行的分类和组合。这一维度是从几何图形的特征、分解与组合，时间、空间方位与空间测量三个方面阐释其核心概念的。不同阶段的幼儿，其图形与时间、空间的经验表述如表 3-7 所示。

表 3-7　幼儿图形与时间、空间的经验

年龄班	几何图形的特征、分解与组合	时间	空间方位与空间测量
小班	愿意探索物体较明显的性状特征，并用自己的语言描述；能借助分割线的提示进行简单的图形组合	认识和区分早、中、晚，认识白天和黑夜的概念	
中班	感知和发现常见几何图形的基本特征，并进行分类；认识并命名立体图形上的平面图形，如三角形、长方形、正方形、梯形、圆形、椭圆形等；认识平面图形（如三角形）的各种变化；不用借助分割线的提示进行简单的几何图形组合和分解	认识和区分今天、昨天和明天的概念	能用上下、前后、里外等方位词描述物体的位置；能用首尾相接摆放单位量的方式，进行自然测量；通过用单位面积（方块）覆盖的方式，体验面积和面积测量的意义
大班	能认识并命名球体、长方体、正方体、圆柱体，认识长方体和正方体的面；理解图形的对称并学习等分图形。用图形及图形组合进行较为复杂的组合与分解，理解其中的组合替代关系	学会看日历，认识时钟	能学习辨别自己和他人的左右；并且能学习用符号表示物体在二维空间中的位置和运动方向。能重复使用一个单位量进行长度的自然测量，理解测量同一长度时，单位长度的长短和所需单位数量之间的相反关系；通过用单位体积（立方块）填充的方式，体验体积和体积测量的意义

第二节　学前儿童科学领域核心经验获得途径

一、学前儿童科学探究核心经验获得途径

幼儿园的科学教育的形式主要围绕科学探究、科学思考以及动手制作能力展开，其核心概念获得的途径也十分广泛，有的可以通过日常的生活经验获得，有的可以通过对自然现象的观察获得，有的则需要动手操作，通过实验获得，还有的需要通过成人的讲述和演示获得。

（一）在一日生活中学会发现和观察

科学教育活动的组织形式是多种多样的，有集体科学教育活动、区域科学活动、科学实验活动等。在这些教育形式中，最灵活的就是一日生活中的科学核心经验的感知和发现。

教师要尝试去发现幼儿在一日生活中的科学教育契机，并且抓住幼儿的兴趣点。很多时候，幼儿会问很多个“为什么”，有的教师会回答一句“等你长大了就知道了”，殊不知，这是对幼儿的科学探究欲望和好奇心的一种强烈打击；当遇到“为什么”的时候，恰好是幼儿对科学表象最感兴趣的时刻。

案例 3-1：午饭后，教师带幼儿在户外散步，发现幼儿对天空中变幻莫测的云彩很感兴趣。幼儿很好奇，为什么云彩一会儿像一座雄伟的城堡，一会儿像一条蜿蜒的河流，一会儿像一只灵动的小猴子，一会儿像一头凶猛的大狮子。此时，教师即可带领幼儿观察云彩的变化，并围绕“云彩是怎么产生的”“云彩是如何运动的”“云彩离我们到底有多远”等话题展开设计“云彩”主题科学活动，再进一步延伸到云彩与天气之间的关系，并在班级里设计一个“小小天气预报员”的活动，让每一位幼儿都能够参与其中。

生活经验的获得过程是有趣的、可以重复的，幼儿能够积累更坚实的生活经验。教师要抓住这些让幼儿感兴趣的事物和问题，将其扩展生成，引导他们去积极学习、主动建构，这对幼儿掌握科学核心概念是十分重要的。幼儿在日常生活中的发现和观察是幼儿获取直接经验的最直接的方式，也是最能够激发幼儿探究欲望的第一手材料。所以，教师要鼓励幼儿观察日常生活，发现生活中的科学现象，进而展开对科学现象的探究。

（二）区域活动中的幼儿探究

区域活动可以作为幼儿园科学教育活动的一个有意义的延伸和补充，幼儿园的科学区可以提供很多集体活动中不便操作的材料供幼儿选用。幼儿园科学区域活动为幼儿提供一定的空间以及操作材料，针对一定的科学教育目标为幼儿提供动脑思考、动手操作等大量活动机会，让幼儿在活动区发挥其积极性、主动性和创造性，习得一些科学经验，并能自觉地用科学方法有效地解决实际生活中的问题。

案例 3-2：在科学区，教师可以根据幼儿的发展水平适当地投放材料，橡皮筋、弹簧——弹力，水槽、石头、纸片——浮力，磁铁、铁铅笔盒、塑料尺子——磁力，重物、羽毛——重力，等等，通过对这些材料的探究，幼儿能够获得力学的相关经验；还可以投放一些镜子、凸透镜、凹透镜、手电筒等，让幼儿探究到光的神奇之处；通过对植物区的观察，幼儿会获得植物的生长离不开水、空气和光的经验。

除了在专门的科学区获得核心经验之外，其他区域也可以帮助幼儿获得科学经验。幼儿会在美工区获得红色和绿色混合到一起会变成紫色的经验；在生活区会获得热水冒出的热气会变成蒸馏水的经验；在建构区幼儿会获得圆形的轮子能够让汽车跑得更快的经验；等等。在区域活动中，教师更多关注的是幼儿的“自主探究”。所以，教师在活动区投放材料的时候，要充分考虑到幼儿科学核心经验发展的层次性和差异性，将主动权交给幼儿，允许幼儿以自己的方式去探究和发现。

（三）科学小实验验证道理

幼儿园阶段的幼儿思维发展水平处于具体形象思维阶段，通过科学小实验而明白的科学道理会让幼儿记忆犹新，难以忘却。该阶段的科学实践主要体现在科学小实验，而科学小实验的组织形式可以以班级为单位，以教师设计的科学活动方案为主，以需要的材料和设备为辅，带领幼儿在科学活动上一起观察、制作、探究，从而得出结论。如在“感知弹力”这个实验中，教师将橡皮筋、海绵、麻绳、小木块 4 个物品放置在操作台，请幼儿挤压、拉伸这些物体，并将观察到的结果记录在实验记录表上，最终幼儿发现，有弹力的物体具有被外力改变形状后可以再次恢复原状的特点。在科学教育活动中，教师可以引导幼儿与同伴进行合作探究与分享交流，引导他们在交流中尝试整理、概括自己探究的成果，体验合作探究和发现的乐趣。如一起讨论和分享自己的问题与发现，一起想办法收集资料和验证猜测。

二、学前儿童数学认知核心经验获得途径

数学是一门系统性、逻辑性、渗透性很强的学科，数学教育具有自身的特点和规律，需要教师系统地、有目的地精心设计和组织教学环境和活动，以启发、引导幼儿发展。同时以数学知识为纬度，以幼儿年龄段为经度，经纬交叉产生幼儿数学核心经验，教师可以与其结合，设计实施适合幼儿特点的教育活动形式。除了集体教学活动之外，一日生活活动、游戏活动以及其他领域的活动也能够帮助幼儿获取数学核心经验。

（一）操作实物获取数学经验

幼儿在数学学习中应该主动地学习，而主动学习的途径之一就是动手操作。幼儿理解和掌握知识概念必须通过亲自体验，即幼儿只有通过动手操作才能达到知识的内化，才能形成系统的知识结构。

案例 3-3: 对数字“6”的认识，教师告诉幼儿这个数字是 6，并出示 6 个实物，数给他看，但这并不意味着幼儿已经掌握了“6”的概念。幼儿只有在对 6 个物体的反复摆弄中，才能把数字“6”与物体的形状、大小、颜色区分开来，理解“6”是所有 6 样东西的集合，真正理解“6”的含义。

操作是教师引导幼儿发现知识、探索知识的手段之一。学前阶段幼儿思维处于从直觉动作思维向具体形象思维发展的阶段，在很大程度上思维还不能摆脱动作的影响：动作的发展促进了思维的发展，思维的发展也促进了动作的多样化、复杂化。因此，对于抽象知识的认识从动作开始是符合幼儿思维发展规律的。

在数学教育中，教师要指导幼儿如何操作、何时操作，操作是为了引起幼儿的认知冲突，所以一般情况下，将幼儿的操作放在新知识获取之前——幼儿动手操作发现问题—教师启发幼儿寻找正确的答案—形成概念，只有这样，幼儿才能通过自己的动手操作探索知识、发现知识。除此之外，教师要为幼儿准备各种各样的学具、材料，让幼儿明确操作的目的、要求和方法；在幼儿操作过程中，教师要给幼儿充分的操作时间，认真观察、指导

幼儿的操作活动，针对幼儿的学习情况进行个别指导；在幼儿操作之后，要让幼儿充分展开讨论，帮助幼儿整理归纳在操作中获得的感性经验。只有这样，幼儿的操作才更具有目的性和方向性，幼儿的主体性和教师的主导性才能得到充分发挥。

（二）探索发现生活环境中的数学

在幼儿的一日生活中，蕴藏着许多对幼儿产生数学影响的情景和故事，而且这些情景通常都是反复、经常发生的，对幼儿的生活和学习产生很大影响。就餐之前，教师可以请幼儿为小朋友们“服务”，分发餐具，需要幼儿掌握的是视数、群数，发放与班级幼儿数量对等的餐具；生活区，教师可以请幼儿将毛巾叠成三角形、长方形、正方形等形状；请幼儿观察车辆的车牌号码，发现它们的规律；知道自家住在第几层楼，第几个单元；去超市购物时，能够读出价格，并且会使用人民币；能讲出父母的电话号码；等等。生活环境中的数学经验相对来说比较容易获得且比较有趣。多与少、大与小、宽与窄等这些数学概念基本都是幼儿在专门数学活动之外掌握的，要鼓励幼儿发现生活中的数学，在教师不帮助的情况下，幼儿能够自主地寻求解决办法。但是受知识水平的限制，幼儿在发现知识的过程中容易遇到困难，必须在教师不断的、耐心的指导下进行探索，才有可能收到良好的学习效果。关注幼儿学习的主动性、积极性和创造性，在一日生活中有很多契机可以引导幼儿认识数字、分辨图形，渗透式地进行数学教育，掌握数学核心概念。教师应该充分利用这些机会，抓住随机发生的、具有教育意义的机会，为幼儿提供一个轻松的、自由的学习空间。

（三）游戏活动中的数学

游戏是幼儿最基本的活动方式，在儿童生活中具有重要意义。游戏中的规则和动作渗透着数学知识和技能，游戏中隐含着大量的数学信息，幼儿能够在玩中学，让数学活动不再是写写算算，而是变得更加有趣。

案例 3-4：教师根据小班幼儿的年龄特点，设计了《小青蛙要回家》的游戏活动。游戏规则是“小青蛙”必须要跳在圆形的荷叶上才能回到家，如果跳到三角形上面就会被“鳄鱼”吃掉，跳到正方形上面就会掉进深井，成功跳到终点者为胜。在该游戏中，小青蛙必须分清楚圆形、三角形和正方形的区别。

案例 3-5：在手指操《小猴子荡秋千》游戏中，幼儿通过感知小猴子一个一个地变少，学习 5 以内减法：五只小猴荡秋千，嘲笑鳄鱼被水淹，鳄鱼来了鳄鱼来了啊啊啊！四只小猴荡秋千，嘲笑鳄鱼被水淹，鳄鱼来了鳄鱼来了啊啊啊！三只小猴荡秋千，嘲笑鳄鱼被水淹，鳄鱼来了鳄鱼来了啊啊啊！两只小猴荡秋千，嘲笑鳄鱼被水淹，鳄鱼来了鳄鱼来了啊啊啊！一只小猴荡秋千，嘲笑鳄鱼被水淹，鳄鱼来了鳄鱼来了啊啊啊！没有小猴荡秋千。

游戏活动对于幼儿来讲是任何活动的价值都无法替代的，它能够让数学活动与其他领域的活动融合在一起，帮助幼儿在整合的、生活化的、具体的情境问题中感受与事物的数、量、形、时间和空间等相对应的数学概念。

在线测试

一、单选题

1．3～4 岁幼儿能感知和区分物体的（　　）等量的方面的特点，并能用相应的词语表述。

A．大小、轻重　　B．大小、多少、高矮

C．轻重、长短　　D．体积大小

2．能够感知季节的典型特征，发现季节对人类和动植物的影响，这是（　　）幼儿的特点。

A．3～4 岁　　B．4～5 岁　　C．5～6 岁　　D．2～3 岁

3．3～4 岁幼儿能用（　　）方法比较 5 以内数量的多少。

A．一一对应　　B．目测　　C．计算　　D．点数

4．（　　）幼儿学习对物体进行多重角度分类、层级分类以及同时按物体的两种以上特征进行分类。

A．3～4 岁　　B．4～5 岁　　C．5～6 岁　　D．6 岁以上

5．以下不属于区域科学教育活动特点的是（　　）。

A．学习材料由教师统一提供，并保证每个幼儿的操作机会

B．幼儿主动发起，自主参与

C．强调幼儿的动手操作能力

D．以材料为主要学习载体

6．以下不属于自然角活动的主要科学教育价值的是（　　）。

A．培养幼儿亲近自然的积极情感　　B．培养幼儿相互关爱的情感

C．培养幼儿关爱生命的情感　　D．培养幼儿科学的严谨态度和责任感

二、简答题

1．简述 4～5 岁幼儿感知形状与空间关系的经验。

2．简述 5～6 岁幼儿感知和理解数、量及数量关系的经验。

3．幼儿科学经验的获得有哪些途径？

真题训练

单选题

1．科学活动中，教师观察到某幼儿能用数字、图表来记录和整理自己观察到的现象，该幼儿最可能的年龄是（　　）。

A．6 岁左右　　B．5 岁左右　　C．4 岁左右　　D．3 岁左右

（2016 年下）

2．桌面上一边摆了 3 块积木，另一边摆了 4 块积木，教师问："一共有几块积木？"从幼儿的下列表现来看，数学能力发展水平最高的是（　　）。

A．把前 3 块积木和后 4 块积木放在一起，然后一个一个点数

B．看了一眼 3 块积木，说出"3"，暂停一下，接着数"4，5，6，7"

C．左手伸出 3 根手指，右手伸出 4 根手指，暂停一下，说出 7 块

D．幼儿先看了 3 块积木，后看了 4 块积木，暂停一下，说出 7 块

（2017 年上）

3．教师在区角中投放了多种发声玩具，小班幼儿在摆弄这些玩具时（　　）。

A．能概括不同声音产生的条件

B．对声音产生兴趣，感受不同的声音

C．能描述出玩具是怎么发声的

D．能描述出不同玩具的发声特点

（2018 年上）

第三章参考答案

本章拓展阅读

在欢乐有趣的活动中培养幼儿学科学的兴趣

幼儿活泼、好动、好奇心强，对直观、具体、形象事物的认识，通常是在活动中用感官去获取知识，发展智力。因此在进行科学教育时，必须选择符合幼儿心理特点的灵活多样的教育方法及生动有趣的教育形式，来激发幼儿的学习兴趣和求知欲，欢乐有趣的活动是幼儿学科学的一个重要途径。

1．在大自然中学科学，扩大幼儿的眼界

大自然神奇美妙、生机勃勃、千变万化，是科学教育最广阔、最有趣的课堂，可以带幼儿到真实的自然环境中去，因地制宜引导幼儿去发现、探索和研究自然奥秘。例如，秋天，气候和植物的变化较大，带幼儿到户外去活动，让户外的大自然成为孩子们的科学实验室。秋游时，可找一个野外清静的地方，让幼儿坐下来，听听大自然的声音（风声、鸟声、水声或是虫鸣等），这些声音从哪里来的，了解大自然发出的声音有千万种。秋天落叶像金色的地毯铺满大地，教师可抓住这一有利的时机，组织幼儿拾落叶、制作标本或树叶贴画，将这一活动与艺术领域、社会领域相结合，让幼儿在学到知识的同时感受美，接受美的教育。在大自然中幼儿像呼吸新鲜空气一样，愉快地吸收着多方面的知识。正像苏联教育家霍姆林斯基所说：大自然是世界上最美妙的书。

2．在游戏中学科学，激发幼儿思考

幼儿天真、活泼、好动，思维能力一般是在说说、做做、玩玩中发展和提高的，因此要选择幼儿感兴趣的科学主题，通过各种生动有趣的游戏来发展幼儿的思维能力，调动幼儿学科学的主动性。例如，玩镜子游戏时，通过照镜子，踩光斑、找反光游戏，让幼儿充分感知镜子的特征等。在踩光斑的游戏中，幼儿拿着镜子照远处、近处、高处、地上，幼儿互相照光斑、追逐跑，在玩中教师启发幼儿思考用什么方法玩会出现不同现象。在教师的启发下幼儿开动脑筋，动手探索，有的在镜子上放一至二个手指，有的放五角星、小花、小动物，还有的放彩色透明纸等，使光斑出现不同的图案。幼儿玩得很开心，百玩不厌，并且能把发现的现象饶有兴趣地告诉老师，激发幼儿的想象力。

再如，在幼儿玩“摩擦生电”的小游戏中，老师先用摩擦后的塑料棒吸碎纸屑，幼儿惊奇地看到塑料棒像着了魔似的吸起纸屑，然后教师在纸的两端画美丽的鸟儿、漂亮的花朵等，在纸条中压上暗针，用摩擦后的塑料吸引纸条，鸟儿和花朵等立即转起来，极大地引起了幼儿的兴趣，幼儿开始跃跃欲试。游戏中，教师除了引导幼儿观察实验现象外，还启发幼儿思考产生这些现象的原因，并告诉幼儿摩擦产生的是静电，和电灯的电不同，通过游戏告诫小朋友不能玩电线里的电，使孩子们受到启发，明白其中的科学道理。游戏为幼儿学科学的积极态度提供了良好的机会。

3．在丰富有趣的环境中学科学，满足幼儿的求知需求

幼儿科学教育仅靠集体教育活动是不够的，应积极为幼儿的科学活动提供充足的物质条件，创设丰富的探索环境，随时满足幼儿求知欲的需要。例如，班上开设科技角，提供各种实验操作材料——三棱镜、磁铁、铁钉、电池、小灯泡等，让幼儿自由观察、操作，自由探求科学的奥秘；展示蜻蜓、蝴蝶等标本，设立动物角、植物角。这些区角的设立，能引起幼儿探索自然的极大兴趣，他们经常围在一起议论或向教师提出许多问题，如“冬天那么冷，鱼会冻死吗？”“田螺浸水，为什么会张开嘴巴？”等，逐渐养成爱思考的习惯。为了使幼儿在观察中不断有新的发现，我们还要根据各阶段的教育教学目标对“动物角”“植物角”里的品种、位置、数量进行更换，引导幼儿去观察哪些动物不见了，又来了哪些动物，了解秋天到了，什么东西丰收了，同时进行相应的科学知识教育，让他们对那些区角保持新鲜感，保持浓厚的观察学习兴趣。

（资料来源：阮碧霞．幼儿园科学教育的实践与思考[J]．课程教育研究，2018（43）：16-17.）

学习评价与反思

参考文献

[1] 谭楣．幼儿园五大领域核心经验（健康、语言、社会、科学、艺术）[M]．北京：中国轻工业出版社，2017.

[2] 李季湄，冯晓霞．《3～6岁儿童学习与发展指南》解读[M]．北京：人民教育出版社，2013．

第四章　学前儿童科学教育活动设计

本章导读

本章主要围绕学前儿童科学教育活动设计，根据一定的科学教育理论和幼儿年龄特点及其发展需要，确定目标，选择一定的教育内容和方式，在一定的时间内向幼儿施加科学教育影响。活动设计是在幼儿园进行科学教育的重要环节，幼儿科学教育的目标必须通过活动设计这一环节，才能转变为具体、实际的科学教育活动。

学习目标

1. 理解学前儿童科学教育活动设计的基本要求。
2. 掌握学前儿童科学教育活动设计的内容和方法。

学习重点

1. 理解学前儿童科学教育活动设计的要求与方法。
2. 掌握并能运用学前儿童科学教育活动的设计方法。

思维导图

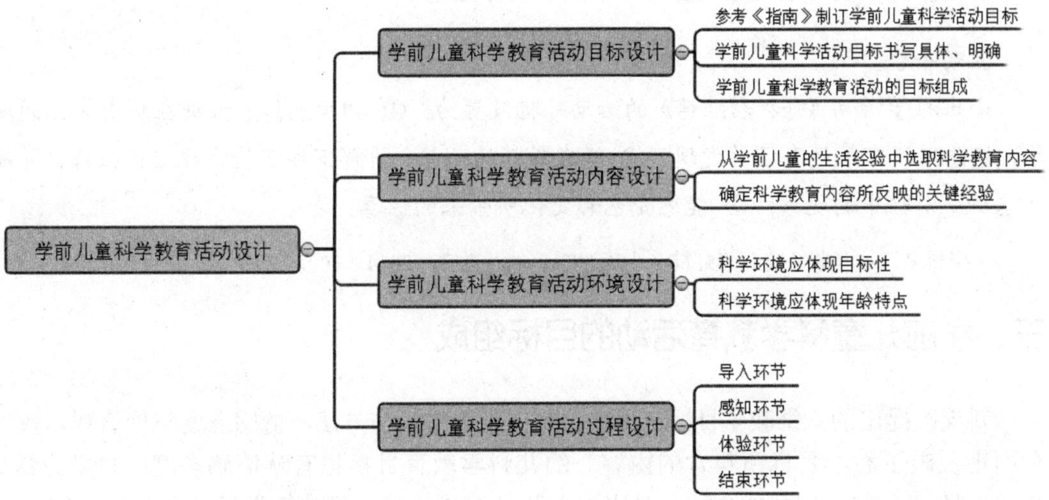

第一节　学前儿童科学教育活动目标设计

典型案例

中一班周一早晨户外活动，幼儿被幼儿园里五颜六色的花吸引了，有的在指认花的颜色，红的、黄的、白的、紫的……有的在数花瓣，三瓣的、五瓣的、六瓣的……有的在争论花的名称，他们发现有的花朵长得一样但颜色不一样，有的花朵有香味，有的花朵没有香味……户外活动结束了，幼儿还一直很兴奋地谈论着。

讨论：幼儿教师应该如何设计教育目的呢？

一、参考《指南》制订学前儿童科学活动目标

《指南》以为幼儿后继学习和终身发展奠定良好素质基础为目标，以促进幼儿体、智、德、美各方面的协调发展为核心，通过提出3～6岁各年龄段儿童学习与发展目标和相应的教育建议，帮助幼儿园教师和家长了解3～6岁幼儿学习与发展的基本规律和特点，建立对幼儿发展的合理期望，实施科学的保育和教育，让幼儿度过快乐而有意义的童年。

二、学前儿童科学活动目标书写具体、明确

学前儿童科学活动目标明确，主要体现在两个方面：一是活动目标可观察到幼儿科学学习结果；第二是科学活动目标可测量、具体化，具有清晰的行为动词、行为条件和行为结果，例如，幼儿可独立地数出一堆水果的具体数量。

互动平台

小班科学活动《哇！彩虹糖》的活动目标设置为：① 初步感知彩虹糖在水中溶化的现象，愿意用语言表达自己的发现；② 能在教师的示范、讲解下按实验步骤进行操作，并能注意观察实验中的现象；③ 能感受色彩变化所带来的惊喜。

（资料来源：马骏．哇！彩虹糖（小班）[J]．幼儿教育．2014（10）．）

三、学前儿童科学教育活动的目标组成

新课改提出的三维教学目标包括知识与能力、过程与方法、情感态度与价值观，较为全面地反映了教学目标所包含的内容。幼儿科学教育目标也有从情感态度、科学方法、知识经验三个方面划分的方式。对比以上两种组成方式，三维教学目标包含的内容较为全面。

互动平台

表 4-1 幼儿园各年龄段学前儿童科学教育目标

	3～4 岁	4～5 岁	5～6 岁
科学情感态度	（1）乐意参加科学活动。 （2）喜爱动植物，能注意周围自然环境。 （3）在成人感染下对自然现象和制作活动感兴趣	（1）愿意参加科学探索活动和制作活动。 （2）喜欢探究周围自然界的事物和现象。 （3）关心、爱护动植物和周围的自然环境	（1）喜欢并主动参与科学探索活动和制作活动。 （2）能主动探索周围的自然界，发现问题、提出问题、寻求答案。 （3）能关心、爱护自然环境
科学方法技能	（1）学习正确运用各种感官感知周围世界，发展感知能力。 （2）学习用简单的方法比较物体的外部特征，能进行简单的分类和排序。 （3）学会用目测等简单方法比较物体的大小和数量的差别。 （4）能用词语或简单的句子描述物体的特征和自己的观察发现，与同伴、成人交流。 （5）学习使用日常生活中常用的科技产品的简单方法，参与简单的制作活动	（1）能综合运用多种感官感知事物的特征，发展观察力。 （2）学会按指定标准对物体进行两个特征的分类：学习运用简单的工具进行测量。 （3）能用自己的语言和符号、图像等方式表达自己的发现，并能与同伴或成人进行交流。 （4）学习使用常见科技产品的方法，运用简单工具进行制作活动	（1）主动运用多种感官观察事物，学会观察方法，发展观察技能。 （2）能按照自己的不同标准对物体进行分类，学习用标准的量具进行测量。 （3）能以语言符号、图表和绘画等方式与成人或同伴交流自己的探索过程和结果。 （4）学习使用常见科技产品，运用简单工具和多种材料进行制作活动，并能发现材料的多种功能
科学知识	（1）观察周围自然现象的明显特征，获取粗浅的科学经验。 （2）观察常见的动植物、几种无生命物质，初步了解它们与人们生活、环境的关系。 （3）观察日常生活中常见的科技产品，知道其特征和用途	（1）获取有关自然环境中生命物质和无生命物质及其与人类关系的具体经验，了解不同环境中动植物的形态特征和生活习性、生长过程。 （2）了解四季的特征及其与人们生活的关系，在观察中获得关于常见的自然现象的经验	（1）初步了解各种环境中的动植物及其与环境的关系。 （2）获取有关季节与人类、动植物、环境等关系的感性经验，形成春、夏、秋、冬四季更替的初步概念。 （3）探索周围生活中常见的物理化学现象，获得有关的科学经验

（资料来源：施燕．学前儿童科学教育[M]．北京：中央广播电视大学出版社，2007.）

第二节 学前儿童科学教育活动内容设计

典型案例

李老师的科学活动学习的内容是认识雪花。李老师提供给孩子们丰富的图片请小朋友们观察，还有各种雪花的视频，小朋友们看起来很热情，很好奇地看着这些材料。突然，有个小朋友站起来跟老师大声地说："我们什么时候才能看到真正的雪花啊！"李老师略显尴尬地告诉孩子们：如果要去看雪花，就要去北方，南方不下雪。听到李老师这样说，小朋友们都失望地低下了头。

请思考：幼儿教师应该如何选择科学教育内容？

一、从学前儿童的生活经验中选取科学教育内容

《指南》提出，幼儿的学习是以直接经验为基础，在游戏和日常生活中进行的。要珍视游戏和生活的独特价值，创设丰富的教育环境，合理安排一日生活，最大限度地支持和满足幼儿通过直接感知、实际操作和亲身体验获取经验的需要，严禁"拔苗助长"式的超前教育和强化训练。因此，幼儿科学教育内容的选择首先应当考虑幼儿的生活经验。在本节开头的案例中，教师就是因为忽略了幼儿的直接经验而导致内容选择出现失误，幼儿虽能通过视频和图片去感受雪花，但是缺乏对雪花的直接经验。这个教学活动设计不符合幼儿科学学习的方式。

相关链接

《指南》提出：幼儿的思维特点是以具体形象思维为主，应注重引导幼儿通过直接感知、亲身体验和实际操作进行科学学习，不应为追求知识和技能的掌握，对幼儿进行灌输和强化训练。

二、确定科学教育内容所反映的关键经验

科学关键经验是幼儿在学习与发展过程中必不可少的经验，是幼儿在活动过程中通过不断地建构而获得的对幼儿未来发展具有重要价值的科学经验。缺乏关键经验支持的活动内容对幼儿而言是无长期发展支持的，考虑幼儿长期科学能力的发展以及科学经验的培养，幼儿教师应当在选择教育内容后分析内容所反映的科学关键经验。

互动平台

如表4-2所示为科学领域的关键经验与教师的提问。

表4-2　科学领域的关键经验与教师提问

生命科学的关键经验	教师提出的关键经验
多样性和变化； 每种生物和其特定环境之间的关系	我们发现了什么？在哪儿发现的？蚂蚁的家是什么样的
蚂蚁的基本需求——适宜的住所与食物	要让蚂蚁在教室里感到和在家一样，我们要做什么？蚂蚁住在哪里
蚂蚁的生活习性	蚂蚁是怎么到地下去的呢？泥土还是比较硬的，像这种没有胳膊没有腿的东西是怎样钻到土里面去的呢？如果现在把蚂蚁放在土上，你们认为会发生什么事

第三节　学前儿童科学教育活动环境设计

典型案例

王老师是一位新上任的老师，对开展科学活动有巨大的热情。通过一段时间的观察，王老师发现班上的小朋友对户外的各种花朵非常感兴趣。于是王老师在教室创设了一个科学区角，里面投放了各种各样花朵的材料，孩子们非常感兴趣，经常会问王老师各种各样的关于花朵的问题，慢慢地孩子们对花朵的科学知识也增加了很多。

讨论：幼儿教师应该如何创设科学环境？

一、科学环境应体现目标性

《指南》提出“多为幼儿选择一些能操作、多变化、多功能的玩具材料或废旧材料，在保证安全的前提下，鼓励幼儿拆装或动手自制玩具。”“支持和鼓励幼儿在探究的过程中积极动手动脑寻找答案或解决问题。”教师在选择活动材料时，应从重点的活动目标出发，以一个活动解决一个问题的原则来确定活动材料。如果活动材料没有体现目标的要求，幼儿对科学现象的认识没有进行深层的探究与思考，只是表面上的动手操作，幼儿没有主动建构知识，那么活动过程就是走形式，材料就成了摆设。教师只有提供有价值的活动材料，才能通过活动促进幼儿发展。

二、科学环境应体现年龄特点

《指南》提出“给幼儿提供丰富的材料和适宜的工具，支持幼儿在游戏过程中探索并感知常见物质、材料的特性和物体的结构特点。”“支持幼儿在接触自然、生活事物和现象中积累有益的直接经验和感性认识。”科学教育活动重在让学前儿童通过操作探究，发现材料蕴含的科学现象和问题，体验发现和解决问题的快乐。因此，活动材料要符合学前儿童年龄特征，吸引其主动探究。不同年龄班的幼儿，其经验和学习特点不同，材料的选择也因此有异。教师应在材料的数量、种类方面有所区别和侧重。如果材料单一，幼儿的探索兴趣就会受到影响。倘若材料过多，幼儿在操作时眼花缭乱，则会忙于摆弄而疏于观察。应依据学前儿童的个体差异、经验和能力，提供适宜的材料，让他们利用已有经验解决面对的问题。

互动平台

小班幼儿以平行游戏为主，尽量投放相似的材料；中班幼儿以联合游戏为主，尽量投放多样化的材料；大班幼儿以合作游戏为主，尽量投放分层具有挑战性的材料。

第四节 学前儿童科学教育活动过程设计

典型案例

刘老师设计了一个关于探索空气的集体教学活动，最初的设想是让小朋友用多种感官感受后再请小朋友思考如何捕捉空气。但是在实际活动开展过程中，小朋友们非常感兴趣以至于前面的活动还没有结束，全班小朋友就要求去户外找空气。刘老师只好仓促地结束了活动，并带着孩子们去户外找空气。孩子们玩得非常开心，可是刘老师觉得没有按照自己的设想开展活动。

讨论：这次活动是不是失败了？幼儿教师应该如何进行幼儿科学教育活动过程设计？

科学探究活动过程的主要环节设计如下。

一、导入环节

导入环节的作用是激发幼儿的兴趣，教师应尽可能采用多种方式激发幼儿的探究兴趣。例如，在小班科学活动《动物的睡眠》中，教师利用多媒体课件介绍公主，又为小朋友准备公主贴纸，以此激发幼儿的兴趣和探究欲望。

二、感知环节

感知环节的重点是让幼儿初步了解本次探究活动所学习的新内容，一般是突破重点。例如，在小班科学活动“动物的睡眠”中设置的感知环节，幼儿教师采用音乐律动，让幼儿初步感知动物睡眠的特征；利用多媒体课件制作中的触发器动画让幼儿参与到活动中来，从而让幼儿更直观地了解动物的睡眠，体现了幼儿玩中学、学中玩的特点。

三、体验环节

体验环节是突破重、难点的环节，重点由幼儿进行体验操作。例如，在小班科学活动《动物的睡眠》中设置的体验环节，幼儿教师利用游戏情境闯关，完成任务。第一个情境闯关是找到一只单着脚睡觉的动物，领取城堡钥匙；第二个情境是女巫夺走钥匙；第三个情境是魔法书提示如何才能进入城堡；第四个情境是来到城堡，回答女巫设置的问题，问题是对前面学习内容的巩固，以及引导幼儿培养一个良好的睡眠习惯。本环节突破了难点。

四、结束环节

结束部分只是本次活动的结束，不是学前儿童探究活动的止步，而是新的探究活动的起点。因此，教师在设计活动结束方式时，应结合学前儿童在本次活动的情况，帮助学前儿童积累经验，保持探究兴趣。例如，在小班科学活动“动物的睡眠”的结束环节，幼儿教师利用多媒体情景互动结束活动。整个活动内容丰富有趣，符合小班的年龄特点和认知规律，让幼儿在愉快的气氛中探究科学知识。

相关链接

小班科学活动：动物的睡眠

一、设计意图

动物是人类的好朋友，喜欢动物是幼儿的天性，但幼儿缺少和动物接触的机会。通过这个活动，让幼儿了解几种小动物的基本特征和生活习性，并培养良好的睡眠习惯。公主的人物形象以及活动中出现的动物是幼儿熟悉的。内容的选择和安排充分考虑了幼儿的学习特点和认知规律，既符合幼儿的兴趣，又具有一定的挑战性。

二、活动目标

（1）初步认识动物睡眠的特点。

（2）能够根据儿歌律动来理解动物的睡眠特点。

（3）使幼儿喜欢与动物交往，培养良好的睡眠习惯。

三、活动准备

课件、音频、公主图片。

四、活动过程

1．创设情境，游戏导入

师：小朋友好，你们有没有见过公主呀，老师这里有一个公主，她住在森林城堡里，她非常漂亮，也喜欢跳舞。（播放课件）我们来跟着公主一起跳。她跳呀跳呀，去哪儿了呢？她跳出来了！

师：今天公主想来找小朋友们玩游戏，可遗憾的是，在来的路上可恶的女巫施法让她睡着了，还把她关在森林的城堡里面。公主希望小朋友们可以去解救她。

2．师幼互动，学习新知

师：（播放课件）请小朋友们来点击领取魔法书，让魔法书帮助解救公主。（播放音频）魔法书说了，我们要先听一首歌曲，并且跳个舞。

师：（播放课件、音频）魔法书说了，小朋友们学习了歌曲的内容，那接下来我们就进入荧光森林找一找这些小动物并点击他们，看看他们是怎么睡觉的。

然后告诉魔法书（有小鱼、刺猬、小驴、小马）。

3．情景闯关，完成任务

师：（播放课件）睡醒了的小动物告诉我们，我们要一直往森林的深处走，找到一只单脚站立睡觉的动物，唤醒他，他就会把城堡的钥匙给我们。

师：天啊，发生了什么事情，这是谁？她怎么把钥匙拿走了？请你来说一说她是谁？哦，原来是女巫，她不想让我们唤醒公主，所以她把我们的钥匙抢走了。可是没了钥匙，我们怎么进城堡呢？

师：（播放课件）这时候神奇的魔法书出现了。魔法书告诉我们，（播放音频）没有钥匙也可以进入城堡，只要女巫不在城堡里，我们就可以来到城堡外，回答女巫在城堡大门设置的问题，回答正确就可以进去了。

师：（播放课件）我们在城堡外等啊等，女巫终于出门了。

师：（播放课件）那我们现在向城堡走近吧。城堡大门的问题出现了，（播放音频）它问我们下面几个动物是怎么睡觉的。请你们来说一说，做一做。城堡大门还问：小朋友们是怎么睡觉的呢？城堡大门说：小动物们都是按时睡觉养成了良好的睡眠习惯，小朋友们也要按时睡觉才能长得更高哦？你们的回答正确，可以进入城堡了。

4．情景互动，结束活动

师：（播放课件、音频）我们终于进入城堡了，找到了漂亮的公主，公主邀请我们一起跳舞。

五、活动反思

《指南》中指出，3～4 岁的幼儿能够培养一个良好的睡眠习惯。所以我设计了本次活动。

活动的重点是让幼儿理解动物睡眠的特点。活动的难点是根据儿歌律动来理解动物的睡眠。为了突破重、难点，我创设情景来激发幼儿兴趣，运用多媒体课件呈现故事情境和动物睡眠的动画，突破重点。通过儿歌律动让幼儿理解动物睡眠的特点，突破难点。在活动中我充分运用了信息化教育手段，也加入了与幼儿互动的环节，以使幼儿更深入地理解活动中的重、难点。

在本次活动中我语言表达不够流畅，PPT 设计不够完美，本次活动后，我会不断地提升自身能力，弥补不足之处。

（资料来源：广西幼儿师范高等专科学校谭施）

互动平台

常用的结束方式主要有：

（1）组织讨论，总结活动中学前儿童获得的经验，评价他们的探索表现；

（2）制作活动，可以展示学前儿童的作品，达到互相分享、相互学习的目的；

（3）提出要求或者建议，使学前儿童在活动结束后继续保持探索兴趣；

（4）与导入形式相联系，承前启后，例如以儿歌、谜语、歌曲的形式结束活动；

（5）以艺术形式结束活动（如绘画、情景表演等）。

（资料来源：张文军，刘洪玉．学前儿童科学教育与活动指导[M]．上海：华东师范大学出版社，2014．）

在线测试

单选题

1．老师对小朋友说："在草地上走，会把小草踩疼的。"儿童就信以为真，都不去踩小草了。这反映了儿童学科学具有（　　）。

A．好奇的特点　　B．好探索的特点

C．自我中心的特点　　D．好动的特点

2．"发展儿童的好奇心"这一目标属于幼儿科学教育目标体系中的（　　）。

A．知识方面　　B．方法方面

C．情感个性方面　　D．技能方面

3．一般来说，"能在成人的感染下表现出关心、爱护周围事物的情感"，这一目标适合于（　　）。

A．小班　　B．中班　　C．中班和大班　　D．大班

4．关于幼儿科学教育过程和结果关系的论述，正确的是（　　）。

A．过程重要，结果并不重要　　B．结果重要，过程并不重要

C．过程和结果是不可兼得的　　D．过程和结果是统一的

5．在影响儿童科学探索的外部因素中，居主导地位的是（　　）。

A．材料　　B．时间和空间

C．同伴　　D．教师

6．关于幼儿园教育活动的表述，正确的是（　　）。

A．幼儿园各领域教育活动的目标都各有特点，互不关联

B．随着科技时代的到来，幼儿园科学教育比其他教育领域更为重要

C．幼儿园应该在儿童一日生活的各种活动中渗透科学教育

D．在艺术教育活动中不能渗透科学教育

7．幼儿科学教育内容选择的要求不包括（　　）。

A．科学性和启蒙性要求　　B．学科性和系统性要求

C．地方性和季节性要求　　D．时代性和民族性要求

8. 不属于开放性问题的是（　　）。

A. “你有什么主意？”　　B. “它像什么？”

C. “你们发现了什么？”　　D. “它们有个共同的名字叫什么？”

9. 不属于偶发性科学活动作用的是（　　）。

A. 能保证每个儿童掌握基本的科学知识和方法技能

B. 能有效拓展儿童学科学的时间、空间及学习的范围

C. 能培养儿童对周围世界的敏感度和关注度

D. 有利于具有科学潜能的儿童进一步发展

10. 挑选分类活动一般适用于（　　）。

A. 大班　　B. 中班

C. 小班　　D. 小班和中班

真 题 训 练

活动设计题

请根据下列素材设计一个大班科学活动，要求写出活动名称、活动目标、活动准备、活动过程。

大班的胡老师为幼儿提供了各种吹泡泡的工具，有吸管、铁丝绕成的圈，塑料吹泡泡棒等（见图 1），让幼儿在户外活动时自己玩吹泡泡。幼儿在吹泡泡的时候，有的能吹出很大的泡泡，有的只能吹出小泡泡，有的能一次吹出好多个泡泡，有的一次只能吹出一个泡泡……

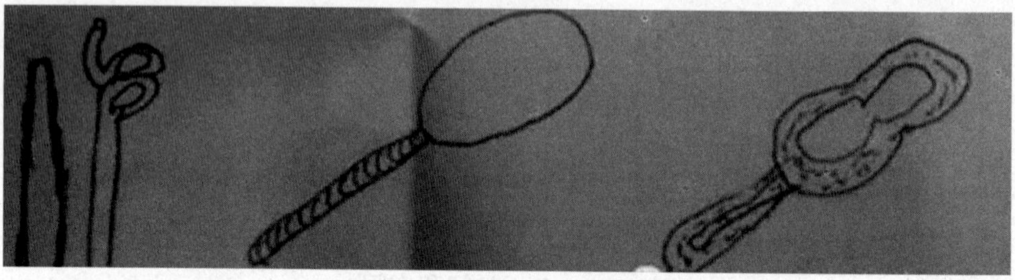

图 1　教师提供的吹泡泡工具

结果有的幼儿得意，有的幼儿沮丧。针对上述现象，胡老师打算组织一个科学的教育活动，以激发幼儿深入探究的兴趣，并使幼儿了解不同吹泡泡工具与吹出的泡泡之间的关系。

（2016 年上）

第四章参考答案

本章拓展阅读

近些年兴起的STEAM教育

STEAM 教育理念研究的兴起，是人们寻求优质教育理念对国家人才培养影响的结果。根据国际相关研究，无论是创新品格还是创新能力的培养落实，STEAM 教育都可以发挥巨大的作用。STEAM 教育并不是将科学、技术、工程、艺术和数学五类学科所进行的简单的叠加，而是使它们彼此之间进行有效融合，组成为一个有机的整体，并以真实问题解决为任务驱动，在实践中应用知识、获得知识，培养学生的问题解决能力、复合思维和创新思维。“强调多学科交叉融合，实现跨学科式教育；基于真实问题情景，回归现实生活；重视学习过程，加强学习体验；技术作为支持工具，有效开展学习活动”是 STEAM 教育的基本理念。通过 STEAM 教育理念培养学生的问题解决能力和创新能力，已成为未来教育改革发展的重要课题，不仅影响着高等教育和基础教育，也深刻地影响着学前教育。

从目前在学前教育阶段的研究成果看，STEAM 教育强调两个要点：一是在学科的基础上强调整合性；二是 STEAM 活动实践开展过程中强调基于问题情境。具体体现如下：STEAM 教育强调跨学科的整合性，科学、技术、工程、艺术、数学学科的显著特性对早期儿童的 STEAM 教育具有重要意义。2017 年 1 月美国早期儿童 STEAM 工作组出台了《早期 STEAM 教育愿景：为所有幼儿提供高质量的 STEAM 学习经验》研究报告，为教育活动的开展做出了较为全面的总结，提出 STEAM 学科的许多核心概念，实践都是彼此联系的，与此同时，STEAM 学科具有鲜明的学科特性和知识特征。每一门学科都需要关注特定学科，以确保幼儿建立他们的基础学科、系统知识，突出学科本身的创造性、美感和独特性。

幼儿教师在指导幼儿开展 STEAM 活动的过程中，应把 STEAM 的跨学科特性体现在幼儿活动中，为了做到这一点，教师首先应明确幼儿在活动中扮演的角色。幼儿是一个科学家，有着好奇心和探究兴趣。问题是幼儿解释这个世界的开始，引导幼儿像一个科学家一样去工作，解决问题，解释原因，并在这个过程中体验乐趣；引导幼儿像一个工程师一样在解决问题的过程中展开设计、解决问题、测试并改进；基于设计思维的 STEAM 活动可以促进幼儿实践、思考、更好地分享自己的观点，和团队一起活动，证明自己的观点，寻找证据作为支撑。

从教学过程出发，强调基于幼儿的生活经验；从幼儿科学探索的问题出发，需要成人支持幼儿的需求，促使幼儿对 STEAM 产生持续的兴趣；从教学结果的角度出发，帮助幼儿形成解决问题的想法、措施、模型、经验；从教师指导的角度出发，需要教师对幼儿进行支持，以促进幼儿的发展。STEAM 强调知识与能力并强调创新与创造力培养，注重知识的跨学科迁徙及其与学习者之间的关联。

学习评价与反思

____

____

____

____

参考文献

[1] 师保国，高云峰，马玉赫. STEAM 教育对学生创新素养的影响及其实施策略[J]. 中国电化教育，2017（4）：75-79.

[2] 蔡慧英，顾小清. 设计学习技术支持 STEM 课堂教学的案例分析研究[J]. 电化教育研究，2016，37（3）：93-100.

[3] 敖晓合. 国内外早期 STEM 教育发展动向、实践探索与未来之路[J]. 奕阳幼教评论，2018（47）：17-26.

[4] 王佑镁，郭静，宛平，赵文竹. 设计思维：促进 STEM 教育与创客教育的深度融合[J]. 电化教育研究，2019，40（3）：34-40.

第五章　学前儿童科学教育活动组织与实施

本章导读

本章主要围绕幼儿园经常开展的观察活动、实验活动、交流类活动、科技制作活动展开，并结合科学游戏和科学区角设计，为幼儿教师从生活中开展科学活动打下基础。本章重点讲述在幼儿园开展各类科学活动时如何投放材料与如何设计活动，以及指导活动如何展开，以便更好地在幼儿园开展科学活动。

学习目标

1．理解学前儿童科学教育活动设计的基本要求。
2．掌握学前儿童科学教育活动设计的内容和方法。
3．了解不同类型的学前儿童科学教育活动的特点与价值。
4．掌握学前儿童科学教育活动的组织方法与指导策略。

学习重点

1．了解学前儿童科学教育主要的活动类型及其特点。
2．掌握组织观察活动、实验探究活动的方法和指导策略。
3．运用学前科学教育活动的方法和指导策略分析活动案例。

思维导图

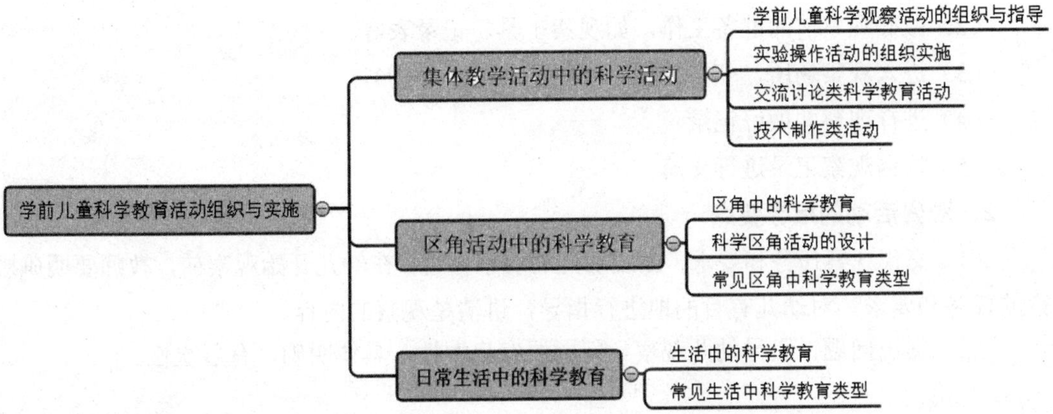

第一节　集体教学活动中的科学活动

一、学前儿童科学观察活动的组织与指导

（一）观察活动的概念

观察是幼儿探究周围事物和现象的基本方法。观察活动是教师有目的、有计划地组织和启发幼儿运用多种感官去感知周围世界的事物和现象，了解物体的各种特征和物体之间的区别，获得观察技能和感性经验，并在此基础上逐步形成概念的一种活动形式。幼儿科学观察活动开展过程中，可根据观察对象、观察目的、观察周期等分为个别物体和现象的观察、比较观察、长期系统观察等类型。

在日常的科学观察活动中，了解植物的生长过程适合长期系统观察；了解相似的动物或者植物的特点适合对比观察，比如鸭子和小鸡、小马和小毛驴等；而小蚂蚁等则可作为个别物体进行正常观察。幼儿教师应当首先明确观察的目的，然后选择恰当的观察类型。

（二）学前儿童科学观察活动的组织与指导

作为幼儿教师，学会对幼儿科学观察活动的组织与指导是开展幼儿科学观察活动的关键，同时还要学会把握幼儿在日常生活中的兴趣和爱好，并将其作为开展科学观察活动的契机，这样才能为更好地开展幼儿科学观察活动打下良好的基础。

幼儿科学观察活动的组织与指导主要包括观察前的准备工作，观察活动的指导要点，教给幼儿相适应的观察方法，鼓励幼儿运用多种感官参与活动，鼓励幼儿用自己喜欢的方式表达观察结果。观察活动可与其他活动形式结合，如操作、记录等。

1. 观察前的准备工作

一次完整的观察，一般应包括以下主要步骤。

（1）确定观察的目的和选定观察的对象。

（2）做好观察前的准备工作，如观察工具、记录表等。

（3）进入观察场所，获得被观察对象的信任（动物）。

（4）进行观察并做好记录。

（5）依据观察记录进行交流。

2. 观察活动的指导要点

（1）交代观察任务和要求，激发幼儿的观察兴趣。在幼儿开始观察前，教师要明确观察的任务和要求，对幼儿有目的地进行指导，讲清楚观察的内容。

（2）提出问题，引导幼儿观察。问题要有启发性，具体明确，有层次性。

观察活动提问依据如下：

① 活动目标。明确活动目标，围绕重点内容和核心内容设计提问。

② 依据活动内容的类型及特点。

③ 依据幼儿的年龄特点和经验水平。

（3）教给幼儿相适应的观察方法。

① 有序观察法。有序地进行观察。

教师可通过提示性的语言引导幼儿有序地观察。观察是有方法的，掌握观察的方法能提高观察的效率，有序观察便是观察的方法之一。无序的观察会使观察抓不到重点，导致一些重要的因素没有观察到位，因此有序观察是十分重要的。幼儿对事物的规律不能准确地把握，这需要教师用提示性的语言来引导幼儿从易到难、从简单到复杂进行思考，引导幼儿从上到下、从里到外、从局部到整体进行观察，通过有序观察引导幼儿发现事物的特征。例如，观察自然角的植物，教师可用语言“看看它长什么样，中间是什么样的，还有下面呢？”等引导幼儿观察，以防止幼儿注意力分散，只抓表面而不深入。又如，教师带领幼儿到室外观察不同季节的景色时，可用语言“看看花草树木有什么变化，看看人们的穿着有什么变化”等引导幼儿从多方面入手进行观察，感受秋天所带来的变化。

② 比较观察法。教会幼儿用比较的方法进行观察，学会在观察两个以上对象时，比较它们的异同。

③ 典型特征观察法。抓住事物的突出特点引导幼儿仔细观察其特征，例如，啄木鸟的特点。

（4）鼓励幼儿运用多种感官参与活动。充分调动幼儿的视觉、触摸觉、听觉、味觉、嗅觉等感官去获取有关观察对象的经验。客观事物的特征是多样的，在颜色、味道、大小、形状、冷热、声音、手感等方面差异明显。运用各种感官去感知事物，可以使幼儿获得较完整的信息。

（5）鼓励幼儿用自己喜欢的方式表达观察结果。

（6）观察活动可与其他活动形式结合，如操作、记录等。

二、实验操作活动的组织实施

（一）学前儿童科学实验活动的定义和作用

学前儿童科学实验活动是教师根据幼儿的经验和兴趣，结合此年龄阶段的科学核心经验，利用适合幼儿的科学材料，通过教师和幼儿的自主操作或演示，对幼儿生活周围常见的科学现象加以验证的一种活动。

学前儿童科学实验活动特点是趣味性、游戏性、操作的随意性强以及内容生活化。幼儿科学实验活动能培养幼儿探索科学的兴趣，利于幼儿理解粗浅的科学知识，有助于培养幼儿解决问题的能力和创造力。

互动平台

会变色的花

一、材料准备

两支浅色带茎的花，相同的透明瓶两个，蓝色墨水。

二、实验操作

1. 向两个透明瓶注入同样多的水，其中一个滴入几滴蓝色墨水。
2. 将两支花分别放入透明瓶内，几天后观察花朵颜色的变化。

三、指导建议

1. 提供的花朵颜色尽量是浅色的。
2. 注意引导幼儿每天观察茎及花朵的变化，并做好记录。

四、拓展与替代

可在自然角用芹菜、香菜等易观察的植物做实验，引导幼儿观察并记录。

五、科学小知识

茎是植物的营养器官之一，具有支撑植物、运输水分和养料的作用。植物的茎能从下至上地将根吸收的水分和养料运输到植物的各个部分。花瓶中的花朵会变色是因为茎输导了蓝色墨水。

（资料来源：京师童话，会变色的花[EB/OL].（2019-07-11）. https://www.sohu.com/a/326230028_703360.）

（二）实验操作活动的准备

科学实验活动的前期准备非常重要和关键。如果幼儿教师的科学实验材料准备不充分或者不适合幼儿，就会影响幼儿科学实验活动的展开，因此，幼儿教师必须在开展科学实验活动前做好充足的准备，这样才能更好地开展幼儿实验活动。

（1）根据幼儿已有的经验确定实验内容，建议选择程序简单、容易操作、结果明显、趣味性强的内容。

（2）做好预备性实验，熟悉有关的知识和操作步骤。教师要对科学实验的原理和操作过程有充足的准备和了解，才能开展此类活动。

（3）准备足够的实验材料。考虑到开展科学实验活动过程中，幼儿有着浓厚的兴趣和科学探究愿望，教师应当准备充足的科学活动材料，才能让每个幼儿更好地开展科学实验活动，从而避免因科学实验活动材料不足而引起冲突。

幼教故事

教师带着几个水盆和小木船模型、积木、剪刀、塑料泡沫、小铁球、纸团等来到教室，幼儿从自由活动的喧哗中静下来，好奇地看着老师。

师：小朋友找到自己的小椅子坐下来，今天我们来玩一个科学小游戏。

师：小朋友先看老师怎么做，记住小嘴巴闭好。这是一盆水，老师把拿来的这些东西放进水里，小朋友仔细观察哪个东西浮起来，哪个东西沉下去。再动脑筋想想看为什么，要仔细看哦。（幼儿瞪大眼睛望着）

幼：浮起来了，小船浮起来了。

幼：积木沉下去了。

师：小朋友想一想，为什么木头做的小船能浮上来，而木头做的积木沉下去了呢？

幼甲：船是浮在水上的，我还坐过真的船呢！

幼乙：因为积木太沉了，太沉了会掉下去的。（孩子们议论纷纷，老师示意幼儿安静）

师：小朋友们说得都不对。老师告诉你们，是因为木船底部的表面积大，大家可以看看，同样重的两样东西，小船的表面积大所以浮起来了，而积木的表面积小就沉下去了。有很多钢铁做的大船很大很大，也能浮起来，明白了吗？（孩子们似懂非懂地望着老师，有的点头说明白了）

师：接下来再做个试验。（教师把纸团和小铁球放进水里，铁球沉下去了，纸团浮在水面）

师：小朋友再想想，为什么大的纸团能浮在水面，而小铁球沉下去了？（小朋友们不作声，呆呆地望着老师）

师：因为每种东西都有自己的密度，铁的密度大，重，而纸团的密度小，所以能浮上来。接下来小朋友们可以分组自己做，看什么东西能浮上来，什么东西会沉下去。（孩子们分小组操作）

师：知道为什么这个东西沉下去了吗？

幼 1：我不知道。

幼 2：我也不知道。

（资料来源：张园园．追寻幼儿科学教育的真义：例谈幼儿科学教育[J]．早期教育（教师版），2010（10）：13-15.）

（三）实验活动过程的指导要点

（1）介绍材料，交代要求，引起幼儿的探究兴趣。

（2）提出问题，让幼儿尝试、操作和发现。

（3）观察幼儿，适时指导幼儿使用材料和工具。

（4）鼓励幼儿进行多种方法的尝试，允许幼儿出错。

（5）交流、讨论，表达自己的探索结果。

三、交流讨论类科学教育活动

（一）交流讨论类活动的含义

交流讨论类活动是指在收集资料、整理资料的基础上，通过集体讨论交流等手段获得科学知识的活动。

（二）交流讨论类活动的设计

1. 目标设计

目标设计应围绕表达交流技能和科学知识经验进行。

2. 科学讨论型活动的设计思路

（1）汇报交流式。

（2）共同分享式。

（3）集中研讨式。

3. 科学讨论型活动的指导要点

（1）明确讨论交流的主题内容。

（2）引导幼儿围绕主题进行讨论。

（3）借助图片、录像资料等帮助幼儿扩展经验。

（4）给予幼儿充足的时间，善于倾听幼儿的见解。

（5）帮助幼儿总结经验，提升技能。

四、技术制作类活动

（一）技术制作类活动的含义

技术制作类活动是指学习制作产品、使用科技产品或掌握某些工具的操作方法、技能的科学活动。幼儿通过制作产品、使用科学技术产品或掌握某些工具的操作方法、技能，获得对技术的直接体验，加深对有关科学现象的理解，获得一些具体的制作技能技巧，养成动手操作的习惯。

（二）技术制作类活动的设计

1. 目标设计

目标设计应围绕技术操作能力进行，体现年龄班的差异性。应根据感受和正确操作科技产品的能力、掌握工具使用方法的能力和自行动手设计和进行科技小制作的能力等方面来设计活动目标。

2. 技术制作类活动过程的设计

学习使用科技产品和工具的活动一般采用观察—尝试操作—交流讨论—正确操作的模式进行设计。

科技小制作活动通常按课件演示成品（或者教师演示）—幼儿操作—交流讨论—展示分享的模式进行设计。

（三）技术制作类活动的指导

1. 活动前的准备

为幼儿提供适宜材料或工具。

2. 活动过程的指导

（1）出示制作好的产品，引起幼儿兴趣。

（2）交代清楚操作的要求、方法和注意事项（结合材料特点，适当讲解、演示制作要领和方法）。如制作不倒翁活动，当幼儿的注意力集中到“不倒翁为什么不倒”这一问题之后，教师应及时提供一些可以制作不倒翁的材料，但并不是把制作的方法直接教给幼儿，而是放手让幼儿去自由摆弄，尝试发现，思考探索制作的方法。

（3）教师有针对性地指导幼儿，鼓励幼儿按自己的想法操作，启发幼儿探索不同的制作方法。

（4）展示作品，交流分享。交流、讨论和分享并由教师做最后的总结。

第二节　区角活动中的科学教育

典型案例

教师组织幼儿认识了蒜头后，提出了两个问题：现在我要将大蒜宝宝种在土里，该怎样放？为什么呢？

幼1：应该大头向上放在土里，因为好喝水。

幼2：要横着放在土里，大蒜宝宝好睡觉。

幼3：要把小头放在上面种。

教师将用不同方法种植的大蒜分开摆放，让幼儿观察，然后问幼儿：“大头向上种的大蒜宝宝能发芽吗？”

幼1：过几天，我种的大蒜就能发芽。

幼2：多浇点水，它就能发芽。

幼3：大头向下种的大蒜宝宝才能发芽……

教师将幼儿分成正方和反方两组，让幼儿讨论交流，并在一个纸杯中用三种方法种植蒜瓣。过了几天，教师和幼儿惊奇地发现，三种方法种植的大蒜都发芽了。

讨论：在幼儿园应当如何展开区角活动中的科学教育？

一、区角中的科学教育

幼儿园科学区角活动是一种幼儿个别化的、对周围生活中的自然事物和现象进行自主探究的学习活动。包括两种类型，一是在班级活动室的一角设置开展科学教育的区域；二是全园共享的专门进行科学教育的活动室。

幼儿园科学区角活动是培养幼儿科学素养必不可少的项目，科学区角活动能给幼儿园的小朋友提供自主选择，小朋友通过自身的经历获得直接的科学经验，同时科学区角也便于教师对幼儿进行个别化的指导。

幼儿园科学区角中的科学教育具有一定的目的性，需要教师有目的有计划地指导幼儿发展其科学素养，教师要随着幼儿对区角活动的认知不断地对科学区角进行调整和改变，根据幼儿的生活经验调整科学区角的材料投放，并在深入的探究中不断提高幼儿的科学探究经验。

二、科学区角活动的设计

班级科学活动区角的设计要求

1．多样性

内容的丰富性通过材料的多样性体现出来。

2．层次性

材料的层次性便于满足幼儿的不同需要。

3．结构性及其多功能性

材料蕴涵着有探索价值的“问题”，有教育容量，幼儿探索时有不同的发现。

三、常见区角中科学教育类型

（一）种植区角

在自然角或园地种植一些易生长、生长周期短、方便管理、能看到成果的常见植物，如大蒜、萝卜、西红柿、豆角等，因此要选择适宜的种植对象，引导幼儿参与，在种植活动中学会观察，提出问题，研究问题，获得有关植物的基本知识。

（二）饲养区角

选择常见的、性情温顺的、易于饲养照顾的幼儿喜爱的小动物；教师给予幼儿必要的喂养技能的指导，引导幼儿利用日常生活中的机会学习照顾小动物，观察动物的生长并做一些记录。

（三）科学发现区

科学发现区中可以设计以下活动：

（1）感官的活动。如摸不同质地的物品，闻不同的气味，尝不同的食物，分辨相似的声音，等等。

（2）声的活动。如声的传播、音的产生、不同的声音等。

（3）光的活动。如镜子的反光、万花筒、哈哈镜等。

（4）电的活动。如连接简单的电路、拆装手电筒等。

（5）磁的活动。如探索哪些物体可以磁化，利用磁铁的特性制造指南针，玩各种磁铁游戏，等等。

（6）力的活动。如跷跷板、天平活动，物体滚动的实验，等等。

（7）水的活动和空气的活动等。科学发现区的活动要结合正规的科学教育活动。在正规科学教育中进行的活动，可以在科学发现区中延伸。如在“安装电池”的教育活动之后，教师可以将各种电池和材料提供到科学发现区中，让幼儿继续操作、探索。

第三节　日常生活中的科学教育

典型案例

珂珂在玩水，他把积木放进水里发现浮了起来，珂珂又把一辆塑料小汽车放进水里，小汽车也浮了起来，过了一会珂珂又把一块小石头放进水里，小石头沉到了水底，珂珂很诧异，他又尝试把他的其他玩具放进水里，并为自己发现不同物体的沉浮而惊奇不已。

讨论：幼儿教师对幼儿生活中的科学行为如何进行引导？

一、生活中的科学教育

幼儿生活中的科学教育是指教师在专门组织的科学教学活动和区角以外，通过观察幼儿的兴趣、爱好、生活经验及与之相关的科学行为后做出相应的教育指导。

生活中的科学教育具有一定的随机性，需要教师和幼儿具备发现的目光，教师要随着幼儿生活经验的不断增加对幼儿科学教育活动做出适当的调整，根据幼儿的生活经验做出新的科学教育计划，并不断地生成新的科学教育内容。

二、常见生活中科学教育类型

（一）户外活动中的科学教育

幼儿平时的户外活动蕴藏着大量的科学教育契机，户外活动时，幼儿园的操场上有很多体育运动器械，小朋友在玩这些体育用品的时候教师可以适时地对幼儿做出科学教育指导，比如玩滑板车的时候关于“平衡”的思考、跑步的时候关于快与慢的思考等都蕴含着科学教育的契机。

幼教故事

晨间活动时，孩子们开始尝试练习跳绳，个个兴趣盎然。亮亮正在尝试练习分解动作，摇绳、双脚跳起，这时送她入园未离开的妈妈看见了，就用手指着她说："亮亮，你看张慕晗跳得多好，你怎么还不会跳，快跟她学学!"说完，亮亮更显得手忙脚乱。一会儿晨练结束了，她无精打采地收起跳绳，整个上午她一直闷闷不乐，户外活动时也没有再练习跳绳。看到这种情况，我想这一定是由于早上她妈妈的做法不对，让亮亮产生了畏难情绪，如果孩子处在这样一种心理状态下，怎能学会跳绳呢？想到这儿，我决定找她妈妈谈一谈。傍晚离园时，我对亮亮的妈妈说："早上你说完后，她就再没有练过跳绳。""她会作气呢？"亮亮妈妈直率地说。我说："其实，亮亮学东西很快，练跳绳时特别认真，现在几个分解动作已经练熟了，只差一点儿就能连起来跳了，你那么一说，她就不练了。"亮亮妈妈不好意思地笑了："是的，我太心急了，现在怎么办呢？"我建议她说："加强练习的次数，可用比赛的形式与孩子比一比，看谁先学会跳绳，谁跳得多，增强亮亮尝试练习的兴趣。"妈妈听后连连点头，表示赞同。以后几天中，亮亮对我说："老师，我要赶快练习跳绳，争取超过妈妈。"平时晨间活动中，都可看到她练习跳绳的身影。几天过后，亮亮高兴地对我说："老师，我会跳绳了，你看。"边说边轻松地跳了起来。

（资料来源：张宇．幼儿园晨间活动案例分析[EB/OL]．https://new.060s.com/article/2015/12/10/2055310.htm.）

（二）自由活动中的科学教育

幼儿平时的自由活动蕴藏着大量的科学教育契机。自由活动时，幼儿可能会对花花草草、玩具、小动物产生浓厚的兴趣，小朋友在对这些东西进行观察的时候教师可以适时地对幼儿做出科学教育指导，比如关于各种花的颜色，小蚂蚁、小蜘蛛的介绍等都蕴含着科学教育的契机。

幼教故事

午睡起床后，我带领中班一组幼儿到草地上活动。突然，超超大叫一声"蚂蚁"并蹲了下去，接着有几个幼儿围了过去，其余幼儿也都把视线转向了超超。及时发现幼儿的兴趣点，是捕捉教育契机的第一步。我问："你们是想做游戏还是想看蚂蚁？""看蚂蚁。"孩子们不等答完就在草地上散开了。

春天的草地刚刚冒青，栖息了一冬的蚂蚁在嫩绿的叶芽间忙碌地穿梭着，充满生机和乐趣。但是不多久，佳佳就喊起来："老师，王梓说要把蚂蚁踩死。"我抬头发现超超和飞飞也已在草地上追逐起来，看到蚂蚁便踩。中班幼儿观察的随意性还很大，我决定利用幼儿这个时期以自我为中心的思维特点，将蚂蚁人格化，促使幼儿选择观察的目标。于是，我故作神秘地对孩子们说："知道吗？这些蚂蚁都有一个好听的名字，这只叫梓梓，这只叫佳佳，这只叫超超。"超超和飞飞听了，立即停止了追逐，好奇地伸过头来，飞飞着急地问：

“哪一只是我？”于是，不一会儿，每位幼儿都有了一只叫自己名字的蚂蚁。他们小心呵护着，尾随着自己的蚂蚁在草地上移动。“哎呀，我不见了。”“我看见‘你’进洞去了，这下面是蚂蚁的家吗？”超超和飞飞小声议论着。

晨晨抿着小嘴紧紧盯着蚂蚁，我知道她很想与它交朋友，又担心会受到伤害。这时，我将手指插在草丛里，蚂蚁顺着草叶爬到我的手心。“它多小啊。”“对，它与晨晨还有什么不同？”“它有很多腿。”“几条？”“六条。老师，这是什么？”“这叫触角。它用触角与别的蚂蚁说话。”我边说边将手慢慢靠近晨晨的手，蚂蚁爬到她手上，晨晨“呵”一声，惊异地笑了。

“看，蚂蚁周老师!”伟伟突然指着衔了一粒面包屑的蚂蚁喊道。我纳闷地问：“怎么是我呢？”“它拿着一个铃鼓。”伟伟认真地说。我被他超乎寻常的想象逗乐了。

“哈哈，它们排队了，在运好吃的东西呢。”那边又有几个孩子叫了起来。

幼儿在轻松和谐的气氛中观察着，在少数幼儿兴趣的感染下，其余幼儿都开始了与蚂蚁的愉快接触。他们在草地上行走时都变得轻手轻脚，生怕不小心踩坏他们的好朋友。

（资料来源：周爱萍．蚂蚁探秘，[J]．幼儿教育，2016（16）.）

在线测试

一、单选题

1．下列关于儿童科学活动重要性的论述，错误的是（　　）。

A．有利于培养儿童学习的主动性

B．有利于儿童掌握系统的科学知识

C．有利于激发儿童的好奇心和学科学的兴趣

D．让儿童充分满足，享受科学过程所带来的乐趣

2．在学前儿童科学教育中，教师有目的、有计划地指导儿童感知客观事物与现象的基本方法是（　　）。

A．观察　　B．科学实验　　C．分类　　D．测量

3．下列关于间接指导的论述，错误的是（　　）。

A．间接指导一般不直接干预儿童的探索过程

B．间接指导主要表现为操作材料的设计、选择和提供

C．间接指导旨在让儿童实现“自我指导”

D．间接指导仅适合非正规性科学活动

4．学前儿童科学教育内容的广泛性是指（　　）。

A．可以不加选择地向儿童提供教育内容

B．可以无限制地增加儿童的学习内容

C．应该要求儿童掌握全面的科学知识

D．可以从儿童的日常生活中选择多样的教育内容

5．以下既能体现中华民族特色又可以作为学前儿童科学教育内容的是（　　）。

A．认识茶叶　　B．认识鸵鸟

C．认识袋鼠　　D．认识地铁

6．在正规性科学活动的开展过程中，教师可以通过各种方法对儿童进行指导，而在一切指导之前最重要的是（　　）。

A．适当参与儿童的活动　　B．观察、分析儿童的行为

C．保证儿童有充足的活动机会　　D．合理运用评价的手段

7．儿童在非正规性科学活动中最主要的学习形式是（　　）。

A．个人探索 B．集体教学

C．分组学习 D．小组讨论

8．儿童通过养蚕了解蚕的生长变化过程，这属于（　　）。

A．长期系统性观察　　B．个别现象的观念

C．个别物体的观察　　D．比较性观察

二、简答题

设计科学教育活动的提问应注意什么？

三、材料分析题

大班幼儿组织观察蚯蚓活动，分组进行。

第一组：幼儿观察放在盆里的蚯蚓（有土壤），大家很有兴致地议论着，听课老师于是就幼儿的话题问："你怎么知道蚯蚓哪是头？哪是尾？""粗而圆的那头就是蚯蚓的头。""你怎么知道呀？""我们老师说的。"

第二组：有一个幼儿用塑料刀切蚯蚓，听课老师问："你在做什么呀？""我在切蚯蚓。""你切了蚯蚓，它会死吗？""不会。""为什么呀？""因为它还会生的。""你怎么知道它还会生？""我们老师说的。"

问题：你认为该案例中的幼儿是在探究吗？为什么？

真 题 训 练

一、单选题

1．小班幼儿观察植物时，下列哪条目标最符合他们的发展水平？（　　）

A．能感知到周围植物多种多样

B．会观察记录植物生长变化过程

C．能察觉到植物外形特征与生存环境的反应关系

D．能发现不同种类植物之间的差异

（2018 年下）

2．幼儿以积木、沙、雪等材料为道具来模仿周围现实生活中的游戏是（　　）。

A．表演游戏　　　　B．结构游戏

C．角色游戏　　　　D．规则游戏

（2015 年下）

二、材料分析题

教师为了帮助大班幼儿了解春天的季节特征，同时在其中渗透数学教育，专门做了一套“春天”的拼图（如图 1），拼图底板是若干道 10 以内计算题，每一小块图形的正面是春天景色的一部分，背面是计算题的得数（如图 2），教师希望幼儿根据计算题与得数的匹配找到拼图的相应位置。然而，材料投放后，教师却发现许多幼儿不用做计算题就能轻松完成拼图，也未对图片中的季节特征产生观察与探究的兴趣。问题：

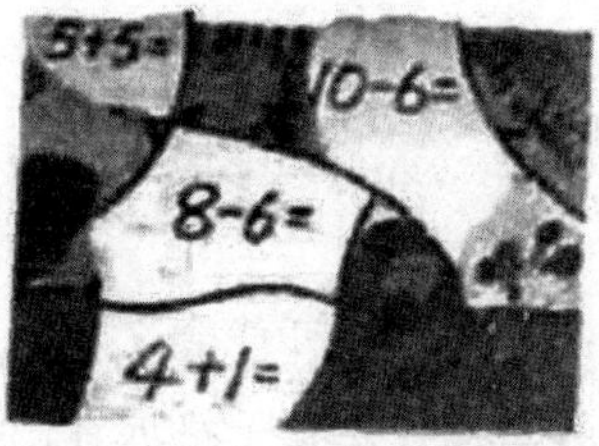

图 1　尚未完成的拼图

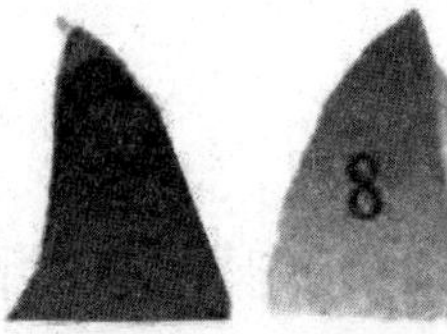

图 2　其中一小块图形的正面与背面

（1）请从幼儿获得科学经验的角度，分析这一拼图材料的投放对达成教学目标是否适宜？为什么？

（2）该材料在设计上存在什么问题？请提出改进建议。

（2017 年上）

第五章参考答案

本章拓展阅读

幼儿园科学活动中对大班《沉与浮》材料投放及观察指导引发的思考

幼儿园科学教育是一种启蒙教育，重在培养孩子学科学、爱科学的兴趣。幼儿科学教育活动是指在教师的支持和引导下，幼儿运用各种感官，对周围的事物和现象进行感知、观察、操作、探索，发现问题并寻找答案的探究过程；是教师充分利用周围环境，为幼儿创设条件、选择适合幼儿学习的内容、提供充分的物质材料，运用不同的方式设计与组织幼儿参与的各种科学探索活动；是帮助幼儿主动获取科学经验、建构概念、发展智能、养成科学态度的过程。《指南》中指出“为幼儿的探究活动创设宽松的环境”，为幼儿提供各种科学活动所需要的活动材料，能让幼儿人人动手进行操作实验，观察实验结果，记录、表达、交流实验的过程，让幼儿体验实验的乐趣。而在《指南》中不断强调重复的“激发好奇心、求知欲和兴趣”“观察、动手操作”“自主探究”“思考”“交流”等正是我们开展科学活动所要关注的。下面就以大班科学区“沉与浮”的探索活动为例来分析通过老师创设适宜的科学启蒙教育环境激发幼儿对科学的兴趣，帮助幼儿在探索活动中学习解决问题的能力，从而获得应有的知识技能。

一、活动背景

在一次日常的班级积木消毒活动中，孩子们发现了浸泡在水里的许多积木有的是浮在水面上的，有的是沉在水池下的。孩子们对这个现象产生了很大的兴趣，同样的积木为什么有的是浮起来的？有的却是沉下去的？围绕着孩子们的热点话题我们在科探区投放了沉与浮的探索材料。

二、活动描述

1. 初识沉浮实质

我先让孩子一起猜测什么东西可能会浮起来，什么东西可能会沉下去。孩子们信心满满地表示，大的重的会沉下去，小的轻的会浮起来。我再让孩子根据自己的猜测收集实验材料。同时我也提供了一些材料，如回形针等，期望在孩子原有经验上产生认知冲突，引导幼儿的注意力从物体的外形转移到物体的材质。我提供了几个不同功用的脸盆（一个放浮起来的物品，一个放沉下去的物品，一个放水）和记录表，就这样，我们的沉浮实验开始了。活动的第一天就吸引了很多人来参加，欣怡是第一个做实验的人，她把物品一个一个地放入水中，仔细观察着物品到底会浮起来还是会沉下去，分不清楚时还会把手伸入水中摸一摸，做完之后她拿着记录表高兴地和同伴们分享她的实验结果。孩子们在认真地实验着，当实验结果和自己的猜测一致时特别有成功感，而不一致时会留下小小遗憾。在孩子充分实验的基础上，针对孩子们的问题，如为什么回形针又轻又小，也会沉下去呢？我组织孩子展开了讨论。

分析：

我们班级的孩子是第一次接触“沉与浮”的活动，对于相关的一些沉浮的经验认知还是比较少的。孩子们对于沉浮的基本经验就是大的东西、重的东西会沉下去，小的东西、轻的东西会浮起来。然而孩子们在实验中得到的结果却和他们原有的经验产生了冲突。孩子们知道了原来小的、轻的东西也可能会沉下去，而大的重的东西也可能会浮起来，他们不再单纯从物品的外形大小和轻重来猜测它到底会沉还是会浮。另外，孩子们收集的材料中很多是塑料制品，而这些塑料制品都浮起来了，于是孩子们也了解到要从物品的属性上看，形成了“塑料的东西会浮起来的，铁的东西会沉下去”的经验，并将这个关键经验进行了归纳和梳理。

2. 金属物品为什么有的会浮有的会沉

在孩子们初步形成“塑料的东西会浮起来，铁的东西会沉下去”的经验之后，我又和孩子们共同收集材料，验证已获得的经验。我重点投放了不同的金属类物品，以使孩子在已有经验基础上产生进一步的认知冲突。孩子们实验后惊奇地发现，塑料物品确实都会浮起来，但金属类的物品却有不同的沉浮表现，还会像魔术一样发生变化。在一次实验中，菲菲完成实验后摆弄这些材料，当她把碗充满水之后发现碗开始沉下去了，这与之前的实验结果又产生了不同，碗在没装水之前是浮起来的，而在装满水之后就沉下去了。原来，物品的沉浮是可以改变的，本来沉的东西还可以让它变得浮起来。那么怎么才能使物品的沉浮发生改变又成为孩子们的一个问题。

分析：

通过对不同物品进行简单的沉浮探索之后，孩子们对沉与浮活动有了一定的经验，也和原有的认知经验产生了矛盾点，于是我们围绕着这个矛盾点继续探索。从孩子们产生矛盾的地方入手，选择了单一的、比较有特殊性的物品——金属类。由于金属类的物品在孩子们的概念中都属于比较重的物品，因此孩子们的已有经验与实际操作结果有一定的矛盾。这个矛盾点是一个非常值得去探索的内容。虽然碗、盘子、易拉罐等都是金属物品，可是它们的形状都是空心的，空心的物品从重量来看就比较轻，因此呈现的都是浮起来的状态。在这个阶段，孩子们又认识到了空心与实心所产生的不同的沉浮状态。

3. 怎么改变物体的沉浮状态

在发现碗装满水会改变沉浮状态后，孩子们的兴趣就不仅在观察不同物品的沉浮了，而是在操作中开始寻找让物体改变沉浮的方法。在一次活动中，昊昊一边操作一边询问我是否能给他一根绳子，原来他想利用捆绑的方法将重的物品绑在轻的物品上增加重量以使物品从浮着的状态变成下沉。孩子们在这个阶段的操作中将之前积累的经验进行运用，能从重量、大小、形状等多方位来探索改变物体沉浮的方法。

分析：

前两个阶段的活动中我们围绕着不同物品的沉与浮展开。有了这两个阶段的探索实验，孩子们发现有的物品有时会沉下去有时会浮起来，也就是说物品的沉与浮不但与它本身的质量有关，也与外界的影响有关，如碗在不装满水的情况下会浮上去，但是装满水之后就沉下去了。因此，在这个阶段孩子们更多关注的是如何改变物体的沉浮，这不单单是实验观察物品的沉浮情况，而是通过改变物体的重量或体积大小等来实现改变物品本身沉浮状态的一种探索。在这个阶段孩子们的探索机会更多，能够选择不同物品的组合方式，增强了实验前的思考性和实验中的趣味性。通过尝试不同物品的组合来实现自己的实验结果。

4. 有趣的沉浮游戏

纸船、鸡蛋、纸盘、泡沫板……各种不同的沉浮小游戏开始了。孩子们在纸船上、纸盘上和泡沫板上不断地增加雪花片的数量，比比看谁的浮力大、谁的浮力小。原来，材质不同浮力也是不同的。在清水中加入食用盐后，原本沉下去的鸡蛋浮起来了，加入不同分量的盐，鸡蛋浮起来的高度也会不同呢！

分析：

从一开始观察物体的沉浮、感知影响物体沉浮的原因到改变物体的沉浮，这一过程让孩子们了解到物体沉浮不仅受本身条件的制约也受外界因素的影响，孩子们对于物体的沉浮有了比较深入的了解。在此基础上，我们开展了各种沉浮小游戏，通过增加物体重量、改变液体密度等方法来帮助幼儿感受不同物体所承载的不同浮力。如，通过在清水中不断加入食用盐改变清水的密度来达到让鸡蛋沉浮的效果，这与之前通过物品捆绑、增加物体重量等方法又有很大的不同。首先物品本身没有任何改变，而改变的只是媒介物——水。通过这次探索，引导孩子去发现改变媒介物也能改变物品的沉浮。这也为扩展孩子们的思维提供了更多操作方法。

三、幼儿活动效果引发的思考

从幼儿对一系列沉浮实验的操作来看，老师的“教”更多体现在老师根据幼儿的年龄特点和学习需要所创设的环境、提供的材料，而幼儿的“学”则体现在幼儿在整个操作过程中的探究行为。

第一，要善于从幼儿的兴趣中寻找素材点，让学习充满乐趣。

本次活动以幼儿的观察讨论热点出发，活动的素材来源于孩子的发现，从素材的选择上来看更适合孩子探索，在活动前孩子就已经具备了探索的欲望，有助于整个活动的不断推进。从孩子的兴趣点切入，通过共同收集材料，在发现问题、解决问题、再发现问题的循环中有层次地将每个阶段的探索串联起来，以使幼儿对沉浮更有经验。生活中有丰富的学习资源，一事一物都可以被教育利用和借鉴。合理地利用好生活资源，能让幼儿对学习充满兴趣，在活动前幼儿基于“感兴趣”这个内因，能将老师“教”的痕迹隐藏于活动的环境和材料中，幼儿在活动中“学”的主体性就进一步突出了。

第二，活动中教师要扮演好“支持者”的角色。

从这一系列的探究活动不难看出，教师的定位是活动的支持者。通过创设有效的情境、仔细观察幼儿的操作、分析活动效果的产生原因来不断调整所投放的材料。活动中幼儿的主体性一览无遗，将幼儿的活动推在前面。当然教师在给予支持性材料的同时也要把握好整个活动中的核心经验和价值，即通过本次活动要让幼儿学习些什么？感受些什么？在整个活动中我利用沉浮材料的不同性质不断制造与幼儿原本认知经验的冲突点。这些矛盾的冲突点就是本次活动的教育价值所在，从提供材料引导幼儿去猜测结果，验证结果，从而发现问题，在这一连串的活动中，不断丰富、拓展孩子们对沉浮的认知经验。孩子只有在活动中不断体验、尝试，才能更好地将这些认知经验转化为内在的经验。

科学探索是幼儿在操作中将科学的核心概念转化为本体经验的过程。面对大班的幼儿，如何将各种具有理论性、科学性的内容通过有效的途径让幼儿获取是我一直在思考的问题。

从实践中不难发现，幼儿在活动中的操作探究是行之有效的方法和手段之一，也更符合学龄前幼儿的学习特点。活动中老师的“教”和幼儿的“学”形成了对比，幼儿通过在活动中不断积累的探究经验进一步分析材料、操作实验，从而获取科学经验，而老师则通过观察幼儿的操作，不断调整材料及问题情境的创设来引导幼儿去获得相关的学科经验。这种“少教多学”的有效教学模式重在激发幼儿的学习兴趣，使幼儿自主地投入学习，把学习视为享受的乐事。这种方法可以充分调动孩子的内驱力，更好地促进幼儿科学探究能力的发展。

资料来源：王瑾．幼儿园科学活动中对大班《沉与浮》材料投放及观察指导引发的思考[EB/OL].（2014-01-14）．http://www.age06.com/Age06.Web/DetailForQX.aspx?InfoGuid=3a38e8ae-e2d3-422b-b91d-23c958d37b95.

学习评价与反思

____

____

____

____

参考文献

张文军，刘洪玉．学前儿童科学教育与活动指导[M]．上海：华东师范大学出版社，2014.

第六章　学前儿童数学教育活动组织与实施

本章导读

数学是一门具有独特研究对象的学科，是研究客观世界中的数量和空间形式的科学。数学是自然科学的基础，幼儿园数学教育活动是幼儿园科学教育活动的重要组成部分。《纲要》和《指南》把数学列入科学领域，使数学的学习和对自然界的探究有机结合、融为一体。

本章我们将与大家一起详细探讨数学教育的意义、特点、内容和方法等问题。

学习目标

1．学前儿童数学教育的意义和特点。
2．学前儿童数学教育的内容与方法。
3．学前儿童感知集合概念的教育。
4．学前儿童数概念及运算能力发展与教育。
5．学前儿童感知几何形体概念的教育。
6．学前儿童量概念的教育。
7．学前儿童空间和时间概念的教育。

学习重点

1．学前儿童数学教育的内容与方法。
2．学前儿童感知集合、数、量、运算、几何形体、空间和时间等概念的教育。

思维导图

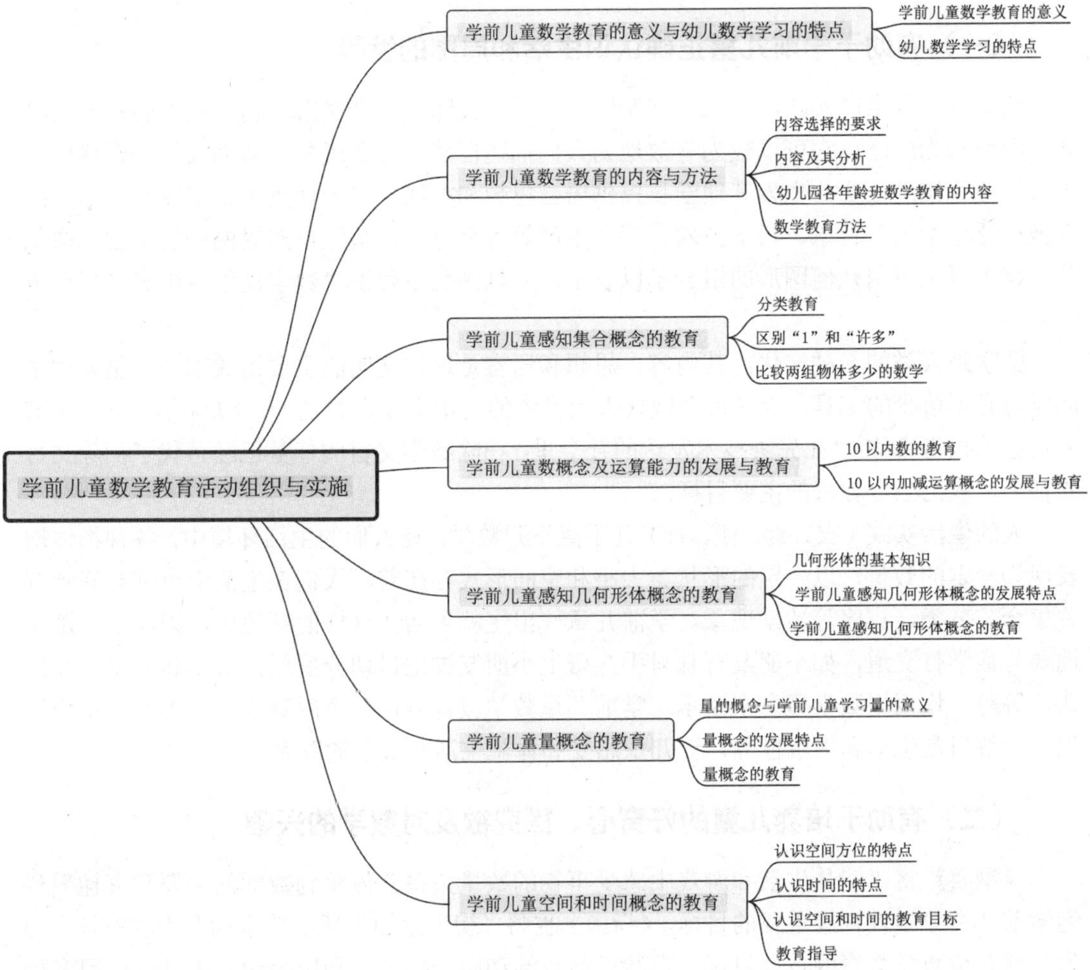

第一节　学前儿童数学教育的意义与幼儿数学学习的特点

典型案例

3 岁的红红可以清楚地从 1 数到 100，可有一次老师请她数玩具柜上有几个娃娃，她用手指点数娃娃，1，2，3，4，5，数完告诉老师：“玩具柜上有 4 个娃娃。”为什么红红数对了却得出了错误的答案？数学究竟是什么？学前儿童数学教育的意义是什么？幼儿数学学习的特点是什么？

（资料来源：周希冰，周利文．幼儿科学教育・数学[M]．北京：北京师范大学出版社，2013．）

一、学前儿童数学教育的意义

（一）有助于学前儿童正确认识生活和周围的世界

数学产生于生产实践，与人类文明同时开始，又随着生产实践、科学技术的发展而发展，应用极为广泛。它可以较为有效地为人们描述自然与社会现象，帮助人们处理数据、进行计算和推理证明，也为其他学科提供语言思想和方法，是一切重大技术发展的基础；它被广泛地运用于音乐、科学技术、工业生产等各个方面，甚至自然界的一切生物，像花朵、蜗牛等也可用几何图形的组合予以表示。所以伽利略曾说“数学是上帝用来书写宇宙的文字”。

数学是人类的一种文化，其内容、思想和语言是现代文明的重要组成部分，是人们生活学习必不可少的工具，也是每个现代人应具备的基本文化素养之一。1984 年，美国国家委员会的报告宣称：“在先进技术发达的社会里，扫除数学文盲的任务已经替代了扫除文盲的任务，成为当今教育的主要目标。”

人的生活实践（衣、食、住、行）几乎离不开数学。在人们的生活环境中，各种物体均表现为一定的数量，以一定的形状、大小和空间形式存在着，人们在生活中也常会遇到有关集合、分类、排序等数学现象。学前儿童一出生就生活在这样的环境中，因此不可避免地要与数学打交道，如小朋友有几只手，班上小朋友过生日切分蛋糕，等车和上卫生间排队，等等，均要用数学概念来表示。学前儿童数学教育能让儿童用数学的思维方式正确认识、理解日常生活和周围世界，让儿童感受和体验生活与数学的联系。

（二）有助于培养儿童的好奇心、探究欲及对数学的兴趣

《纲要》将“能从生活和游戏中感受事物的数量关系并体验到数学的重要和有趣”列为学前儿童数学教育最重要的目标，《指南》也将“初步感知生活中数学的有用和有趣”列为学前儿童数学教育的首要目标。在数学教育活动中，孩子们利用手边的工具，运用多种感官，通过自己的日常观察、动手尝试和亲身体验，获得知识经验，收获自我成就感和探究的乐趣，从而激发他们强烈的求知欲，逐渐培养起学习和探究的兴趣。如：在刚刚进行分类练习时，幼儿手里拿着各种图形、大小颜色不一样的房子、蘑菇卡片不知怎么玩，实验后，他们一见到这些图形就不由自主地说出“三角形、圆形；红房子是三角形房顶；大蘑菇是黄色的，小蘑菇是白色的”等语句，会很主动、迅速地按物体的某一特征进行分类。在自由拼摆中，他们手脑并用，讨论气氛很浓，他们通过自身的动作得到数学感性经验，逐步对抽象的数学逻辑结构产生兴趣和探究欲望。

（三）有助于学前儿童思维能力和良好心理品质的培养

数学本身所具有的抽象性、逻辑性以及在实践中应用的广泛性，决定了数学教育是促进学前儿童思维发展的重要途径。通过数学教育能让学前儿童逐渐学习用抽象的方法来解决生活中的具体问题，促进幼儿逻辑思维的产生和发展，锻炼幼儿良好的心理品质。如对衣物进行分类整理的活动，不仅使幼儿获得了生活常识和初步的数学知识，掌握了按物体

某一特征进行分类的基本方法，还训练了幼儿仔细、认真、做事有始有终的良好习惯。

有人说，数学是思维的体操。学前数学教育对学前儿童思维的发展是一种训练。学前期处于儿童思维发展的抽象逻辑阶段之前，发展思维的任务在于促进直觉行动思维和具体形象思维的产生与发展，帮助抽象逻辑思维的萌芽与发生。由于数学本身就具有逻辑性和抽象概括性的特点，它能把具体的事物和问题抽象化，因此数学教育能帮助学前儿童透过具体事物的表象来揭示事物共同的特征，对于培养儿童的抽象逻辑思维能力具有独特的作用。

例如，一个孩子在学习数学前要先学会数数，一般都是从 1 数到 100。刚开始数这些数的时候，不可能数得很流畅，不可能不重复、不遗漏。为什么？因为孩子还没有理解数与数之间的联系，儿童多数都像背儿歌似的，背诵这 100 个数字，带有顺口溜的性质。所以时时出现脱漏数字或循环重复数字的现象。那么这 100 个数字之间到底是什么联系呢？从 1 到 100 是一种递增的关系，而且还是一种包含与被包含的关系。比如：1，2，3，4，5，6，…，5 包含着 1，2，3，4 这 4 个数字，同时又被 6 所包含。这看似一组需要儿童记住的顺序，实质蕴涵了很多逻辑关系。更重要的是，每一个数都不像具体的事物那样可感知，而是抽象的。例如数字“1”，可以表示 1 个人、1 条鱼、1 场雨、1 间房等一切数量为 1 的事物。所以这些简单的数字，并不是具体的事物，也不是某些事物所具有的某种特征，而是对事物之间关系的一种抽象。

又如，“7 只小熊”是对一群小熊的数量特征的抽象，和这些小熊的大小、毛色、胖瘦、高矮无关，也和它们站的方式无关：无论是横着站、竖着站，或是站成一个圆圈，或是躺下呼呼大睡，它们都是 7 只小熊。我们知道，儿童的思维都是直观行动思维和具体形象思维，其中具体形象思维占主导。因此儿童认识事物要通过感知动作来进行。但是，儿童对数的认识并不像对大小、颜色的认识那样可以通过直接的感知获得，而是需要一个抽象的过程。7 只小熊中的每一只小熊，都不具有“7”的性质，相反，“7”这一数量属性也不存在于任何一个小熊中，而存在于它们的相互关系中——它们构成了一个数量为“7”的整体。儿童对于这一知识的获得，也不是通过直接的感知，而是通过一系列动作的协调，具体说就是手“点”的动作和嘴“数”的动作之间的协调。首先，他必须使手点的动作和口头数数的动作相对应。其次是序的协调，他口中数的数应该是有序的，而点物的动作也应该是连续而有序的，既不能遗漏，也不能重复。但往往儿童在开始数数的时候，并不能使手“点”的动作和嘴“数”的动作协调。这需要一个重复练习的过程。一个儿童发展到能够手口一致地点数之后，他可能还是不能说出总数，因为他还不会把最后数到的一个数词当作基数来使用。通过重复练习儿童慢慢能理解数到最后一个物体，它所对应的数词就表示这一组物体的总数，也就是在数词与物体的数量之间建立起联系，这时他才能将所有的点数动作合在一起，得到物体的总数。

学前儿童的思维都是直观行动思维和具体形象思维，其中幼儿期具体形象思维占主导。这就决定了儿童认识事物要通过动作和感知事物的具体形象来进行。也就是说，如果儿童脱离了动作和物体的具体形象就不能进行思考。儿童在四岁左右能够借助于具体的实物和动作的摆弄，来理解其中的两个或两个以上事物的加减关系，但要让其在抽象的数字层面进行加减运算，就必须在头脑中建立起抽象的类包含的逻辑关系，而这则要到六七岁才能发展起来。所以我们不难理解为什么有的儿童对于具体的问题（如“三块糖加三块糖是多少”）能够解决，而面对抽象的问题（如“3+3=？”）时就无能为力。综上所述，儿童会数数、计数只是一个表面现象，在这背后，是儿童的对应、序列、包含等逻辑观念和抽象思维能力的发展。只有理解了这些逻辑观念，儿童才能正确地计数。再经过无数次具体的计数经验后，儿童对数的理解逐渐脱离具体的事物，最终达到抽象的理解。对于学前儿童来说，抽象的逻辑知识的获得是一个漫长的过程，在这个过程中，儿童对数学知识的理解会逐步摆脱具体事物的束缚并达到抽象的层次。

（四）有助于为日后小学数学学习做准备

《纲要》指出：“幼儿园教育是基础教育的重要组成部分，是我国学校教育和终身教育的奠基阶段。”幼儿园教育肩负着为学前儿童入小学、接受小学教育做准备的重要使命，与小学教育同是人才系统工程的重要环节，两者作为必不可少的有机部分组成了我国的基础教育，为整个人才培养大厦奠定基础。由于幼儿园教育和小学教育是相邻相继的两个教育阶段，它们之间既有联系又有区别，在环境设置、学习安排、学习内容和生活制度方面都存在一定的差异，这种差异在客观上形成了幼小衔接的坡度，而两者衔接的好坏直接影响了儿童的身心健康与学业的长远、持续发展。因此，让幼儿园和小学两个重要的学习阶段衔接得更为顺畅，是学前儿童教育所要实现的一个重要目标。

幼儿园为学前儿童入小学做准备主要包括入学前的社会适应与入学前的学习适应两个方面，其中学习适应准备就包含了读写准备和数学学习的准备。由于数学学习是一项比较正式的活动，带有明确的任务性，有明确的规则要求和客观的评判标准，为培养学前儿童的任务意识和规则意识提供了条件，任务意识和规则意识的发展能为学前儿童进入小学进行正规化的学习打下重要的基础；而学前儿童数学教育本身就是一种数学启蒙教育，能使儿童入小学后顺利适应小学的数学学习。

相关链接

我国当前幼儿园数学教育的价值取向

《纲要》指出，幼儿园数学是生活中的数学。这为幼儿园的数学教育带来了很大的变革，也让我们对幼儿园数学教育的地位和作用有了更新的认识。《纲要》将数学教育列入科学领域，使数学学习和自然界的探究有机结合，融为一体。

《纲要》更关注幼儿对数学的兴趣、情感和态度，重视在认知活动中发展幼儿的积极情感，在生活和游戏活动中培养幼儿积极的数学学习兴趣和态度。幼儿教育是一种主动性活动，人们在幼儿教育活动中必然要对教育目的、内容、方法、评价等因素做出选择。而这些选择都反映和体现着人们根据主体需要对幼儿教育的要求和态度，即反映了人们的幼儿教育价值取向。幼儿教育价值取向在很大程度上决定了人们是从个人需要还是社会需要角度来构建幼儿教育目的，到底是从个人和社会的哪些方面的需要出发构建幼儿教育目的。

（资料来源：黄瑾．幼儿数学教育与活动指导[M]．上海：华东师范大学出版社，2015．）

二、幼儿数学学习的特点

幼儿学习数学具有发展性、操作性、生活性的特点。

（一）发展性

恩格斯说，数学是研究现实世界的空间形式和数量关系的科学。数学是一种典型的符号语言，具有高度的抽象性和逻辑性。儿童思维的发展规律由以直觉行动思维为主的阶段发展到以具体形象思维为主的阶段，逐渐过渡到以抽象逻辑思维为主的阶段，因此幼儿学习数学随着自身的心理发展尤其是认知与思维的发展而发展，其发展表现在从具体到抽象、从外部动作到内部动作、从不自觉到自觉等几个方面。

1. 从具体到抽象

由于数学知识是一种抽象的知识，学习数学需要摆脱具体事物的其他无关特性，概括出有关这些事物抽象的数量属性，因此学前儿童数学概念的形成存在一个逐渐摆脱具体形象，达到抽象水平的过程。如幼儿认识"6"这个数，必须要在摆脱了"6个人""6只苹果""6粒糖"这些具体事物的形象之后，抽象出"6"这一共同的数量属性。儿童对事物的数量关系的理解从借助于动作操作实物开始，逐渐过渡到只需要事物的表象，最后才进入仅凭抽象的数量词就能把握事物的数量逻辑关系的阶段。

2. 从外部到内部

学前儿童获得数学知识的过程是从外部的动作逐渐内化于头脑中的。学前儿童学习数学时最初是通过动作进行的。特别是小班的幼儿，在完成数学任务时经常伴随外显的动作。例如开始学计数时，幼儿需要手口一致地点数才能正确地计数，直到他们的计数能力比较熟练才改变为心中默数。在学习数的加减时，最能帮助幼儿理解数量关系变化的办法就是让幼儿进行合并和拿取的操作，让幼儿在实际的动作中理解两个部分如何合并成一个部分，这是由于在学习某一数学知识的初级阶段，幼儿对事物的理解主要是通过手的动作与实物相结合来进行的，需要亲自动手去操作实物、感知具体事物的数量关系，而随着年龄增长，儿童逐渐能够把动作内化，依靠视觉进行数和物的对应，到了大班，学前儿童已经能够根据静态图片在头脑中呈现出抽象的动作表象，具有较强的动作内化能力。

学前儿童要将具体事物的数量关系内化于头脑中，形成抽象的数学概念需要借助于表象的作用。

在操作的基础上，儿童通过观察实物或图片及其变化，将其转化为头脑中的具体形象（即表象）进行运算，进而上升为符号表象的运算，逐步在头脑中建立事物之间的逻辑关系，其抽象能力也逐步得到发展。

3. 从不自觉到自觉

自觉是指能意识到自己的认知过程，而学前儿童往往对自己的思维和认知缺乏自我意识。我们往往发现学前儿童在完成一件事情时不能用语言正确表达其解决的过程，这不仅与其语言表达能力有关，更与其思维的抽象化水平有关。小班幼儿的语言表达往往是不自觉的，是其动作的伴随物而非思维过程的外化。随着动作的逐渐内化，语言也逐渐发挥其功能，表达思维并监控动作，其动作的自觉性也随之提高。

（二）操作性

皮亚杰认为，学前儿童的认识发生和智慧起源于对客体的动手操作。学前儿童的智慧是其动作结构逐步内化的结果，对客观材料的操作是学前儿童思维运算的关键。学前儿童数学概念的形成，存在着一个从理解个别具体事物到理解其一般和普遍意义的过程，操作活动解决了数学知识的抽象性和幼儿思维的具体形象性之间的矛盾。因此，学前儿童对数学知识的理解和掌握是建立在多次摆弄尝试，通过操作获得经验或体验的基础上的。幼儿对于数学的学习实质上是一个操作探索的过程，只有在操作活动中，亲自通过操作、摆弄材料进行探索和体验，学前儿童才能掌握数学知识。动手操作活动材料，与材料发生相互作用，是学前儿童学习数学的主要方式。在操作和尝试的过程中，儿童能够感知到多种多样的具体事物，从而获得关于具体事物的多种经验。儿童获得事物的具体经验越丰富，他们对数学概念的理解就越具有概括性，所以说，操作性是学前儿童数学学习的主要特点。让学前儿童尝试和获得丰富多样的经验有助于他们理解抽象的数的概念。例如在认识数字“3”时，可以让他们感受同样是3个的各种具体事物，让他们知道凡是数量是3的物体，无论它们的形状怎样、如何排列摆放，都可以用“3”来表示。反之，如果幼儿缺乏尝试摆弄各种物体的经验，他们对数学概念的理解就会被事物的具体形象所局限，难以完成抽象化的进程。例如有的幼儿会认为钝角三角形不是三角形，那是因为他从来没有接触过这种形状的三角形，没能从接触多种形状三角形的经验中抽象出三角形有三个角三条边的本质属性；而有的幼儿不会把两个三角形拼成一个大的三角形，也是因为缺乏摆弄图形的经验。

此外，幼儿在操作中解决数学问题也往往不可能一次完成，需要经历一个反复猜想、探索、验证的尝试过程。在这一过程中，幼儿必然不断经历错误，在错误中尝试并寻求成功的方法。对此，有研究指出，幼儿尝试错误是科学活动（包括数学活动）中幼儿重要的行为表现方式之一。

（三）生活性

儿童是在各种各样的生活活动中了解周围世界的。学前儿童对数学的理解来自生活，可以说现实生活是学前儿童数学概念的源泉。只有借助于生活经验，幼儿才能真正体会出事物之间的数量关系，并且尝试运用数学的方法来解决问题。幼儿学习数学的生活性特征主要表现在以下几点：① 幼儿是在生活中感知数学的。幼儿每时每刻都在接触这个由一定的“数”、按一定的“形”和“序”构成的数学世界。在这一过程中，周围世界的各种数学信息以不同的方式为幼儿的各种感官所感知，因此，在生活中他们已不知不觉地积累了较为丰富的数学经验。② 幼儿学习数学的过程是幼儿对现实生活的数学化过程。幼儿探索数学，需要从现实生活的问题中去发现数学问题，再把具体数学问题转化为抽象数学概念。这一过程就是幼儿对现实生活的数学化过程。③ 幼儿是以生活经验为基础来学习数学的。研究表明，幼儿期生活经验特别是其中的数学经验，对幼儿以后的数学学习具有重要的影响。导致儿童数学发展方面的最重要的因素是他们在生活中接触数学活动的频率。在那种经常要用到标准量化的环境中，儿童能较早地学到数字的用法，更早地学会数数及运用数数或其他方法去解决数学问题。

日常生活中包含了大量学习数学的机会，教师只有善于利用这些教育资料，才能引导学前儿童了解数学与生活的关系，懂得数学在生活中的价值。正如皮亚杰所说：“儿童学习的途径应具有生活性，更多是在生活或类似生活的情景中学习，而不是在数学情景中学习。”学前儿童的数学学习既包括在日常生活中，也包括在设置的情景中。比如：生活中的图形，如孩子们会发现车轮是圆形的，椅子面是梯形的，门是长方形的，气球、鸡蛋是椭圆形的等；生活中的分类，如帮助老师整理图书、玩具等；生活中的数字，如自己家的楼层、电话号码等；生活中的对应关系，如午餐时分发碗、勺等。生活中还有大小、高矮等现象，如，每天早上穿衣服、晚上脱衣服时让学前儿童一件一件地数；或念带数字的儿歌给孩子听，如：“一二三四五六七，七个阿姨来摘果，七个花篮手中提……”就这样边念边数手指。在学习加减法时，不要让学前儿童去记什么公式、表格，而是在吃橘子时，让学前儿童先数一数，看看共有几瓣儿，然后再边吃边数，少了几瓣，还剩几瓣，用这样的方法训练。所有这些既能让学前儿童在自然的条件下进行学习，也非常符合学前儿童的年龄特点。因此，我们应该充分利用生活素材让学前儿童积累有关数学的感性经验，引导学前儿童去感受来自生活的种种数学信息。

第二节　学前儿童数学教育的内容与方法

幼儿园数学教育的内容是实现幼儿园数学教育目标的保证，是将目标转化成学前儿童发展的中间环节，也是教育活动设计和实施的主要依据。在学前儿童数学教育活动的实施过程中，选择合适的途径和方法也很重要。本节内容主要阐述了学前儿童数学教育的内容与方法，以帮助未来的幼儿教师理解和灵活运用各种方法开展数学教育活动。

一、内容选择的要求

《纲要》对教育活动内容的选择提出了以下原则：

（1）既适合幼儿的现有水平，又有一定的挑战性。

（2）既符合幼儿的现实需要，又有利于其长远的发展。

（3）既贴近幼儿的生活，选择幼儿感兴趣的事物和问题，又有助于拓展幼儿的经验和视野。

幼儿园数学教育活动内容的选择既要促进学前儿童全面和谐的发展，又要考虑本学科的特点和学前儿童认知发展的特点。除了遵循以上的原则外，还应考虑以下原则。

（一）启蒙性原则

学前儿童数学教育活动的内容具有启蒙性，是指学前儿童对有关数学教育的内容有所感知、有所体验，对这些内容获得较丰富的感性经验，而不是让学前儿童在此阶段对数学的某一内容形成科学的概念。

对学前儿童进行数学教育，其要求是让学前儿童在操作的基础上获得某一内容的感性经验。例如，学前儿童感知几何图形，是通过建造、拼搭、塑造等活动，能够辨别各种常见的平面图形和立体图形，能说出它们的名称，在日常生活中能发现一些物体和几何图形之间的相似点。比如学前儿童说出小汽车的车轮是圆的，水杯像圆柱体，故事书是方形的，等等。学前儿童的这些表现，说明他们对几何形体有了初步的认识。所以在关注启蒙性的特点时，主要的目的不是让学前儿童学习到数学的有关知识，而是让他们通过数学学习，得到更好的发展。

另外，我们在教学活动中，不宜将一些数学概念直接传授给学前儿童，他们需要的是在生活和游戏中感受事物的数量关系，并对周围环境中的数、量、形等产生兴趣，体验到数学的有趣和重要，逐步建构初步的数学概念。

（二）生活性原则

学前儿童数学教育活动的内容具有生活性是指数学教育活动的内容应与学前儿童的生活实际紧密联系，内容应该是学前儿童所熟悉的，也是能理解的，让他们感受数学可以解决人们生活中遇到的问题。在丰富多彩的世界中，任何事物和现象都与数学有密切的联系。在学前儿童的世界里，处处都体现着和数学有关的问题。例如，在班上，亮亮的个子是最高的，小丽的年龄最小；在分发水果时，有两个小朋友没来，所以还剩下两个苹果没发出去；太阳是圆的，毛巾是长方形的；等等。学前儿童可以从周围的环境中获得许许多多有关数学的感性经验。

在幼儿园数学教育中，教师可以将很多内容与学前儿童的实际生活联系起来，帮助他们在生活中感知数学的特点。例如，学前儿童对数字的认识，教师可引导他们观察和发现周围环境中哪些地方有数字，这些数字代表的意义是什么。他们会说公交站牌有数字、今天是星期几、小汽车都有车牌、故事书上的页码和超市的商品价格是用数字表示的、每个小朋友都有自己的学号，等等。还有些学前儿童发现有些数字是倒着数的。如从电梯上下来、十字路口的红绿灯、微波炉等，这些现象让学前儿童了解了某一事件或现象距离完成还有多长时间。这样，他们就体会到了数字可以顺着数，也可以倒着排。在顺数和倒数的过程中感知了数量的大小关系。

结合学前儿童的生活实际设计教学活动，可充分调动他们学习数学的积极性，同时也让其感受到学习数学的重要性，引导他们主动发现周围生活中与数学相关的事物和现象，从而培养他们对数学的学习兴趣。

（三）可探索性原则

学前儿童数学教育活动的内容应具有可探索性，是指要设置问题情境让学前儿童解决。学前儿童在发现、操作与探索的基础上解决问题。例如，教师要求学前儿童用相同数量、不同大小的扣子排列，排好后，学前儿童提出问题“为什么两队的长度不一样？”通过观察，他们发现原来扣子是有大有小的，大的扣子占的空间大，排的队就长，而小扣子占的地方小，排的队就短些。又如图形接龙游戏，游戏的规则是相接的图形必须具有两个相同点。假如第一个儿童拿出的是大的红色的圆形，按照规则，第二个儿童拿出的图形可以是大的红色的图形（如正方形、三角形、长方形、梯形等），也可以是大的其他颜色（黄色、蓝色、黑色、绿色等）的圆形；还可以是小的红色的圆形。第三个儿童的答案就更多了……学前儿童玩这个游戏，可以选择的答案很多，那么就给学前儿童提供了更多探索和猜想的机会，他们的发展空间也会更大。

（四）系统性原则

学前儿童的数学学习虽具有启蒙性质，但也要注意数学知识的系统性与逻辑性。在教学内容的选择与安排上，应遵循数学知识的逻辑性和学前儿童学习的逻辑顺序，体现先易后难、循序渐进、前后联系的特点。例如，学前儿童学习数的内容，开始学习的重点是感知物体的数量，理解数的实际意义，然后学习数的顺序，数与数之间的大小关系。到了大班，学习数的组成和加减，这样对整体与部分的关系就有了进一步的感知和体验。有了这样的学习过程，学前儿童便能形成初步的数的概念。

在学前儿童数学教育中，教育内容的选择和安排要注意数学知识的系统性，但绝不应将这一教育成人化、书本化、正规化。在学前阶段，学前儿童学习的数学知识应是感性的、经验性的知识。

二、内容及其分析

（一）分类、排序与对应

分类是指把具有相同特点的物体进行分组。学前儿童学习按物体的某一个或多个外部特征进行分类，按物体的特征进行多角度及按物体内在的包含关系进行层次分类。

排序是指根据物体的差异按一定的次序或规则进行排列。学前儿童学习按物体量的差异排序及按物体的某一特征或规律排序。

对应是指在两个集合中，一个集合里的任何一个元素按照确定的对应关系在另一个集合里都有一个或几个元素与之对应。对应中如果集合的每一个元素分别与另一个集合中的每一个不同的元素对应，那么这种对应关系就叫一一对应。学前儿童学习将相关的物体一一匹配，借助一一对应的关系的逻辑方法比较两组物体的数量是否相等。

分类、排序和对应这三种活动可以为学前儿童建构类、序及对应的心理运算结构奠定基础，为学前儿童学习数学概念做准备。皮亚杰指出："三个数学结构（即代数结构、序的结构和拓扑结构）和儿童运算思维的三个结构之间有着非常直接的关系。"类、序和对应这三个方面是数学思维的主要成分。

（二）数、计数与数的运算

学前儿童认识 10 以内的自然数和 0，理解数的实际意义和数与数之间的数差关系，知道没有可以用 0 来表示，认识序数，能用自然数表示物体排列的次序，说出某一物体排在"第几"。

学习 10 以内数的组成和分解，感知和体验一个数和它分出的两个部分数之间的关系，以及部分数之间的互换、互补关系。

计数就是数数，学会手口一致地点数实物并能说出总数，即学前儿童能口说数词、手点实物，使每个数词与一个集合内的每个元素建立一一对应的关系，数的结果会用数词来表示。

认读和书写 10 以内的阿拉伯数字。

数的运算，认识加号、减号、等号，理解加减的意义，学习 10 以内口头加减运算，能运用加减法解决日常生活中的简单问题。

数、计数与数的运算和人们的生活有密切的关系。例如，数可以表示物体的个数和多少：盘子中有 3 个苹果，书包里有 5 本书；数也可以表示整体的多少：1 盒月饼，2 打铅笔；等等。数还可以表示事物的顺序：第一名、第二名；一组队列中，从左往右数，薇薇排在第四位等。在我们周围，到处都存在着数，数与人们的生活密切相关，数的用处很多。

数的运算学习，可以帮助学前儿童较好地了解、认识周围的事物中存在的数量关系，并学习用加减法解决生活中的一些简单问题。

（三）几何图形

能够正确辨认常见的平面图形和立体图形，能说出它们的名称和主要特征；能区分平面图形和立体几何图形。在人们的生活中，各种各样的物体都具有一定的形状。例如，楼房的房身呈方形，花朵呈曲线形，水杯像圆柱体，等等。这些各种各样的形，大都能用数学中的直线和曲线构成。因而，学前儿童学习和认识几何图形，可帮助他们逐步形成空间概念，并有助于他们建立对数的理解和数概念，促进其观察力、想象力和创造力的发展。

（四）量与计量

学前儿童能区别和说出物体量的差异，如大小、长短、高矮、粗细、宽窄、厚薄、轻重等；在比较物体量的差异时，可帮助学前儿童初步理解量的相对性，学习量的守恒，学习自然测量。

量是表示事物所具有的能区别程度异同的性质，就是客观对象的多少、大小、长短、高低、轻重、快慢等的性质差异。量有连续性和不连续性。例如，小班有多少小朋友、铅笔盒中有几支铅笔等是不连续量；长度、温度、面积、速度等是连续量。物体的大小、长短、轻重等连续量都是学前儿童生活中经常接触的，因而学前儿童需要学习。在比较各种量的差异时，学前儿童感知到量的相对性，并帮助他们建立序的概念，使他们对其中的传递关系有所体验。

计量就是把一个暂时未知的量同另一个作为标准的约定的已知量进行比较，这个比较的过程叫作计量。学前儿童常常利用各种自然物学习计量，例如，用小棍、小棒、筷子、纸条、小瓶等作计量单位，测量物体的长度、高低、体积等，这种测量方法叫作自然测量。学前儿童学习计量的意义在于，他们运用已有的数经验进行测量，可体验到把整体分解成部分，以及部分与部分置换的运算关系，并逐步建立测量单位体系的观念，为以后的学习计量做好心理准备。

（五）空间和时间

学前儿童能区别和说出上下、前后、左右等空间方位；能按指定的方向进行运动；能区分早晨、晚上、白天、黑夜、昨天、今天、明天，知道一星期七天的名称及顺序；认识时钟，知道其用途，会看整点与半点。

空间的概念是极为广泛的，包括对大小、形状、方向的认识，也包括对空间的区分。时间是物质运动过程中的持续性和顺序性，时间还意味着两个时刻间的距离，或指某一时刻。时间是一个人们看不见的量。

空间和时间也与学前儿童的日常生活密切相关。例如，学前儿童排队时要对站的方位进行感知，学前儿童对一日生活环节的顺序有所感知，等等。学前儿童对空间和时间的感知与认识，有助于学前儿童空间知觉和时间知觉的发展，也有利于他们生活能力的增强。

三、幼儿园各年龄班数学教育内容

（一）小班

（1）学习按物体的一个特征进行分类。

（2）学习按物体量（大小、长短）的差异进行 4 以内物体的排序，学习按物体的某一特征进行排序。

（3）认识“1”和“许多”及其关系。

（4）学习用一一对应的方法比较两组物体的数量，感知多、少和一样多。

（5）学习手口一致地从左到右点数 5 以内的实物，能说出总数，能按实物范例和指定的数目取出相应数量的物体，学习一些常用的量词。

（6）认识圆形、正方形和三角形。

（7）初步理解早上、晚上、白天、黑夜的含义，学习正确运用这些时间词。

（8）学习区分和说出以自身为中心的上下方位；学习判断两个物体之间明显的上下关系，说出什么在什么上面，什么在什么下面。

（9）在教师的引导下，能注意周围环境中物体的形状和数量。

（二）中班

（1）认识 1～10 以内的数字，理解数字的含义，会用数字表示物体的数量。

（2）学习目测数群，学习不受物体空间排列形式和物体大小等外部因素的干扰，正确判断 10 以内的数量；学习 10 以内的序数；感知和体验 10 以内自然数列中相邻两数的等差关系。

（3）认识长方形、梯形和椭圆形。

（4）学习用各种几何体（积木或积塑）进行拼搭和建造活动。

（5）学习概括物体（或图形）的两个特征；学习按物体的某一特征和数量进行分类。

（6）学习按量（粗细、高矮等）的差异进行 7 以内的正逆排序；学习按一定的规律排列顺序。

（7）观察、比较、判断 10 以内的数量关系，逐步建立等量观念；运用已有的知识经验解决新问题，学习新的知识，促进初步的推理和迁移能力的发展。

（8）初步理解昨天、今天、明天的含义，知道它们之间的关系，学习正确运用这些时间词。

（9）学习区分和说出以自身为中心的前后方位；学习区分和说出物体之间的上下、前后位置关系；学习按指定方向运动。

（10）能注意和发现周围环境中物体量的差异、物体的形状，以及它们在空间的位置等。

（三）大班

（1）学习 10 以内单、双数和相邻数，学习顺着数和倒着数。

（2）学习 10 以内数的分解和组合，体验总数与部分数之间的包含关系，部分数与部分数之间的互补关系和互换关系。

（3）学习 10 以内数的加减，认识加号、减号，初步理解加法减法的含义。学习用加法、减法解答生活中的一些简单问题。

（4）能理解符号“+”“-”“=”所表示的意思。

（5）学习将物体按两个或两个以上特征进行分类；学习按某一特征的肯定与否定进行分类；学习层级分类和多角度分类。

（6）学习按物体量的差异和数量的不同进行 10 以内正、逆排序，初步体验序列之间的传递性、双重性和可逆关系。

（7）认识几种常见的几何形体图形（正方体、长方体、球体、圆柱体），能根据图形特征进行分类。

（8）学习等分实物或图形；学习自然测量。

（9）学习以自身为中心和以客体为中心区分左右；会向左、向右运动。在日常生活中，能注意自己（或物体）在空间的位置和运动方向。

（10）认识时钟，会看整点、半点，学会看日历，知道一星期中每天的名称和顺序。学习一些表示时间的词。在日常生活中，能感受和注意时间的长短和更替，知道要珍惜时间。

（11）认识角、元、2 元、5 元、10 元以内的人民币，能说出它们的单位名称，知道它们的值是不相同的。

四、数学教育方法

学前儿童数学教育活动是教师指导下的有目的、有计划的学前儿童学习数学的活动。这种活动是双向的，既有教师教的方法，也有学前儿童学的方法。下面介绍几种幼儿园常用的数学教育方法。

（一）操作法

操作法是指提供给学前儿童合适的材料、教具、环境，让他们在自己的摆弄与实践中进行探索，获得数学感性经验和逻辑知识的一种方法。运用操作法应注意以下几点。

1. 明确操作目的

运用操作法是根据学前儿童学习数学的特点提出来的。凡是要交给学前儿童的有关数学知识都可以尽可能地转化为可直接操作材料的活动。在运用时，教师必须注意运用此方法的顺序。可以先让学前儿童在动手操作中通过对材料的作用，发现问题，初步体验到某概念的内涵或运算规律，然后让他们用语言表述动作的结果，启发他们形成头脑中的形象，最后再由教师引导学前儿童讨论操作的结果，帮助他们概括出数学语言，使感知到的知识或经验系统化、符号化。操作的意义在于激发学前儿童学习的兴趣以利于思维的发展，所以教师不能仅重视操作的结果而忽视了操作的过程。

2. 创设操作条件

教师应为学前儿童的操作活动创设合适的环境以及提供必要的条件。这些操作条件包括以下几点。① 每个学前儿童人手一份操作材料，材料可以是自然物，也可以是廉价的实物，如瓶盖、扣子、盒子、积木、塑料瓶、纸芯等，还可以是学前儿童自制的一些简单的材料，以便让每个学前儿童都有足够的操作材料。② 给予学前儿童充分的操作空间和时间。为了使操作达到预期的效果，教师必须为学前儿童提供宽敞的场地以及足够学前儿童摆弄物体并思考和探索的时间，只有这样才能充分发挥操作及操作材料在学前儿童学习数学及发展其初步数学概念方面的作用。③ 允许学前儿童在操作过程中与同伴交流。这样做，有利于学前儿童通过思考而不是通过接受来获得对知识的理解，并且有利于他们养成自学、互学的好习惯。

3. 交代操作规则

教师在学前儿童动手操作之前，要先向学前儿童说明操作的目的、要求及具体操作的方法。尤其对小中班的学前儿童，教师要通过适当的讲解，交代具体的要求和方法，然后让他们体验，以保证他们的操作具有一定的方向性。另外，除了说明操作的要求、步骤和方法外，还应注意反映出有关数学概念的属性或运算规律。

4. 评价操作结果

教师要重视对学前儿童操作过程的归纳与小结，以帮助他们形成比较完整的、正确的数学概念。此外，教师还要重视对操作过程的评价，对他们在操作中所表现出来的合理性、新颖性和创造性予以充分肯定，激发他们进一步学习和探索的积极性。

5. 考虑年龄差异

不同年龄班的学前儿童在操作时的表现是不同的，因此在运用操作法时，应根据学前儿童的实际水平和年龄特点有所区别。如小班的学前儿童不仅要人手一份操作材料，而且要充分保证动手操作的时间；而大班可以提供书面一类的操作材料，粘贴、涂色、记录一类的操作可多些，且可以安排小组一份的操作材料，培养学前儿童小组合作的精神。

6. 与其他方法有机结合

操作法在幼儿理解构建数学概念过程中的作用是独特而明显的，但它并不是唯一可行的有效方法，它的优势也要在与其他方法有机结合、相互配合的情况下才能显现出来。因此，强调数学教育中充分发挥操作法作用的同时，也要考虑它与其他多种方法有效的结合（如讨论法等），使每一种数学方法的长处得到充分的体现和发挥，共同促进幼儿数的概念和数思维的发展。

互动平台

如何运用操作法

对于不同年龄的儿童来说，操作法运用的具体程度、具体形式可以各不相同，如小班年龄儿童，思维更具体、形象，动手操作中教师的指导、介入更具体些，同时，还应更多地采用游戏的方法，以游戏的口吻和情节性的内容进行初步数学启蒙，如教师可以对小班孩子说：“我们一起玩吹泡泡游戏吧，比一比，哪个泡泡大，哪个泡泡小。”大班年龄的孩子，其逻辑思维能力已有了初步的发展，同样是操作法，应该以鼓励儿童自己探索、发现并归纳整理为主，教师不需要太多地干涉和指导。同样，竞赛性游戏、讨论等方法也可以更多地为这一年龄阶段儿童的数学学习所采用，如教师可以跟幼儿一起讨论时针和分针的不同，以及动手制作时钟，等等。

（资料来源：黄瑾．幼儿数学教育与活动指导[M]．上海：华东师范大学出版社，2015.）

（二）游戏法

游戏法是根据幼儿好动的天性、具体形象的思维特点，将抽象的数学知识寓于儿童感兴趣的游戏中，让儿童在自由自在、无拘无束的各种游戏活动中学习数学的一种方法。它是学前儿童数学学习中的一种十分重要的途径和方法，它体现了学前儿童学习和身心发展的特点，因此更能调动他们学习的积极性。

学前儿童数学教育中的游戏是一种运用于教学中的有规则的游戏，游戏中有一定的动作和规则，教师可以将要求学前儿童掌握的初步数学知识和技能渗透到规则和动作中，以培养学前儿童观察、比较、综合和抽象等的思维能力，从而使游戏成为学前儿童获得数学知识和发展思维的有效方法。

游戏法有以下几种。

1．操作性数学游戏

这类游戏是指学前儿童通过操作玩具和实物材料，从而获得数学知识的一种游戏，它也有一定的游戏规则。如大班幼儿学习组成时的“球盒”操作游戏、学习加减法的“投塞子”等游戏，都是通过具体的实物操作，通过一定的游戏规则来学习初步的数学知识的。

2．情节性数学游戏

这类游戏具有一定的游戏情节、内容和角色，特别适合年龄小的儿童。其往往通过游戏情节的安排来体现所要学习的数学知识。如为小班儿童学习“1”和“许多”而设计的“猫抓老鼠”游戏。这类游戏一般以一个主题贯穿整个游戏，但教师在设计这类游戏时，应注意情节的安排须有助于幼儿更熟练地掌握数学初步知识，有利于促进儿童观察力、想象力和思维能力的发展。游戏的过程不宜太新奇，规则不宜太复杂，以免分散儿童注意力。

3．竞赛性数学游戏

带着竞赛性质的数学游戏更适合中、大班儿童，不仅能满足儿童的竞赛、好胜心理，还有助于对知识的巩固和培养幼儿法治思维的敏捷性和灵活性。

4．运动型数学游戏

这类游戏是指寓数学概念或知识于体育活动之中的游戏。这类游戏既能满足儿童好动的天性，又渗透了数的初步概念。

5．运用各种感官的数学游戏

这类游戏主要强调通过不同的感官进行数学学习，强调儿童对数、形知识的充分感知。

6. 数学智力游戏

这是一种运用数学知识、以促进儿童智力发展为主的游戏。数学智力游戏极大地调动了儿童思维的积极性，培养其思维的灵活性、敏捷性、独创性以及用综合数学知识解决问题的能力。

（三）比较法

比较法是通过对两个（组）或两个（组）以上物体的比较，让学前儿童找出它们在数、量、形等方面的相同和不同。例如比较两把尺子的长短，在比较之前，学前儿童首先要在比较的对象间建立联系，才能做出判断。

从比较的性质上看，比较可以分为简单的比较和复杂的比较。简单的比较是指对两个（组）物体的数或量所进行的比较；复杂的比较是指以简单为基础，对两个（组）以上的数或量所进行的比较。例如，比较三个苹果的大小，可以先进行两两比较，再帮助学前儿童理解比较结果之间的相对性和传递性的关系。

从比较的排列形式上看，有对应比较和非对应比较两种。对应比较又可分为重叠式比较、并放式比较和连线式比较三种；非对应比较分为单排比较、双排比较和不同排列形式的比较三种。

（四）讨论法

在学前儿童数学教育活动中，讨论法是引导学前儿童有目的、探索性地主动学习数学的一种常用的方法。它是一种多边的活动过程，可以是教师与学前儿童的互动，也可以是学前儿童与学前儿童间的讨论，相互交流与启发有利于促进学前儿童分析与归纳能力的发展。

从讨论的时机上看，有的讨论在操作前进行，目的是了解操作内容、操作材料及操作规则。有的讨论在操作后进行，目的是帮助学前儿童将他们在操作中获得的感性经验予以整理和归纳，从而获得正确的数学概念。还有的讨论是根据操作的进展随机进行的。如在图形分类的操作中，大多数学前儿童是按照颜色和形状的标准分类的，当发现有人按厚薄标准分类时，便可趁机让学前儿童讨论：“大家看，这个小朋友和你们分的有什么不同？”虽然这种讨论不在计划中，但它针对性强，是有目的和有计划教育的一种补充和完善。

从讨论的功能上看，讨论可以分为：辨别性讨论，目的是让学前儿童学会比较和积极思考；修正性讨论，目的是通过讨论，发现操作中的错误，提出修正办法；交流性讨论，目的是通过讨论获得多种答案，注重求异思维；归纳性讨论，目的是帮助学前儿童归纳操作中的体验，使之条理化和概念化。

在具体运用讨论法时，为了达到预期的效果，教师要注意以下几点。

1. 要有讨论的基础

对学前儿童来说，没有一定的知识经验，讨论是无法展开的。因此，讨论往往是伴随着操作活动而展开的，操作体验是讨论的基础。比如要让学前儿童比较哪个物体的数量多，当他们不能得出正确答案时，原因是他们还没具备比较数量多与少的经验。因此我们要安排一些比较多与少的操作活动，让学前儿童有了操作体验后，再进行讨论。

2. 要重视讨论的过程

学前儿童学习数学的目的不在于传授知识，而在于促进思维的发展，因此讨论的过程比结果更重要。在讨论过程中，教师要倾听学前儿童的操作体验，观察分析他们在讨论时的反应，了解他们思维的特点，鼓励他们积极表达自己的看法，引导他们自己得出结论。

3. 注重因人而异，因材施教

每个学前儿童的发展水平和能力是不同的，有些能力较弱的学前儿童往往很少参与讨论，教师应多鼓励他们积极参与，给他们更多的自由讨论的空间和时间，在宽松自由、无拘无束的讨论环境中帮助他们树立信心，大胆说出自己的想法。

（五）发现法

发现法是教师在教学过程中引导学前儿童依靠已有的数学知识和经验去发现、探索并获得初步数学知识的一种方法。它可以充分调动学前儿童学习的积极性和主动性，培养他们数学学习的自主探索精神和独立解决问题的能力。

例如在数的组成的教学活动中，教师说：“妈妈有两个香蕉，要分给琪琪和妹妹吃，想一想，妈妈是怎么分的？”学前儿童通过操作，产生了“把两样东西分成两份，每一份都一样”的经验。教师在此基础上启发他们反复进行分合操作，使学前儿童获得丰富的感性经验，再引导他们得出“2 可以分成 1 和 1，1 和 1 可以合成 2”的结论。学前儿童通过不断的探索和发现，掌握 3 到 10 的组成就比较简单了。另外，我们还可以启发学前儿童发现 10 以内数的组成中的互换规律和递增、递减规律。

发现法适用于各个年龄班，使用时，教师要充分相信学前儿童，让他们发现和探索，鼓励他们克服困难，直到发现解决问题的办法。另外，教师要学会等待和观察，不要急于给他们答案。

相关链接

运用发现法组织教学的基本过程

第一，准备阶段——首先让幼儿明确探索的目标、意义、途径、方法，并做好物质和精神的准备。

第二，初探阶段——根据教师提出的目标和途径，幼儿通过操作或观察，主动概括出原理、概念的定义，探索问题的答案。它是发现过程的主要环节，也是幼儿获得知识的基础。

第三，交流与再探讨阶段——引导幼儿通过谈论再次进行探讨。

第四，总结阶段——把探索中获得的知识、结论加以归纳整理，使知识系统化。

第五，运用阶段——通过一系列口头或书面的联系，使幼儿初步获得知识迁移的能力。

（资料来源：黄瑾．幼儿数学教育与活动指导[M]．上海：华东师范大学出版社，2015.）

（六）讲解演示法

讲解演示法是教师通过语言，运用直观的教具把抽象的数、量、形等知识加以说明和解释，并具体呈现出来的一种教学方法。它是讲解与演示相结合的方法，教师通过语言和直观教具的演示，讲解清楚基本的数学知识，引导学前儿童进行分析与概括。例如，教师边演示贴绒教具小兔子，边讲解“草地上有 3 只小兔，又跑来了 2 只，3 只小兔添上 2 只小兔是几只小兔呢？3 添上 2 是几？”在这一过程中，学前儿童直观地感受到了组合的概念。我们在运用讲解法时，要注意以下几点：

第一，必须突出讲解的重点，语言要简练、准确、形象、通俗。

第二，演示的教具要直观、美观、大而清晰，但不宜使用太新奇的教具以免分散学前儿童的注意力。

第三，讲解演示法可与操作法、发现法等结合使用。

前面介绍了六种教学方法，但是教学方法具有很大的灵活性和创造性，受到教学目标、教学内容和教学对象的制约，即使同一种方法，由于目标、内容和对象的不同在实施时也应有所区别。所以在考虑采用何种教学方法时，应从学前儿童学习数学的思维特点和自身的年龄特点出发，灵活采用多样而生动活泼的方法，从而更好地贯彻以学前儿童为主体、教师为主导的思想，极大地激发学前儿童学习的兴趣。

第三节　学前儿童感知集合概念的教育

典型案例

一个数学家的女儿从幼儿园放学回到家中，父亲问她：“今天学到了什么？”女儿高兴地回答道：“我们今天学了‘集合’。”数学家想：“对于这么一个高度抽象的概念，女儿的年龄太小了。”因此，他关切地问道：“你懂吗？”女儿肯定地回答：“懂，一点也不难。”这样抽象的概念难道会这么容易吗？听了女儿的回答，作为数学家的父亲还是放心不下，又追问：“你们老师是怎么教的？”女儿说：“老师先让班上的男孩子站起来，然后告诉大家这是男孩子的集合，她又让所有的女孩子站起来，说这是女孩子的集合；接下来，又是白人孩子的集合，黑人孩子的集合；等等。最后老师问‘大家都懂了吗？’她得到了肯定的答复。”这样的教学方法似乎也没有什么问题。因此，父亲就以如下的问题做检验：“那么，我们能否以世界上所有的土豆组成一个集合呢？”迟疑了一会，女儿最终回答道：“不行！除非它们都能站起来。”

——郑毓信《数学教育哲学》

讨论：小女孩是否在教师的指导下真正理解了什么是集合？集合这一抽象的数学活动

内容是否可以在学前教育阶段进行？幼儿园数学活动的意义有哪些？学前儿童数学学习的特点有哪些？

（资料来源：李兴娜，王颖．幼儿园科学教育活动设计与指导[M]．长春：东北师范大学出版社，2015.）

集合是现代数学的一个最基本概念，整个数学都可建立在它的基础之上。集合是指具有某种相同属性的事物组成的整体。在日常生活中，学前儿童接触到的集合问题比比皆是。例如，小一班的小朋友、红色的雪花片都可以看作是一个集合。

集合的“相同属性”可以是物体的名称，如杯子、苹果、糖果等；也可以是物体的某一特性，如颜色、形状、大小、功能、用途等。它既是一个集合的标志又是组成一个集合的依据。

集合是学前儿童理解数学的准备和起点，对学前儿童数学概念的形成起着基础概念的作用。因此，集合是学前儿童数学教育的重要内容，应把它贯穿于整个幼儿期数学教育的全过程。

学前儿童集合概念的教育主要内容有：分类的教学、区别“1”和“许多”的教学、比较两类物体的多少的教学。

互动平台

在数学中，把具有某种相同属性的事物的全体称为集合。如在日常生活中，教师或父母请幼儿把同类物品放在一起，如把生梨、苹果、橘子等归在一起，称为水果。把汽车、火车、飞机和轮船称为交通工具的集合。集合的归并是以对象所具有的共同属性为条件的。在心理学中，我们通常把集合看成由不同分析器官感受的同类对象的整体。如听到的铃声，1次、2次、3次，一直到6次，就是“6次铃声”的集合。

（资料来源：黄瑾．幼儿数学教育与活动指导[M]．上海：华东师范大学出版社，2015.）

一、分类教育

分类，就是把具有某一共同属性（特征）的物体归并在一起。

（一）教学意义

1．分类能力是幼儿认识数和学习计数的基础

幼儿在日常生活中，常常接触大小、颜色、形状不同的各种物体，只有先根据某一共同特征把它们区别开来，然后分别进行归类，才可能对它们分别进行计数，从而认识数的实际意义。如，幼儿要回答出有几颗椭圆形的珠子，首先要将椭圆形的珠子从一堆珠子中分离出来，然后才能判断椭圆形珠子的数量。

2．分类是发展幼儿思维的途径之一

幼儿首先只有对物体的特征进行分析、比较，才能找到物体之间的异同点，然后才能对物体进行分类。

因此，分类活动是幼儿园数学教育中的一项重要内容。

（二）教学目标

1. 小班

（1）认数以前，会从一堆物体中，把名称相同的物体拿出来（限于拿出一类物体）。

（2）按物体的一种外部特征（如颜色、大小、长短、形状）分类，每次分成一类或两类，每一类不宜超过 4 个物体。

2. 中班

（1）按物体的一个外部特征（颜色、大小、长短、高矮、粗细、形状）分类，每次分成两类或三类，每类不宜超过 5 个物体。

（2）按物体的数量分类，每次分成两类或三类。

3. 大班

（1）按物体的一个外部特征（颜色、厚薄、宽窄、形状）分类，每次分成两类到四类。

（2）按物体的两个特征（如大小和颜色、大小和形状、颜色和形状等）分类。

（3）按物体的数量分类，每一类不宜超过 10 个物体。

（4）按物体的用途分类，每次不超过三类，每一类不宜超过 3 个物体。

（5）自己确定分类标准自由分类。

（三）教学方法

1. 操作法

操作是幼儿学习分类的最主要、最有效方法之一。分类活动中的操作材料或学具对幼儿来说是十分重要的。对于小年龄的幼儿，应尽可能提供人手一份操作材料。在实施分类活动中，提倡幼儿自身参与的体验和操作活动为先，教师的归纳和提升为后的原则。在材料的选择和提供中，应给幼儿充分的、足够的材料去操作。操作法可以运用在集体教学中，也可以用在非正式的、个别的、小组的、区角活动中。

2. 游戏法

游戏法是幼儿学习分类非常有效的方法之一，尤其对于小年龄幼儿来说，游戏是幼儿最自然、最喜欢的活动。在分类活动中，教师创设游戏情境，幼儿通过角色扮演和问题解决等过程体验和学习分类。

（四）教学建议

物体分类的教学，一般应按照由易到难、由简到繁原则进行，同时，应尽力结合已学的有关数、量、形等方面的知识。

1. 引导幼儿按物体的名称、外部特征、用途、数量等进行分类

教小班幼儿进行分类时，首先要叫他们学会从一堆物体中，找出相同名称的物体。开始教学时，可以给幼儿一些同样颜色、同样大小的物体，让幼儿找出相同名称的物体，以后，逐步教幼儿能排除物体的颜色、大小等干扰，把有相同名称的物体找出来并放在一起。

2. 在一日生活中渗透分类教学

分类与幼儿的日常生活是紧密联系的。分类教育可渗透在日常生活中以及幼儿园一日活动的各环节中。如幼儿每次游戏结束后，都让他们收拾玩具，引导幼儿把玩具按种类分别整理好；午餐时，请幼儿分发杯子、碗、盘、筷等餐具，饭后再让他们根据餐具的不同用途分别将它们归并在一起。这些活动不仅训练了幼儿的分类能力，也培养了幼儿做事的条理性和良好的生活习惯。

3．鼓励幼儿交流分类的结果

在分类操作活动结束后，教师应组织幼儿交流，用语言表述自己的分类结果。在交流环节中，可让幼儿把自己分类的物品展示给大家，并讲解自己是按什么进行分类的，是怎样分的。

教师也可以把每个幼儿的分类结果放在桌子上，组织全体幼儿相互观看，最后对看到的情况进行交流，如请幼儿回答自己是怎么分的，别人是怎么分的，哪些地方不一样，等等。在幼儿交流和表达的基础上，教师要适时帮助幼儿归纳和提升经验。

案例 6-1

送图形宝宝回家（小班）

一、活动目标

（1）通过配对和指认，感知圆形、正方形、三角形的特征，并能正确命名。

（2）在学习过程中，促进幼儿的思维从单一向多维发展。

二、活动准备

（1）场地上画有红、黄、绿三色，圆形、方形、三角形的图形共 9 个。

（2）与以上材料相匹配的胸饰（与幼儿人数相等）。

（3）与以上材料相匹配的图片若干（每人可有 4～5 片）。

三、活动过程

1．图形宝宝找家

（1）每人任选一个挂饰，说一说自己是什么宝宝。（如：方宝宝、圆宝宝、三角宝宝，或红宝宝、绿宝宝、黄宝宝）

（2）观察场地：说一说图形宝宝的家是什么样的、什么颜色或什么形状。

（3）指认自己手中的图形宝宝的家在哪里。

2．送图形宝宝回家

（1）人手一份图片，说一说几个图形宝宝出去玩了，它们是什么样子的。

（2）想一想它们的家在哪里。

（3）送图形宝宝回家。

（4）交流。

① 按一个特征送宝宝回家。例如，红色的方宝宝放到了红色三角圈里，肯定为红宝宝

回到了红色的家；或红色的方宝宝放到了黄色方圈里，肯定为方宝宝找到了方形的家。这些宝宝都回到了自己的小区。

② 按两个特征送宝宝回家。例如，红色方宝宝回到红色方圈里，予以赞扬。这些宝宝都回到了自己的家。

③ 想一想、做一做。怎样才能不仅回到自己的小区，还回到自己的家呢？既要颜色一样还要形状一样。试着送几个按一个特征进圈的图片回到按两个特征匹配的圈里。

3. 图形宝宝听指令

（1）按指令起立。按“妈妈”的指令，对照自己的胸饰起立，例如：红色圆宝宝起立、红色方宝宝起立等，共同检查是否听懂“妈妈”的话。

（2）按指令出发。按指令找出放在圈内对应的图形，例如：红色圆宝宝和家里的红色圆宝宝一起手拉手出发。共同检查：有没有对应的图形宝宝还在家里睡觉，或其他宝宝没接到指令就出门了。

（3）按指令回家。图形宝宝回家吃饭——将图片一一放入颜色与形状均对应的圈里。共同检查：有没有图形宝宝按一个特征放入圈内（到邻居家去吃饭了），并进行调整。

4. 延伸

交换胸饰，反复游戏。

（资料来源：张文军，刘洪玉. 学前儿童科学教育与活动指导[M]. 上海：华东师范大学出版社，2014.）

二、区别“1”和“许多”

“1”是自然数中最小的数，是自然数的基本单位。任何一个自然数都是由若干个1组成的。“许多”是一个笼统的词，它表示集合中有两个以上的元素。认识“1”和“许多”的教学，是在小班进行的教学内容。

（一）教学意义

幼儿很小的时候就已经对物体的数量有所察觉，他们往往用“还要”“要多多的”来表示对量的要求，但他们没有意识到构成“许多”的元素。对幼儿进行“1”和“许多”的教学，让他们把一个又一个的物体放在一起构成“许多”，再把“许多”分成一个一个，在这个过程中准确地感知到元素的个数和“许多”的含义，为幼儿逐一计数和认识10以内的数奠定基础。

（二）教学目标

（1）能区别1个物体和许多个物体，初步理解“1”和“许多”的关系。

（2）能在日常生活中运用“一个”和“许多”这两个词。

（三）教学方法

1. 观察比较法

教师利用实物或教具，引导幼儿边观察（或摆弄）边比较物体是 1 个还是许多个，初步理解“1”和“许多”都可以用来表示物体的数量。教具可以选择同类或不同类的。

2. 分合操作

在幼儿学会区分“1”和“许多”的基础上，教师可以给幼儿提供操作材料，进一步引导幼儿进行分与合的操作活动。

例如，教师和幼儿玩“小白兔拔萝卜”的游戏。教师当“兔妈妈”，幼儿当“小白兔”。首先让幼儿说出地里有许多萝卜，再让幼儿每人拔一个萝卜，同时说出“我拔了一个萝卜”，教师小结：“许多可以分成一个、一个……”再请幼儿把萝卜放进小篮子里，带领幼儿说：“一个、一个……合起来是许多个。”

3. 多种感官感知

教师可以调动幼儿的听觉、视觉、触摸觉、运动觉感知“1”和“许多”，以加深幼儿对“1”和“许多”的认识，促进幼儿感知觉的发展。

例如，教师敲小鼓，让幼儿听听小鼓响了一次还是许多次；让幼儿摸一摸袋子里有一个球还是许多个球；让幼儿拍一次手，再拍许多次手；让幼儿学小兔跳一下或许多下。

4. 寻找法

让幼儿寻找“1 个”和“许多个”物体的活动，不仅可以加深幼儿的认识，还可以初步培养幼儿对周围环境中物体数量的观察力和注意力。

（1）让幼儿在事先准备好的环境中寻找。如桌子上放着 1 支铅笔和许多水彩笔，玩具架上有 1 个娃娃和许多小动物玩具，鱼缸里有 1 条黑色金鱼和许多红色金鱼。让幼儿寻找的对象要对比鲜明、突出，让幼儿容易找到。

（2）引导幼儿在自然环境中寻找。如教室里有 1 位老师和许多小朋友，有 1 扇门和许多窗，有 1 台饮水机和许多水杯。这种形式的寻找比在自然环境中寻找要难些，因为寻找的空间范围广，没有明确目标。因此，教师要对幼儿进行必要的引导和启发。

（3）引导幼儿运用记忆表象寻找。如：让幼儿想想说说，家里有什么东西只有 1 个，什么东西是许多个；公交车上什么东西只有 1 个，什么东西有许多个；等等。这种形式的寻找，需要记忆和表象的参与，对幼儿来说会有一些困难，需要教师启发引导。

进行“1”和“许多”的教学时，教师创设一定的游戏情境能更好地调动幼儿学习的兴趣。

案例 6-2

小班数学教案：认识“1”和“许多”

一、活动目标

（1）引导幼儿尝试运用多种感官认识“1”和“许多”。

（2）认识“1”和“许多”，知道“1”和“许多”的关系。

（3）培养幼儿的观察、分析和口语表达能力。

二、活动准备

创设游戏宫情景（停车场、红灯笼，提供数量是“1”和“许多”的物体），小兔胸饰每人一个，鼓一面。

三、活动过程

1. 谈话引起幼儿兴趣

师：今天天气真好，兔妈妈带着兔宝宝到游戏宫去玩一玩，看一看。我们开着汽车出发吧！

2. 认识“1”和“许多”

（1）发门票。“游戏宫到了，可游戏宫不能随便进去，要有门票才能进去。”师说，“你们有门票吗？”（没有。）“那妈妈有票吗？”（有。）“有多少？”（“许多”，反复说三遍。）

提出要求：“现在妈妈把票发给宝宝，你们要告诉妈妈你拿到了几张票。”票发完后问：“妈妈手中有票吗？有几张？”

小结：许多票可以分成一张一张的票，也就是许多可以分成一个一个。

（2）进游戏宫。提出要求：“进游戏宫时不要拥挤，宝宝们把票交给游戏宫的老师后才能进去。”（待幼儿全进去。）师问：“宝宝们，你们的票呢？”（全都交给游戏宫的老师了。）“有多少呢？”（许多。）

小结：一张一张的票收起来放在一起就变成了许多张票，也就是说一个一个合起来是许多。

① 观察停车场。

师：停车场里有什么？（一辆大汽车，许多辆小汽车。）

② 观察灯笼。

师：你们看，游戏宫上面挂着什么？他们一样大吗？有几个大的？有几个小的？

3. 区别“1”和“许多”

请小朋友找一找，游戏宫里什么东西只有一个，什么东西有许多。

4. 游戏：兔妈妈和小兔子

师：妈妈要看哪只小兔子最能干，看看妈妈跳了几下？再听一听妈妈敲了几下鼓？

现在妈妈要看看哪只小白兔听得清做得对，妈妈敲一下鼓，宝宝就跳一下；妈妈敲许多下，宝宝就要跳许多下。（幼儿反复练习。）接着妈妈说：“你们看，菜地里有多少个萝卜？”（许多个。）问：“现在请宝宝每人拔一个萝卜（强调每人拔一个）。”问：“你们手上有几个萝卜？”（1个。）

师：请兔宝宝把萝卜放进篮子里。（待萝卜全放进篮子后。）篮子里有多少萝卜？（许多个。）

小结：许多萝卜可以分成一个一个的萝卜，一个一个的萝卜放在一起又成了许多许多的萝卜。

四、活动结束

师：今天我们在游戏宫里玩了游戏，还学了本领，知道一个一个合起来就成了许多，许多个可以分成一个一个。宝宝们都很能干，现在我们抬着大萝卜开着汽车回家吧。

（资料来源：张文军，刘洪玉．学前儿童科学教育与活动指导[M]．上海：华东师范大学出版社，2014．）

三、比较两组物体多少的教学

比较两组物体多少：不通过数数的方式，而是借助于一一对应比较来确定两组物体相等与不等。

（一）教学意义

通过一一对应来比较两组物体的相等与不等，有助于对元素及数量的正确感知，为幼儿掌握计数奠定基础。

（二）教学目标

（1）学会用重叠对应和并放对应比较的方法正确判断两组物体哪组多、哪组少或一样多。

（2）掌握“一样多”“不一样多”“多些”“少些”“多一个”“少一个”等词的含义。

（3）发展幼儿初步分析比较的能力。

（三）教学方法

教幼儿比较两组物体多少时，应注意要从易到难，从简单的操作过渡到稍复杂的操作。

1．重叠比较

重叠比较，就是将一组物体摆成一行，再将另一组物体逐个一对一地重叠到前一组物体上面。教学从有情节过渡到无情节的形式，从“一样多”过渡到“多些”“少些”。

2．并放比较

并放比较，就是将一组物体摆成一行，再将另一组物体一个对一个地并排放在这组物体的旁边。教学从有情节过渡到无情节的形式，并放时必须注意教具的距离。

3．连线比较

对两组物体中的物体通过连线的方式一一对应比较。这种方式往往运用在幼儿的个别操作活动中，尤其是书面材料的操作比较多见。

4．选用自己喜欢的方法做比较

教幼儿自己组合两组物体。可以是重叠或并放，可以和不同特征的分类结合进行。

在教学中，只要求比较感知两组物体的数量，不涉及数字的数量比较。教师可以结合幼儿的一日生活活动和游戏活动来设计问题情境。如，进餐前请幼儿分发餐具、食品；教学活动前请幼儿分发材料和工具；等等。

案例 6-3

小班数学活动：比较多少

一、活动目标

（1）引导幼儿用一一对应的方法，找出较多的物体，会比较多少。

（2）培养幼儿初步分析、比较的能力。

二、活动准备

图片 3 张、纸偶 2 个、记号笔、铃铛、凳子。

三、活动过程

1．情景表演，出示小狗、小兔图片，引出课题

老师给小朋友请来了两位新朋友，一个是小狗，一个是小兔。

2．出示礼物，感知物体的多少

今天是小狗和小兔的生日，它们收到了许多礼物。

（1）出示图片 1:“小兔收到了什么礼物？（个别幼儿）萝卜有几个？我们伸出小手数一数？”

“小狗收到了什么礼物？（集体）有几个？请幼儿想办法比较谁的礼物多？”

（2）出示图片 2:“小兔收到了什么礼物？小狗收到了什么礼物？哪个小朋友知道 3 个蘑菇多，还是 4 个苹果多？你是用什么好办法知道的？”

教师引导:“我们是用什么好办法比较多少的？”

（3）出示图片 3:“小兔收到了什么礼物，有几块饼干？小狗收到了什么，有几根骨头？”请幼儿比较，谁的礼物多。“你是用什么好办法知道的？”请幼儿操作，发现了什么。

3．游戏

（1）小兔和小狗要邀请小朋友到它们家来玩抢凳子的游戏，小朋友要听小铃铛的声音，学解放军的样子绕着凳子走，铃声停马上坐下，一张凳子坐一个小朋友，看看谁能抢到小凳子。

（2）师：抢凳子的游戏好玩吗？老师还要带小朋友们去外面玩，一边唱歌一边找朋友，1 个女孩子必须找 1 个男孩子做朋友。看看谁最能干，会找到朋友，找到朋友的小朋友一起和老师去外面做游戏。

（资料来源：张文军，刘洪玉. 学前儿童科学教育与活动指导[M]. 上海：华东师范大学出版社，2014.）

第四节 学前儿童数概念及运算能力的发展与教育

典型案例

一个幼儿园教师介绍："小班孩子40名，已经学会数数，其中有一半孩子已经可以数到40，小部分可以数到20；中班孩子近40名，绝大多数可以数到100，而且学会了10以内数的组成。"研究者对这些孩子进行了实际考察，他们拿着玩具娃娃，一个一个去询问小班孩子："娃娃有几只眼睛？娃娃有几个耳朵？娃娃有几个鼻子？"结果有80%的孩子都不能回答。他们又一次询问了中班孩子："2可以分成几和几？3可以分成几和几？"孩子的回答都是正确的。当拿着两个娃娃问他们："两个娃娃分成两组，可以分成几个和几个？"多数孩子回答："两个娃娃可以分成两个和两个"。拿三个玩具娃娃去问同样的问题，所得到的也是此类的回答。

讨论：为什么幼儿园教师和研究者会形成不同的判断？幼儿数概念形成和发展的标志是什么？

（资料来源：黄瑾．幼儿数学教育与活动指导[M]．上海：华东师范大学出版社，2015．）

一、10以内数的教育

引导幼儿感知事物的数量及其关系，建构初步的数概念，是幼儿数学教育的主要内容之一。幼儿数概念的形成、发展（包括计数能力的发展）是逐步完善的过程，虽然已掌握数序、数的守恒及数的组成等几个方面，但他们还没有总数概念。幼儿数概念的建构既是一个长期且复杂的过程，也是一个连续的发展过程。整个过程可分成若干阶段，各阶段之间既有区别又有联系。

（一）认识10以内基数的教学

数学无处不在，无时不在。婴儿刚出生时并不具有数概念；2岁左右的幼儿一般通过笼统的感知来比较物体数量的多少，随着认知能力的发展，幼儿逐渐抽象出初步的数概念，并能对数与数之间的关系进行逻辑思考。幼儿对数的意义的理解也是从具体到抽象的发展过程。

1．明确概念

基数：用来表示集合中元素个数的自然数，称为基数。如5朵花、7把椅子。

数的形成：指自然数列中，除1以外的任何一个数，都是由它前面的一个数添上1形成的，或者由若干个单位1组成的。如3添上1是4，4里面有4个1。

相邻数：一个数与相邻两个数之间的关系，即三个数之间的关系。自然数中任何一个数（除1外）比前面一个数大1，比后面一个数小1。

2. 教学目标

幼儿计数能力的发展顺序是：口头数数，按物计数，说出总数，按数取物。

（1）小班。3 岁前的幼儿口头数数是带有“顺口溜”似的背诵，这时幼儿还不能理解数的实际意义。

① 会手口一致地点数 5 以内的物体，并能说出总数。初步理解 5 以内数的含义。

② 能按数（5 以内）取物。

（2）中班。

① 能正确地点数 10 以内的物体，并能说出总数。理解 10 以内数的含义。

② 能不受物体的多少、形状和排列形式的影响，正确判断 10 以内物体的数量。

③ 感知和体验 10 以内相邻两数的等差关系。

④ 认读阿拉伯数字 1～10。

（3）大班。

① 会 10 以内的倒数、顺接数和倒接数，熟练地掌握 10 以内数的顺序。

② 学会按数群计数。

③ 感知和体验 10 以内相邻 3 个数之间的等差关系。

④ 书写阿拉伯数字 1～10。

互动平台

实质上，幼儿口头数数时仅仅是口头上的唱数，还没有达到手与实物的对应，而且在有些幼儿身上往往还能发现有手口不一致的现象，即口快手慢或口慢手快。可见，在这个阶段，幼儿仅仅掌握了数的顺序而非数量的概念。但是，这种口头说唱（说）数能力的发展对幼儿学习计数也有一定的积极意义，它能使幼儿获得数词的名称以及自然数顺序方面的知识和经验，而这恰恰是要幼儿正确计数所不可缺少的。此时，教师可以“唱数”游戏形式与幼儿互动，初步建立手口一致意识。

（资料来源：黄瑾．幼儿数学教育与活动指导[M]．上海：华东师范大学出版社，2015.）

3. 教学建议

（1）教幼儿认识 10 以内基数及其实际含义的基本方法。

① 教幼儿学习点数后说出总数。小班教师可采用讲解演示法教幼儿学习点数物体。计数是手段，说出总数并理解数的实际含义才是目的。

② 用比较两个相邻的数结合数的形成的方法认识 10 以内的数。教师将两个同等数量的物体分别摆放成两排，在幼儿通过比较确认它们数量相等后，在其中一排物体上增加一个同样的物体，使幼儿在直观的条件下，看到一个新的数是由原来的数加上 1 形成的，然后让幼儿数一共有几个物体。这一方法突出了在已认识的数的基础上学习新的数的特点，以及相邻两个数的关系，有利于理解数的实际含义。

③ 相邻两个数的比较和转换。在小班学会点数和说出总数的基础上，中班幼儿认识 10 以内数除了用比较两个相邻数的方法之外，还应在比较两个集合的基础上进行两个数之间的转换，使幼儿认识新的数并掌握相邻两个数之间存在多“1”和少“1”的关系。

④ 按范例数量取物和按数取物。幼儿对每个数的实际含义的理解需要通过充分的练习加以巩固。

按范例数量取物和按数取物是巩固对数的实际含义理解的有效复习方法。按范例数量取物是教师给予一定数量的物体做范例，让幼儿拿出同等数量的物体；按数取物是以数做范例（口头说数或出示数字），要求幼儿取出相应数量的物体。一般的学习顺序是：先学会按范例数量取物，再进行按数取物。小班用口头说数，中班认识数字后和大班一样可用数字进行取物。

⑤ 运用各种感官感知数量。主要指运用听觉、触摸觉或运动觉感知数量，以加深对数的实际含义的理解。视幼儿水平，让幼儿将各种感官综合起来感知数量，如听小猫叫几声就拍几下。

（2）学习数守恒的方法。学习数守恒，主要要求幼儿懂得不论是什么物体，不管它们的颜色、大小、形状以及摆放形式有什么不同，它们的数都是一样的。

（3）学习接数和倒数的方法。接数是从 10 以内任何一个数开始顺（或倒）接数至 10（或 1）。倒数是从 10 到 1。在中班用计数和两个集合比较转换的方法认识 10 以内数的过程中，幼儿已经掌握了 10 以内数的顺序。大班的接数和倒数则起着巩固掌握 10 以内数序的作用，并有利于学习相邻数和加减运算。学习接数和倒数，应先学习 10 以内的顺接数，再学倒数，最后进行倒接数。

（4）认识三个相邻数及自然数列的等差关系的方法。相邻数是自然数中任何一个数都比前一个数多 1，比后一个数少 1。小班幼儿和中班幼儿已经懂得两个数的相邻关系，大班幼儿懂得三个数的相邻关系。可以利用比较法、类推法，在游戏和操作中进行练习。

案例 6-4

中班数学活动：买水果

一、活动目标

（1）知道秋天是水果丰收的季节，水果品种多、数量多。

（2）体验并学习不同的数数方法，提高幼儿的数数能力。

（3）在为家人买水果的游戏情境中激发幼儿关爱家人的情感。

二、活动准备

（1）点子卡片、印有家人图像的记录纸。

（2）各种常见水果实物、卡片和贴纸。

三、活动过程

1. 交流

（1）讨论：秋天是一个收获的季节，有许多水果都在这个时候上市了。你们吃过哪些水果？为什么要多吃水果？

（2）小结：你们吃过的水果可真不少，知道的水果品种也不一样。水果有丰富的营养，多吃水果对我们的身体很有好处！

2. 游戏：买水果

（1）了解操作方法。

① 水果有益健康，今天妈妈就要去买水果啦！

② 出示大篮子，观察提示卡：

A. 看看妈妈想买什么水果？要买几个？请你数一数，赶快告诉我们。有的宝宝数得可真快，请来介绍一下，你是怎么数得又快又准的？

小结：有的宝宝是在心里一个一个数的；有的是先看两个点子，然后接着数3、4、5；也有的宝宝用眼睛一看就知道是5个点子。这些办法都很好。

B. 装水果篮：妈妈的提示卡上要我们买5个橘子，所以我就到水果店里买5个橘子装在水果篮里。

③ 提出操作要求：每个宝宝都去拿一个篮子，看清楚妈妈的提示卡，然后用我们刚才介绍的好办法来买水果，装在篮子里。

（2）幼儿操作。

（3）交流验证。

① 和同伴交换篮子互相检查。

② 集体检验。归类整理：请买了苹果（香蕉、生梨、橘子）的宝宝把水果篮拿上来。请动作快的幼儿来介绍数数的方法。

3. 为水果店进货

（1）交代任务。水果店的老板看到小朋友们很能干，也想请你们来帮个忙。秋天的水果品种多，他想去进些新货。可是他不知道哪些水果比较受欢迎，想请你来帮帮他，让他知道哪些水果喜欢吃的人比较多，那么他就可以多进这些品种的水果（出示统计表）。

（2）讨论各自的家人喜欢吃什么水果。水果店的老板想问问，你们的爸爸妈妈、爷爷奶奶都爱吃哪些水果？他们为什么喜欢吃这些水果呢（根据幼儿的回答有选择地归纳，丰富幼儿有关的知识经验：如山楂是降低血压和胆固醇的“小能手”等）？

你们知道家人喜欢吃什么水果，说明你们都很关心自己的家人。那么请每人拿一份家人贴纸，家里人喜欢吃什么水果，就把他的头像贴在他喜欢吃的水果下面。

（3）统计。

① 请你来数一数，看看每样水果有几个人喜欢。并告诉大家你是用什么办法数的。

② 对应摆放数字。

③ 你是从哪里看出哪种水果最受欢迎的？哪些水果也比较受欢迎？

④ 你可帮了水果店老板的大忙啦，这样一来他一看就知道哪些水果要多进一些了！等

到下次水果店的新货来了，我们再来买水果好吗？

（资料来源：张文军，刘洪玉. 学前儿童科学教育与活动指导[M]. 上海：华东师范大学出版社，2014.）

（二）序数教学

序数是表示集合中元素次序的数。认识序数以认识基数为基础，因此，序数教学一般安排在学习基数之后进行，它是中班数学教学内容。

1. 教学目标

（1）理解序数的含义，能用序数词正确表示 10 以内物体排列的顺序。

（2）会从不同方向（左到右、右到左、上到下、下到上等）确定物体的排列顺序。

2. 教学方法

（1）讲解演示。教师边演示教具边讲解，帮助幼儿理解序数的含义。如教师出示 5 个玩具动物，可以先让幼儿说说它们的名字，数数一共有几只小动物。然后，给小动物排排队，一边挪动小动物一边说："我从左边开始，请小兔子排在第一个，小狗排在第二个……小鸡排在第五个。"然后，老师反复提问："××排在第几个？"或"第×个是谁？"让幼儿回答，以理解序数的含义。

（2）游戏操作。让幼儿在游戏和操作活动中判断物体的顺序，也是一种有效的教学手段。如，教师组织幼儿玩"小动物坐火车"的游戏，发给每个幼儿 10 张小动物卡片，一张火车卡片（10 节车厢），一套 1～10 数字卡片。先让幼儿数一数，有多少节车厢，并给车厢编号，再让幼儿根据教师的语言指示，帮助××上第×节车厢。通过反复练习，加深幼儿对序数的认识。

（3）结合其他各领域教学并在日常生活中进行学习。其他各领域教学和日常生活教学是向幼儿渗透序数教育的重要途径。在一些儿童文学作品中，也涉及序数的内容。如，故事《小动物做客》，小狗第一个来，小猫第二个来，大象第三个来……幼儿只有在理解序数含义的基础上，才能明白故事的情节。在日常生活情境中随时随地渗透序数概念有助于培养幼儿解决问题的能力。如：利用散步时间带领幼儿到居民小区走走看看；按某一地址找第几栋楼在哪里；在早操排队的时候，说说自己排在第几个；等等。

（4）基数与序数相联系的活动。幼儿在认识序数时往往容易与基数互相混淆，教师可引导幼儿用计数的方法来认识序数，将基数和序数区分开来。如，请幼儿给方格涂颜色，第一行（从左开始）中第一个方格涂红色，第二行第二、第三个方格涂黄色……以此类推。再如，在操作活动中，请幼儿拿出 3 只小白兔，再请幼儿拿出第三只小白兔。

3. 教学中应注意的问题

（1）教具排列多样性。

（2）用一定标记显示序数位置有利于幼儿区别和记住物体的位置。

① 用同类不同的物。

② 同类物以颜色或形状的不同显示序数的位置。

③ 用数字显示序数位置。

④ 用格子、线条等显示序数位置。

（3）让幼儿明确从哪里数，按什么方向数。

案例 6-5

中班数学活动：认识序数

一、活动目标

（1）初步感知理解序数，知道数字还可以表示物体的位置。

（2）愿意在理解的基础上大胆、清楚地进行讲述。

二、活动准备

（1）一幢 7 层楼的房子。

（2）1～7 的数字卡。

（3）7 个动物（大象、鸭子、小狗、小猫、老鼠、公鸡、兔子）。

三、活动过程

1. 复习 7 以内的数

熊猫老师开始上课了，看看它有哪些学生？共有几个学生？我们一起数一数。（数字 7）

2. 引导幼儿帮助动物排队，初步感知理解序数的意义

熊猫老师要带它的动物朋友出去做游戏了，它要求小动物排着一支整齐的队伍出去，我们来帮助它们排队好吗？（出示小红旗）排队有个要求，要从红旗这里排，从左往右一个一个排在红线上。

（1）你们真棒，很快就帮小动物们排好了队。

（2）排在第一个的是谁？谁排在第三个？大象排在第几个？

3. 给动物找序号，理解数字还可以表示动物的位置

（1）为了让熊猫老师能一看就知道谁排在第几，你们能帮它想个好办法吗？

（2）老师这里有一些数字牌，分别是几？数字 1 发给谁，为什么？那数字 2 呢？大象那应该放数字几呢？大象排在第几个？

（3）现在有了这些数字牌，熊猫老师一眼就能看出谁排在第几，我们一起来说一说。

（4）小结：原来这个数字不仅可以表示有几个动物，还可以表示小动物排的位置呢。

4. 引导幼儿帮动物找房子，从纵向来学习序数

（1）小动物们要回家了，这里有一幢房子，小动物们就住在这里，我们来帮助小动物，把它们送回家。

（2）由于大象身体比较笨重，所以它住在第一层，谁来把大象送回家。小狗住在第二层；住在第七层的是小老鼠……

（3）小结：原来数楼层的时候，我们是从下往上数的，数字还可以表示楼层呢!

5．玩排队游戏，巩固对序数的理解

（1）请8个幼儿排成一排，先想一想从左往右自己排在第几个，然后根据老师的口令做相应的动作。如请第七个幼儿拍两下头。

（2）相同的队伍，从右往左玩排队游戏。

（3）小结：原来排队的方向不同了，你们排的位置也就不同了，原来熙熙排在第五个，现在方向换了，她的位置就不同了，现在排在第四个了。

6．帮熊猫老师贴上车厢的数字

（1）第二天，熊猫老师要带动物学生坐上小火车去秋游了，为了让熊猫老师能一眼看出小动物分别坐在第几节车厢，请你帮助熊猫老师把数字贴在相应的车厢上，并说一说××动物坐在第几节车厢。

（2）幼儿操作。

（3）请你去给客人老师看一看，你做对了没有，并告诉客人老师，小动物分别住在第几节车厢。

（资料来源：张文军，刘洪玉．学前儿童科学教育与活动指导[M]．上海：华东师范大学出版社，2014.）

（三）10以内数的认读和书写的教学

1．教学目标

（1）中班。认读1～10的阿拉伯数字，理解含义，能用数字正确表示10以内的物体数量。

（2）大班。正确书写1～10，掌握正确的笔顺，字迹工整，格式规范，书写姿势和握笔姿势正确。

2．教学方法

（1）教认读的方法。

① 结合数数，利用多种教具，出示数字符号进行讲解。

② 通过形象的比喻让幼儿记住字形。

③ 帮助幼儿比较和区分字形。

④ 让幼儿跟读，念准字音。

⑤ 通过多种形式练习巩固。

a．游戏。

b．利用日常生活引导幼儿熟悉数字符号。

（2）教书写的方法。

① 写字前对幼儿进行写字常规及写字姿势的教育。

② 教幼儿学习写数字的步骤。

a．示范讲解。教师示范讲解体现在所写数字的字形特点与结构上。

b．教师带领幼儿进行书写练习。

互动平台

数 字 儿 歌

1像铅笔直又直
2像小鸭水上漂
3像耳朵听声音
4像小旗迎风飘
5像秤钩来买菜
6像哨子嘟嘟吹
7像镰刀割青草
8像麻花拧一遭
9像勺子盛稀饭
10像油条加鸡蛋
一只小蜜蜂呀，飞到花丛中呀，飞呀，飞呀。
二只小耗子呀，跑到粮仓里呀，吃呀，吃呀。
三只小花猫呀，去抓小耗子呀，追呀，追呀。
四只小花狗呀，去找小花猫呀，玩呀，玩呀。
五只小山羊呀，爬到山坡上呀，爬呀，爬呀。
六只小鸭子呀，跳到水里面呀，游呀，游呀。
七只小百灵呀，站在树枝上呀，唱呀，唱呀。
八只小孔雀呀，穿上花衣裳呀，美呀，美呀。
九只小白兔呀，竖起长耳朵呀，蹦呀，蹦呀。
十个小朋友呀，一起手拉手呀，笑呀，乐呀。

（四）数的组成教学

数的组成包括分解与组合两个过程，又称数的分合，它是指一个数（总数）可以分成几个部分数，几个部分数又可以合成一个数（总数）。

幼儿学习数的组成只是学习将一个数分成两个部分数，再将两个部分数合起来组成原来这个数，从而理解总数与部分数之间的分合关系。“10以内数的组成”教学一般安排在大班进行。

1. 教学意义

数的组成学习，有助于幼儿对整体与部分、部分与部分之间关系的感知与理解，为理解加减运算奠定基础，从而促进幼儿思维能力的发展。

2. 教学目标

（1）理解数的组成的含义，知道2以上各数都可以分成两个数，两个数合起来就是原来的数。

（2）知道一个数比它分成的两个数都大，分成的两个数都比原来的数小。

（3）懂得分成的两个数之间的互换和互补关系，掌握 10 以内各数的全部组成形式。

3．教学方法

幼儿学习数的组成，既要学分又要学合，先学分再学合。

（1）在幼儿操作的基础上教师讲解演示。学习数的组成最好的方法是让幼儿操作，通过自身的体验去发现数的分合规律，进而掌握 10 以内各数的组成。教师给幼儿提供操作学具，引导幼儿进行分合活动，让幼儿将分好的结果先用实物，然后用点子卡片，最后用数字记录下来。在此基础上，教师进行归纳总结。

（2）教幼儿操作，自己学习数的组成。在操作活动中，教师可以给幼儿提供多种多样的材料进行分合活动，如珠子、雪花片、方格、玩具等，幼儿经过多次练习、操作、探索，总结学习的过程，大部分已能初步掌握数的组成规律。

（3）运用组成规律学习新的组成知识。在幼儿学习 5 以内数的组成经验的基础上，从学习 6 的分合开始，教师应引导幼儿进入一个新的规律性学习之中。教师帮助幼儿归纳先前分合学习的经验，解决下列问题：每个数的分合顺序是怎样的？每个数的分合方法各有几种，和它自身比有什么规律？2，3，4，5 四个数分合方法的递增规律是什么？

（4）启发幼儿探索互换和互补规律。在幼儿学习了较小数的组成，基本掌握了数的分合关系后，教师应当结合讲解，帮助幼儿归纳数的组成蕴含的互换和互补关系。

（5）利用各种游戏活动掌握数的组成知识。如口头练习，找朋友、找位置或对数游戏，操作游戏等。

案例 6-6

7 的组成

一、活动目标

（1）在操作中体验数的组成乐趣，有较好的操作习惯。

（2）能用自己的方式记录操作结果，并较清楚地用语言表达出来。

（3）引导幼儿感知两个部分数递增、递减的互补规律。

二、活动准备

（1）雪花片若干、幼儿每人两个小盘子、笔、记录纸。

（2）教具图片鱼 7 条、棋子 7 颗。

三、活动过程

1．复习 2～6 的组成

问答游戏：（师）小朋友，我问你，2 可以分成 1 和几？（幼）2 可以分成 1 和 10。（师）我拍 1。（幼）我拍 1。边数边拍。同样的方法可用于 3、4、5、6 的组成。

2．幼儿操作雪花片，初步感知 7 的分解

（1）提出操作要求：将这些雪花片分成两份，请帮忙试一试，看看有几种不同的分法。

（2）幼儿自由讲述自己的记录结果。

3．集体讨论，领会 7 的分解规则

（1）老师用教具展示幼儿的操作结果并整理，启发幼儿观察并说出自己的发现。

（2）引导幼儿发现两个部分递增、递减的互补规律。

（3）带幼儿一起读一读分解式，帮助幼儿巩固 7 的分解式。

4．互动游戏，巩固 7 的组成

猜棋游戏：教师手里拿 7 颗棋子，然后两手分别拿几颗棋子，摊开一只手让幼儿看棋子数，请幼儿猜另外一只手有几颗。

问答游戏：小朋友，我问你，7 可以分成 2 和几？7 可以分成 1 和几？3 和 4 合起来是几……

（资料来源：张文军，刘洪玉. 学前儿童科学教育与活动指导[M]. 上海：华东师范大学出版社，2014.）

二、10 以内加减运算概念的发展与教育

（一）学前儿童加减运算能力发展的一般过程

幼儿加减运算能力的发展，总的来说是从具体到抽象的，反映了幼儿思维抽象性逐渐发展的过程。幼儿加减运算能力发展的一般过程，主要表现在以下两方面。

1．动作水平的加减→表象水平的加减→概念水平的加减

动作水平的加减是指幼儿要以实物等直观材料为工具，借助于合并、分开等动作进行加减运算。例如，幼儿用移动实物、逐一点数的方法寻求得数，或者伸出自己的手指进行逐一点数寻求得数。

表象水平的加减是指幼儿可不借助直观的实物和动作，而是依靠头脑中呈现的物体表象进行加减运算。例如，问："妈妈昨天给你买了 2 支铅笔，今天又给你买了 1 支，妈妈一共给你买了几支铅笔？"幼儿听后马上回答："一共买了 3 支铅笔。"幼儿能够凭借对生活经验的回忆和表象进行相应的运算。运用表象进行加减是幼儿加减学习的主要手段。

概念水平的加减，也称作数群概念水平的加减，是指幼儿无须依靠实物的直观作用或以表象为依托，直接运用抽象的数概念进行加减运算。如口述或呈现加法算式题"4+1=？"这里没有动作、图片形象和表象可以凭借，幼儿只依据抽象的数字进行加减运算。概念水平的加减是最高水平的加减运算。

2．逐一加减→按数群加减

从逐一加减到按数群加减，反映了幼儿在加减运算中思维抽象性逐步提高。逐一加减是指用计数方法进行加减运算。如学习加法时，将两组物体合并在一起，再逐一计数算出得数，或者是以第一个加数的值为起点，再接着计数第二个加数的物体，直到数完为止。

学减法时先将要减去的物体拿走，再逐一计数剩下的物体以算出得数，或是从总数中逐一倒着数，数到要减去的数量为止。

按数群加减是指幼儿能够把数作为一个整体，从抽象的数群出发进行数群间的加减运算。这是以幼儿掌握了数的组成与分解为基础的，当幼儿掌握了 10 以内数的组成后才能逐步达到按数群加减的水平。

（二）学前儿童加减运算能力发展的年龄特点

1．3～4 岁

3 岁半以前的幼儿面对实物，不知道用它来帮助进行加减运算。他们要依靠成人将实物分开、合拢给他看，才能说出一共有几个或还剩下几个。他们不理解加减的含义，不认识加减运算的符号，数的运算对这个年龄段的幼儿来说是很困难的。

2．4～5 岁

4 岁幼儿一般会自己运用实物进行加减运算，但在进行运算时，需要将表示加数和被加数的两堆实物合并，再逐一点数后说出总数（即得数）。在进行减法运算时，也一定要把减掉的实物部分拿掉，再逐个数剩下的物体个数，得到剩余数。这时幼儿完全依靠动作思维，在最低的思维水平上学习数的运算。幼儿凭借生活经验和应用题中熟悉的情境来引起积极的表象活动，使问题得到正确解答，这虽然不是真正意义上的加减运算，但可以看出口述应用题在幼儿学习加减运算中的作用。

3．5～6 岁

5 岁以后，幼儿学习了顺接数和倒着数，他们能够将顺接数和倒着数的经验运用到加减运算中。此时，多数幼儿可以不用摆弄实物，而是用眼睛注视物体，心中默默地进行逐一加减运算。5 岁半以后，随着幼儿数群概念的发展，特别是在学习了数的组成以后，他们在教师的引导下，开始运用数的组成知识学习加减运算。例如，有的大班幼儿在遇到困难时，还会伸出手指进行逐一点数。对这一情况，教师不要硬性禁止，应引导幼儿用顺接数、倒着数的方法进行加减运算，再逐步引导他们学习用组成知识进行加减运算。

（三）幼儿学习加减运算的特点

1．学习加法比减法容易

加法不是增加，而是合并，并且是一种可逆的运算。减法作为加法的逆运算，它应该需要和加法同样的逻辑基础，也就是说，加法和减法应该能同时掌握，但实际情况却是幼儿学习加法比学习减法容易。这可能是因为：幼儿受生活经验的影响，在生活中接触加法先于减法，如计数就是从小到大；受运算方法的影响，在进行加法运算时，幼儿可运用顺接数的方法来解决，而进行减法运算时，要运用倒着数的方法才能解决，幼儿运用倒着数的方法要困难一些；更主要的是，加法是把两个数群合并为一个新数群，在被加数和加数之间无须进行比较，仅在判断“和”的正确性时才涉及三个数群的关系；而减法在一开始就需要对被减数与减数两个数群进行比较，然后又涉及被减数、减数与差三个数群的关系。可见，减法中数群的比较和关系比加法复杂。在解决问题时，很多幼儿常是做减法想加法。

2. 幼儿学习加小数、减小数的运算容易，学习加大数、减大数的运算困难

幼儿在学习加法时，大数加小数容易掌握，而小数加大数则感到困难。在学习减法时，减小数容易掌握，减大数较难掌握，出现错误较多。这可能与幼儿已有的数概念经验有关。幼儿在认识基数和序数时，对相邻数的数差关系、相邻数之间的数差关系、10 以内的数序已有认识，以及顺接数、倒着数的学习，等等，这些经验都可以帮助幼儿解决加小数、减小数的问题。

3. 幼儿理解和掌握应用题比算式题容易

应用题是用文字或语言叙述生产或生活实际中一些已知数量和未知数量的关系，而要求得未知数量的题目。幼儿借助头脑中的表象，可以较好地理解应用题中的数量关系，从而正确地解决应用题中提出的问题。加减算式题是以数字和符号组成的，它既无实物的直观，又无表象作为思考的依托，幼儿在理解和解答上都会有一定的困难。

（四）教学目标

（1）初步理解加法和减法的含义，以及加减法中三个数之间的关系，掌握加减法中加号、减号和等号所表示的内容及运用。

（2）初步掌握 10 以内的加减运算方法。

（3）学会解答口头应用题，能正确、迅速地进行口算。

（4）能理解应用题的结构，学会自编自答口头应用题。

（五）教学建议

10 以内数的加减运算是中大班年龄段幼儿的教学内容之一，这部分的活动设计与组织主要在于帮助幼儿理解加减法的含义，解决日常生活以及游戏中遇到的实际问题。在解决问题的过程中，帮助幼儿理解加减互逆关系和加减交换关系，发展幼儿的可逆性思维。

1. 理解加减法的含义

幼儿阶段学习的 10 以内加法主要是指把两个数合并成一个数的“求和”运算，10 以内减法则仅指已知两个数的和与其中一个加数，求另一个加数的运算。帮助幼儿理解加减法的含义是整个加减学习阶段的主要任务，可以通过实物加减教育活动来帮助幼儿理解加减法的含义，在中班年龄段开展。

（1）通过生活中的实例来体验加减法的含义。我们可以引导幼儿融入生活、游戏、劳动等活动中，创设产生加减运算的问题情境，激发幼儿学习的内在需要，使幼儿在“意义学习”的氛围中掌握解决问题的方法。教师可以借助看教具演示或实物操作的动作引导幼儿理解加减含义。

（2）迁移数的组成知识经验来理解加减法含义。幼儿学习的加减是另一种形式的数分合运算，但幼儿现阶段的思维发展还不能将数分合与数加减的关系对应联系起来。要加强这样的联系，只要把幼儿前面玩过的“走棋”“接龙”游戏规则稍加改变就可以。例如，玩“走棋”时，让幼儿改为按两个骰子掷出的总数走；玩“接龙”游戏时，规定相接的两个数加起来必须是预先商定的数。

帮助幼儿理解题意，算出得数后，教师可以问："你是怎么算出来的？"幼儿往往是用数数的方法数出来的。教师应肯定幼儿算得对，但可以运用数的组成知识加以引导。如："2 只小鸟和 1 只小鸟合起来是几只（3 只），2 和 1 合起来就是 3，所以一共有 3 只小鸟。""3 可以分成 1 和 2，去掉 1 还剩 2，所以还剩 2 个苹果。"

在帮助幼儿理解加减法含义的教学过程中，一般都不需要出现加号、减号、等号这些符号，即使口头也不需要讲解符号的含义，更不用列算式。

2．学习列加减算式

幼儿初步掌握了实物口头加减运算后，就可以引入加减符号列式运算。列式运算是幼儿运算能力和水平的重要标志，也是幼儿思维抽象性水平不断提升的表现。因此，掌握 10 以内的列式运算是大班年龄阶段的主要教学内容。

符号的认识是列式运算教学中的一个重点。一般来说，教师可以结合应用题或编题的过程，向幼儿介绍符号的名称、意义、读法及其在算式中的位置。教师也可以通过提出如何把运算过程用简单的符号记录下来的问题，借此引入加号、减号、等号的表示方法，教幼儿用算式将活动的过程和结果记录下来。

幼儿初学加减列式时，不要让他们脱离现实情境，要帮助他们通过自身的活动来理解算式中每个数学符号的意义，否则幼儿学会的仅仅是一种列式的技巧，而不是我们期望的对数学运算的理解。

3．学习编应用题

引导幼儿学习自编应用题，有助于发展幼儿对生活中简单数量关系的理解。幼儿学习编应用题的重点是引导他们掌握应用题的结构，难点是如何根据两个条件提出一个问题。设计和组织这类活动可以按下列步骤进行。

（1）教师可利用有数量关系变化的三幅图引导幼儿理解题意，可向幼儿指出三幅图讲的是同一件事，然后通过提问"有谁？在干什么？是怎么干的？"引导幼儿给每幅图小结成一句话（即说出题意）。例如，"东东擦了 3 张桌子，东东又擦了 2 张桌子，东东两次一共擦了 5 张桌子。"教师可以让幼儿反复套用这一句式来说说自己或同伴在生活、游戏、劳动等生活中的事情，以此让幼儿了解应用题的基本结构。

（2）教师示范如何提出问题，引导幼儿比较疑问句和陈述句的区别。例如，引导幼儿听下面两句话的区别："东东一共擦了几张桌子？""东东一共擦了 5 张桌子。"使幼儿明白疑问句中没有问题的答案，然后让幼儿模仿提问。教师还可以说出题目的两个条件，请幼儿尝试提出一个问题，将应用题补充完整。

（3）教师让幼儿自己看图编题或自由编题。让幼儿两人一组，一人出题另一人答题，最后两人一起写出所编题目的算式。

组织幼儿编题的素材可直接选用幼儿身边发生的事。例如，带领幼儿逛超市，让幼儿实际参与购物活动，并计算一下自己的花费，这样幼儿会真切地感受到加减运算与我们生活的关系和它的作用，从而提高学习的积极性和兴趣。

案例 6-7

挂 灯 笼

一、活动目标

（1）认读加法算式题，初步理解算式中“+”“=”和三个数字的实际意义。

（2）比较、分辨灯笼的特征，学习将灯笼与算式题配对，体验加法算式题在生活中的运用。

二、活动准备

幼儿剪纸灯笼、5 以内加法算式题。

三、活动过程

1. 谈话

在中国的许多节日里，大家都喜欢挂灯笼，红红火火，特别热闹。我们小朋友也剪了许多不一样的红灯笼，把它们串成一串。今天，我们让这些灯笼和算式题做朋友。

2. 认读加法题

（1）认读加法题：1+4=5，4+1=5，2+3=5，3+2=5。

这些算式题上有什么？由数字、符号排列出来的叫算式题。

认读数字：每个数字和符号都有名字。让幼儿认读算式题中的数字。

符号“+”名字叫“加号”，“=”名字叫“等号”。在算式题中“+”读“加上”，“=”读“等于”。

认读每一道算式题：1 加上 4 等于 5；1、4、5 各表示什么意思？

（2）共同选择一串灯笼，请幼儿找一道算式题，说说算式题的意思。例如“一盏红灯笼加上 4 盏绿灯笼，等于 5 盏灯笼”“4 盏小灯笼加上 1 盏大灯笼等于五盏灯笼”等。

3. 看灯笼找算式题

（1）我们剪了许多灯笼，每一串是几盏灯笼？找找它们有什么不一样？

（2）能不能用这些加法算式题和灯笼做朋友？

（3）幼儿操作：观察各串灯笼，分辨它们不同的特征。寻找可以匹配的算式题，对应地挂在一串串灯笼下面，说说自己所表示的意思。

4. 认读交流

（1）认读每一串灯笼下面的算式题。

（2）找一找一串灯笼下不同的算式题，说说它们不同的意思。

（3）找一找两串灯笼下相同的算式题，说说它们不同的意思。

（4）寻找不同灯笼下挂着的相同算式题，体会相同算式题可以表示不同的意思。

例如：

3+2=5 既可表示 3 盏大灯笼加上 2 盏小灯笼，也可表示 3 盏圆灯笼加上 2 盏方灯笼，等等。

四、延伸

生活中的算式题

思考：3+2=5 还可以表示我们生活中的哪些事情？

算式题的用处很大，能帮我们许多忙，我们平时可以用它做什么事呢？

（资料来源：徐苗郎．幼儿园数学教学手册[M]．上海：华东师范大学出版社，2012.）

第五节　学前儿童感知几何形体概念的教育

在大班建构区，我们经常可见孩子们用积木搭建各种各样的造型，有时候花上十几分钟、半小时，甚至更长的时间，或者用积塑片插出各式各样的飞机、枪、人物等。孩子们在一块块、一片片的搭建过程中，巩固了已有的空间概念，如上面、下面、里面、外面……在动手操作中感受一块块或一片片（部分）与搭建好的物体（整体）之间的关系。或许在小班的时候，孩子们还对画出直线不太熟练，但到了中班，已能认识一些简单的几何形体了。这些体现了学前儿童在几何形体上的发展。

几何形体是对客观物体形状的抽象和概括性的反映，具有普遍性和典型性。初步认识一些常见的几何形体是学前儿童数学教育的重要内容之一，它不仅可以帮助学前儿童辨别和区分日常生活中实物的形状，发展其初步的空间知觉能力和空间想象能力，还有利于学前儿童理解和掌握数概念，促进其抽象逻辑性思维的发展。

一、几何形体的基本知识

在物体各种各样的特性中，如果我们只研究一个物体的形状和大小，而不管它的其他特征，那么这样的物体叫作几何形体。学前期的几何形体的认识包括平面图形和立体图形两个部分。平面图形包括圆形、正方形、三角形、长方形、椭圆形和梯形；立体图形包括球体、圆柱体、长方体和正方体。

二、学前儿童感知几何形体概念的发展特点

（一）学前儿童感知几何形体的过程

1．从拓扑图形到欧式图形

学前儿童感知形体建立在日常生活的基础上，借助具体的形象，常见熟悉的形体，他

们逐渐开始掌握物体几何形体的概念。如十个月的婴儿对家人的声音和脸庞很熟悉，一旦哭闹，只有妈妈出现时，他才会停止哭泣，这说明他能很好地辨别妈妈的面孔。他们还对自己的奶瓶、手指、玩具等非常熟悉，所以学前儿童感知几何形体以及形成几何形体的概念是从感知熟悉的物体开始的。

不过学前儿童最初对几何形体的感知是属于拓扑性质的，这就解释了为什么小班的幼儿画出的正方形和三角形的直线是弯曲的。慢慢地，学前儿童认识几何形体会向欧氏图形过渡。当然，他们在感知几何形体的时候，仍然要借助日常熟悉的物体，如皮球、手帕、水杯、饼干、毛巾、门、窗户等。他们一般遵循从整体到细节的认知特点，先区分直线与曲线图形（如正方形和圆形），再区分直线图形和曲线图形。因此，学前儿童感知平面图形的顺序是：圆形—正方形—三角形—长方形—半圆形—椭圆形—梯形；感知立体图形的顺序是：球体—正方体—长方体—圆柱体。

2. 从局部感知到整体感知

心理学的研究表明，学前儿童对几何形体的感知不是仅仅靠视觉来完成的，而是通过视觉和触摸觉的联合感觉，并借助语言表达来实现的。多种感觉器官的协同工作能促使学前儿童对几何形体有更准确的感知。

3 岁左右的学前儿童手的动作只是抓握物体，4 岁左右的学前儿童能用手掌或手指的前部触摸物体的表面，而 5～6 岁的学前儿童不单会用指尖触摸物体的大致轮廓，还会用手反复地触摸。这也说明了学前儿童的手与眼都参与了感知物体形状的过程中，并且经历着由局部到整体，由粗略到精细的发展过程。

3. 随着年龄增长，感知几何形体的抽象能力增强

当一个三角形中规中矩地出现在学前儿童面前时，他们都能辨认。但是当这个三角形的摆放位置和摆放方式发生变化时，有的学前儿童就不能很好地辨认了，这说明他们对辨认三角形的抽象能力较差。我国曾有人对学前儿童的形状辨认能力做过调查，发现学前阶段各年龄班儿童在对形状的辨认任务中最好的成绩是配对任务（即找出与范例图形一样的图形），其次是指认任务（即按主试说出的图形名称，找出相应的图形），最差的是命名任务（出示图形，请学前儿童说出图形的名称）。可见，学前儿童对于借助抽象的语词来称呼相应的图形存在一定的困难。但随着儿童年龄的增长，感知几何形体的抽象能力也会逐步发展和提高。如，对于一些组合图形，随着年龄的增长，学前儿童对组合图形的形状及数量的判断的正确性越来越高。

（二）学前儿童感知几何形体的年龄特点

1. 小班（3～4 岁）

小班的幼儿一般能正确地感知圆形、正方形、三角形，并且对椭圆形、长方形、半圆形等其他平面图形具有一定的配对能力；能根据成人提供的范例找出与之相同的图形。但是，这一阶段的学前儿童还不能确切地按照形状的特征来进行辨认，往往会把形体与自己日常生活中所熟悉的实际物体相对应，所以他们将圆形说成“球球”或“太阳”，将正方形说成“手帕”，等等。

2．中班（4～5岁）

中班的幼儿能正确感知圆形、正方形、三角形，以及长方形、椭圆形、半圆形和梯形，并且能逐渐理解平面图形的基本特征，如圆形是圆的、三角形有三条边、三个角等。其次，中班幼儿掌握了图形守恒的原则，当图形的大小，摆放位置变化时，也能正确地辨认图形。另外，他们对平面图形的组合拼搭活动表现出了较高的积极性和一定的创造性。

3．大班（5～6岁）

大班的幼儿基本上已经能理解图形的典型特征，并在头脑中形成该图形的“标准表象”，同时能进一步理解图形之间的组合关系。

另外，有些学前儿童还能感知一些简单的立体图形，并正确说出它们的名称和基本的特征。

三、学前儿童感知几何形体概念的教育

（一）学前儿童感知平面图形的教育

1．调动各种感觉器官感知图形

学前儿童对图形的认识，实际上是对图形的知觉。对图形知觉的过程包括调动各种感觉器官（最常见的是视觉、触摸觉等）去感知图形的外部特征以及正确说出该图形的名称的过程。因此，在教学中一定要让学前儿童看一看，摸一摸，感受一下实际物体，然后再抽象出平面图形，并用正确的词语表述。

（1）观察物体的外形，引导学前儿童触摸，感知实物的轮廓。教师在指导学前儿童认识平面图形前，建议选择学前儿童常见的、熟悉的，并且接近平面图形的物体，让他们观察、触摸，引导他们注意物体的轮廓。例如，认识圆形时用小的圆镜，认识正方形时用手帕，认识三角形时用红领巾，等等；还要引导学前儿童用手摸一摸这些物体的边缘，让儿童感知它们的轮廓，并问学前儿童：“这是什么形状的？”

（2）出示与物体的轮廓相似的平面图形，介绍其名称和特征。例如，教学前儿童认识三角形时，在触摸感知了红领巾后，教师出示三角形的纸，同时说这张纸与红领巾的形状差不多，我们称它为“三角形”；再让学前儿童触摸三角形纸的边和角，同时介绍这就是“边”和“角”；然后，请学前儿童数一数三角形有几条边、几个角；最后教师小结：三角形有三条边、三个角。

在认识正方形时，要延伸下去，引导学前儿童观察四条边和四个角的特征：一样长，一样大。圆形的特征只要介绍圆圆的就可以了。梯形是像梯子一样的，椭圆形是长的圆形。

（3）出示颜色不同、大小不同、摆放方式不同的图形，巩固对图形的认识。

在学前儿童感知三角形特征之后，教师就可以出示不同颜色、不同大小的三角形让学前儿童观察，还可以改变三角形的摆放方式，让学前儿童看看并说说这些是不是都是三角形。这样可以培养学前儿童不受物体颜色、大小和摆放方式的干扰，正确感知图形的能力。

2．运用重叠比较法感知平面图形

在已经认识了某些图形之后，我们可以运用重叠比较法把要感知的新图形与旧的相似图形重叠，找出相同点和不同点，从而掌握新图形的名称和特征。这种方法一般适用于中班。

例如，感知长方形的活动中，可以把长方形和已经认识过的正方形进行重叠比较。这时候要注意选用长方形的宽和正方形的边长相同的两张图形，并将其重叠，摆放时，正方形在长方形的上面，这样，学前儿童能很快地感知到长方形的四条边不是一样长的。有两条对着的边是比较长的，另两条对着的边要短一些。这样就把长方形的主要特征介绍清楚了。

3．通过组合和分解，认识平面图形之间的关系

在幼儿园数学教育活动中，认识图形之间的关系一般包括认识图形之间组合或分解的关系和比较相似图形的区别。后者我们可以通过重叠比较法让学前儿童掌握图形间的关系，前面已介绍了，此处不再赘述。

组合，就是把两个或两个以上的图形拼合在一个图形。分解就是把一个图形分成两个或两个以上的图形，既可以分成两个或两个以上相同的图形，还可以分成两个或两个以上大小不同的同种图形，也可以分成两个或两个以上不同的图形。例如，三个三角形拼成一个风车；一个三角形和一个正方形拼成一座房子；一个小圆、一个椭圆、两个半圆形拼成一只鸭子；三个半圆形拼成一朵花。

学前儿童通过组合和分解的操作活动，能感知图形之间的关系，从而加深对已知图形的认识，同时也培养了学前儿童思维的发散性与灵活性。

教师在教育活动过程中可以演示组合与分解的操作过程。教师先示范分解，再示范组合。例如，在把一个正方形的纸分解成两个长方形的活动中，教师示范分解时要强调上边和下边要对齐、折平，折出一条直线的痕迹，然后用剪刀沿着痕迹剪下。又如，在把一个长方形的纸分解成两个三角形的活动中，要求角对角，折平，再沿折线痕迹剪下。示范组合时要强调有哪些图形拼起来了。

4．安排多种任务，巩固对平面图形的感知

（1）涂色。最常见的方式是给学前儿童画有各种各样图形的白纸，要求学前儿童给一种形状涂上一种颜色，给另外一种形状涂上另外一种颜色。例如，对三角形涂上红色，对圆形涂上黄色，或者是只对指定的形状涂色，其他形状的都不涂色。例如，给圆形涂上红色，不是圆形的不涂。还可以让学前儿童自由给某种图形涂色，但要让学前儿童说出是给什么形状的图形涂上了什么颜色。

（2）折叠。给学前儿童提供一张纸，让他们折叠出各种不同形状的图形。例如，提供一张正方形的纸，要求学前儿童折叠成三角形，或折叠成几个长方形，或折叠成几个正方形，等等。

（3）分类。给学前儿童提供颜色不一、大小不一、形状不同的图形，要求他们按照一种特征分类。根据学前儿童能力的不同差异，可以逐步增加难度，按照两种或三种特征进行分类。

（4）找一找。给学前儿童提供各种图形，教师说出某种图形的名称或者特征，请学前儿童找出来。教师也可以根据学前儿童能力的特点，逐步增加难度，特征可以是一种，也可以是两种或多种；还可以引导学前儿童在自己的身边找一找哪些东西像什么形状。例如，学前儿童说出自己衣服上的纽扣、老师戴的眼镜片像圆形，电视机像正方形，教室的门、桌子、窗户、故事书像长方形，等等。

（5）组合。给学前儿童提供多种多样的图形，让学前儿童自由组合成自己所喜欢的造型。这在建构区较常见。

（二）学前儿童感知立体图形的教育

1. 运用触摸觉感知立体图形及其特征

教师在引导学前儿童认识几何体时，要让学前儿童充分用手触摸几何体，以感知它的特征。例如，认识球体的活动中，教师准备大小不一的皮球、乒乓球、弹珠等，分发给学前儿童，让学前儿童充分用手触摸，感知球体光滑的特征，也可以让学前儿童滚动球，观察球滚动的方向，从而获得球体的各面都是圆的经验。

2. 运用测量法感知立体图形及其特征

在运用测量法时，可以借助一些辅助工具，如尺子、绳子、长棒、筷子等，让学前儿童用这些辅助工具测量正方体的棱，从而感知到正方体的棱都是一样长的；测量长方体的棱，感知到长方体的棱有长有短，相对的几条棱都是一样长的，等等。也可以提供正方形、长方形和圆形的纸片，让学前儿童感知正方体、长方体和圆柱体的几个面的大小，在比较中学前儿童也获得了平面图形和立体图形的差异，进而感知各几何体的特征。

3. 运用重叠比较法感知立体图形

例如，在感知长方体的活动中，可以把长方体和已经认识过的正方体进行重叠比较，但要求长方体对侧的面和正方体的面是一样大的。学前儿童在重叠比较的过程中，知道了长方体也是有 6 个面的，但它的 6 个面和正方体的面不一样，不是一样大的。长方体有 4 个面是长方形的，还有两个面可以是长方形的，也可以是正方形的。

4. 安排多种任务，巩固对几何图形的感知

（1）粘贴。在手工活动中，通过对纸张的剪裁、粘贴，让学前儿童具体感受到立体是由面构成的，感受几何图形面的大小和数量等特征。

通过这样的粘贴活动，学前儿童感知了立体图形及其特征，同时也培养了学前儿童动手操作的能力。

（2）分类。要求学前儿童按照立体图形的特征正确地进行分类。

（3）找一找。引导学前儿童在已布置好的环境中找一找与立体图形相似的物体。

（4）组合。组合活动一般在积木区进行。让学前儿童根据几何体积木的特征及自己的构想，拼搭成房子、轮船、飞机等造型，这不仅可以加深其对立体图形的认识，还使其掌握了拼搭的技能。

在学前儿童感知几何形体概念的教育中，教师应该着重充分调动学前儿童的观察能力和动手操作能力，在体验活动中加深对几何形体的感知，为抽象逻辑思维奠定良好的基础。

互动平台

在教学中，教师可运用寻找、操作等游戏方法和手段帮助幼儿区分空间方位。如教师可组织幼儿在自然环境中或在布置好的环境中观察并说出自己的上面有什么（日光灯），下面有什么（地毯）；观察自己的前面有老师，后面有玩具柜；观察自己左边坐的是谁，右边坐的是谁。

（资料来源：黄瑾．幼儿数学教育与活动指导[M]．上海：华东师范大学出版社，2015.）

案例 6-8

小班数学活动：图形王国

一、设计思路

小班的幼儿已有了粗浅的几何概念，这一阶段的幼儿能正确地认识圆形、三角形、正方形，但他们不是从这些形状的特征来认识的，而是通过将其和自己日常生活中熟悉的物体相对照来认识的。因此，我设计了“图形王国”的活动，让孩子在游戏探索中对图形产生兴趣，并通过观察、比较、想象、动手等，感知不同图形的不同特征。

二、活动目标

（1）感知圆形、三角形、正方形的基本特征。

（2）能运用多种感官探究辨别三种几何图形。

（3）喜欢游戏活动，体验参加集体活动的乐趣。

三、活动重点与难点

圆形和方形的认识和区分。

四、活动准备

（1）三种几何图形卡片若干。

（2）几何图形拼成的图画。

（3）魔术箱、魔法棒。

（4）小鸡、小狗、小猫的教具。

（5）图形宝宝挂饰与幼儿人数相同。

五、活动过程

1．玩手指游戏，引起幼儿兴趣

师：小朋友们，我们一起来玩手指游戏。

（教师示范：捏拢，放开；捏拢，放开，手背起来。）

2. 运用游戏的方式认识三种几何图形

（1）游戏：摸一摸“魔术箱”。

师：小朋友们，图形王国里有一只奇妙的箱子，你们看，就是这只魔术箱。（出示魔术箱）你们想不想知道里面藏的是什么秘密？我们来看看这只魔术箱会给小朋友们变出什么有趣的东西。

① 教师念儿歌：“魔术箱子东西多，让我先来摸一摸，摸出来看是什么？”

提出一本正方形的书，问：“这是什么？（书。）它们是什么形状的？（正方形。）为什么说书是正方形的？”

请幼儿说出日常生活中还有哪些东西是正方形的。

② 再念儿歌：“魔术箱子东西多，小朋友来摸一摸……”

要求幼儿说出摸到的物品是什么形状，生活中还有哪些物品和这个物品的形状一样。（游戏反复进行）

③ 教师总结：“魔术箱里的东西有的是圆形的，有的是三角形的，有的是正方形的。”（边说，边指相应的物品。）

④ 你怎么知道它是三角形/正方形/圆形的？

（2）老师总结：“圆形是圆溜溜的，没有角，滚来滚去真能跑；三角形有三条边，三个角，像座小山立得牢；正方形的四条边一样长，四个角一样大，方方正正本领好。”

3. 游戏：谁的本领大

（1）教师用魔法棒“变”出由圆形、三角形、正方形组成的图片，请幼儿找出其中的图形宝宝。

师：小朋友们，图形王国里还有好多有趣的东西，你们看，这是魔法棒（出示魔法棒），它也会变出好多的东西。变!变!变!咦？魔法棒变出什么了？（边说边出示其中的一幅图画）原来是一幅漂亮的图画。现在，小朋友们来找一找，这幅图由哪些图形组成，比比哪个小朋友的本领大。

（2）教师用魔法棒依次“变”出另外几幅图画，请幼儿分别找出各种图形。

（3）游戏：小动物找家。

① 师：我听到有三个小动物在哭，它们怎么了？

（教师模拟小动物的声音“我们找不到家，见不到妈妈了!”）

② 师：请小朋友帮小动物找家，看，这些都是小动物的房子。（把三种几何图形的卡片发给幼儿。）

③ 教师依次说出小动物的房子是什么形状的，请手中拿着与小动物房子相同形状的幼儿举起卡片。

4. 巩固对三种几何图形的认识

教师出示图形宝宝挂饰，要求幼儿自己找一个图形宝宝做朋友，找好后可以和同伴说说自己找的是什么图形宝宝。

5. 和图形宝宝一起去室外玩游戏，结束活动

六、活动延伸

（1）让幼儿把小动物的“房子”分类放到区域角中。

（2）让幼儿在日常生活中找出其他的图形。

（资料来源：江苏省淮安市淮阴区西宋集中心幼儿园教学案例，有改动）

第六节　学前儿童量概念的教育

典型案例

户外活动时，幼儿园大班进行跳绳比赛，每个孩子都在忙着跳绳。突然强强说：“依依，我们比一比谁的绳子长，谁的绳子短。”

排队的过程中，老师要求按照高矮顺序排队，孩子们比一比，量一量，很快完成了排队的过程。

在图书区，孩子们选择了自己感兴趣的图书看了起来，但是杰杰却将两本图书并放在一起，原来他在比较两本书的厚薄……

这些活动反映了学前儿童思想意识中关于量的认识。

客观事物都有一定的量，学前儿童在日常生活中很早就开始和各种量打交道了。学前儿童学习、比较、测量一些量，有助于他们正确认识和区分周围的物体，促进其感知觉和智力的发展。

（资料来源：张文军，刘洪玉. 学前儿童科学教育与活动指导[M]. 上海：华东师范大学出版社，2014.）

一、量的概念与学前儿童学习量的意义

任何具体的事物都有量方面的特征，它通常用数（称数量）和单位量（称计量单位）来表示。量是跟物体的大小、长短、距离的远近等相关的。量可以分为不连续量和连续量两种。例如，水果盘中放有几个苹果、班上有多少男孩子等是不连续量，它一般表示物体的集合元素有多少；而物体的长度、质量、面积、体积、温度、速度等是连续量，它一般表示物体的属性。学前儿童初步认识的是生活中的一些常见量，如多少、大小、长短、高低、粗细、厚薄、轻重、远近等。

学前儿童在认识物体属性的过程中，会接触到关于测量的知识。测量是指把一个要测定的量同一个作为标准的同类量进行比较的过程。用来作为计量标准的量，叫作计量单位。例如，用克作计量单位可定苹果的重量，用厘米作计量单位测量椅子的高度等。同一个量，用不同的计量单位计量，所得的量不同。一般常用的计量方法有直接计量和间接计量两种。

而根据皮亚杰的观点，学前期的幼儿只是初步学习直接计量，一般不使用常用的计量单位，即学习自然测量。自然测量是指利用自然物（如绳子、瓶子、长棒等）来测量物体的长短、高低、粗细、轻重等，或用目测的方法比较大小、用步测的方法比较远近等。

学前儿童对物体量的认识是认识客观世界的一个重要部分，也是学前儿童数学教育的内容之一。

学前儿童学习量的概念的意义在于以下几点：

（1）学前期重量感知觉的发展是学前儿童日后掌握重量概念和重量测量的基础。让一个 2 岁多的孩子提起装有苹果的篮子，他试了几次，可就是提不动。这时候他从篮子中取出苹果，一手拿一个，顺利地吃到了苹果。在这一过程中，他感受到了重和轻的差别，有了这样的经验，他对物体重量差别的感知便可逐渐加深。

（2）学前期的排序教育有助于学前儿童抽象的数概念的形成。要求学前儿童数一数篮子中的苹果有多少个，孩子一般会将苹果排成一行，从左到右按顺序点数。这表明孩子在进行计数活动。这个孩子在排序活动中形成了依次排列的能力，有利于计数活动的进行和数概念的形成。

（3）学习测量可以培养学前儿童解决简单实际度量问题的兴趣和能力。对于不同的物体，学前儿童会使用不同的自然测量物去测量，进而获得该物体的属性。而在测量的过程中，要用数来表示测量的结果，这又可帮助学前儿童进一步理解 10 以内数的实际含义以及掌握数与量之间的关系。

二、量概念的发展特点

（一）认识量的一般过程

1．从明显差异到不明显差异

学前儿童在实际生活中对有关物体的量的认识，在早期表现为缺乏分化和不够精细。小班的幼儿往往只能够感知和区分量的明显差异，能够在差异明显的变量中辨别出最大的（最长的）或最小的（最短的）。随着年龄的增长，才逐渐对差异不太明显的量进行区分，认识和区分量的精确性也有所提高。

2．从绝对到相对

学前儿童在感知、区分量的特征的过程中还表现出一个重要的特点，即对量概念的理解缺乏相对性。长和短、大和小、宽和窄等只有在比较中，在对比两个物体的基础上才能理解和区分。学前儿童只有在从两个物体的选择与比较逐渐过渡到三个或更多个物体的选择与比较的过程中，才能逐步理解量的相对性。

3．从模糊、不精确到逐渐精确

虽然学前儿童在生活中已经积累了关于物体大小或长短的不同经验，并且能区分它们，但有时还不能用准确的词来表达它的意义。例如，小班的幼儿常常用大、小来代替长短等其他属性，将粗铅笔说成大铅笔，将长的毛巾说成大毛巾，等等。学前儿童在词的运用和表述上具有从不精确到精确的发展特点，这提示我们在生活中要帮助他们使用准确的词，让他们形成与某一变量相一致的概念。

（二）认识量的年龄特点

1. 4岁左右（小班）

小班幼儿一般能正确区分物体的大小差异，也能用一些简单的词来表示相应的量。例如“这是一只小白兔”“我家里有一个大的布娃娃”等。此外，小班的幼儿感知物体大小的准确性有所提高，能区分差别不太明显的一组物体中最大的或最小的那个物体。由于小班幼儿已具有知觉恒常性，所以他们也能准确辨别远处物体的大小和不同位置物体的大小。

但是，该阶段的学前儿童还不能认识其他量的差异，也不会用词确切地表示。他们往往将高矮、粗细、长短、宽窄、厚薄等统称为“大”和“小”。

这一阶段的学前儿童对于轻重的感觉也有了初步的发展。他们能够感知和判别具有明显差异的两个物体重量的不同，并能基本上用正确的词来表示。

2. 5岁左右（中班）

中班幼儿感知量的精确性有了很大的提高，他们能对不同大小的物体依次做出区分和排列，也能从一组物体中找出大小相同的物体，还能比较精确地认识区分物体的高矮、粗细、长短、厚薄等，并学会用相应的词来表示。

虽然该阶段的学前儿童能判断相等量，但缺乏对物体量守恒的认识。如果两个等长的物体改变了位置形式，这时候他们就很难做出相等的判断。

另外该阶段的学前儿童能对6以内的数量按照递增和递减的顺序进行简单的排列；对轻重差异的感知有了较大的提高，同时基本具备了感知轻重相对性的能力。

3. 6岁左右（大班）

大班幼儿能正确地认识并用相应的词描述物体量的各种属性，精确性大有提高，同时对量的相对性有了较好的理解。例如，让他们对班上的三个小朋友进行高矮比较，问其中一个小朋友（杰杰）是高的还是矮的。有的儿童说：“杰杰是高的，因为比琪琪高，但又是矮的，因为比明明矮。”这种回答反映了学前儿童对高矮的相对性的理解，知道了不能绝对地说杰杰是高还是矮，当比较的对象不同时，高与矮具有了相对性。

在理解了量的相对性的同时，他们也能在逻辑的基础上理解量的可逆性和传递性的关系，表现为能完成10以内数量的正排序和逆排序。

另外该阶段的学前儿童能理解物体在长度、面积、体积等方面的守恒现象。当物体的位置和形状等发生变化时，仍能做出不变的判断。如一块橡皮泥，当捏成其他形状时，他们能知道现在的橡皮泥和原来的一样多。

最后，大班幼儿已具备了认识物体重量和体积之间关系的能力。特别是在水的沉浮实验中，他们能认识到即使一样大小的物体，由于材质的不同，重量也可以不同。这种对重量与体积之间相反关系的认识，反映了大班幼儿思维的守恒性与可逆性得到了一定程度的发展。

三、量概念的教育

（一）比较物体的大小、长短、粗细、高矮、轻重等

1. 运用各种感官比较物体的量

学前儿童对量的认识主要是通过感官的感知（视觉、触摸觉、运动觉等）来体验物体在大小、长度、重量等方面的特性。因此，在教学中要多让学前儿童在看一看、摸一摸、摆弄等活动中进行比较，认识物体的量。

（1）目测比较。认识物体的大小、长短、厚薄、粗细、高矮等特征时，可以先让学前儿童用视觉观察比较。例如，教师出示一大一小的苹果，让学前儿童看一看，请他们说一说哪个大、哪个小，还是一样大小。再如，教学前儿童认识轻重时，开始可以出示两块形状一样、材料一样、大小不同的积木，请他们说一说哪个轻、哪个重，还是一样轻重。然后再验证一下，让他们知道一样的物体，大的、多的重，小的、少的轻。

（2）触摸觉比较。教师可以让学前儿童用双手仔细地触摸苹果，感知苹果外形大小的区别，感觉苹果所占据的空间不同；还可以让学前儿童用拇指、食指等触摸物体，感知物体厚与薄的区别；也可以让学前儿童不用眼睛看，只用手摸，在神秘布袋中摸出粗的小棒，或细的小棒，摸出长的或短的小棒等，同时引导学前儿童用正确的语词表述。

（3）运动觉感知比较。运动觉感知比较主要用于认识物体的轻重，它是由肌肉的运动觉来感受的。可以让学前儿童用手提一提、掂一掂两个物体以获得对物体重量的直接经验。例如，一小块铁块和一大堆棉花哪个重哪个轻。用眼睛看是不准的，这时我们可以用手来提一提或掂一掂，来判断物体的轻重，让学前儿童知道不一样的物体，大的不一定重，小的不一定轻。

2. 运用重叠法、并放法比较物体的量

在比较物体的长短时，可以选择两支不同长度的铅笔重叠在一起，即把短的一支重叠在长的一支上面。还可以用并放法比较，将两支长短不同的铅笔横放，将两本厚薄不同的书并排摆在桌子上，等等。

3. 运用发现法认识物体的量

在运用发现法认识物体的量时，教师要创设一定的情境，让学前儿童在这一情境中发现物体量的不同。例如，在让学前儿童认识大小时，教师可以准备各种大小不同的瓶子，将瓶子与瓶盖分开打乱横放，让儿童玩盖瓶盖的游戏，看谁盖得快。学前儿童在盖瓶盖的时候，感受瓶盖与瓶口的大小，在摸索的过程中，他们获得了相关的经验，如把瓶子从大到小排列，把瓶盖也从大到小排列，然后一一地盖上，这样速度就会快。

4. 运用找一找的方法，描述物体的量

例如，在教室里找一找，哪个窗户大，哪个窗户小；哪个小朋友个子高，哪个小朋友个子矮；在自己的身上找一找，他们会找出腿粗，臂细；也可以在事先布置好的环境中投放一些物品，让学前儿童找一找，并说出物体量的特征。

5. 运用游戏法巩固对量的认识

教师可以设计各种形式的游戏，让学前儿童区别物体的量，以巩固对物体大小、长短、

粗细、高矮等的认识。例如，在认识大树叶小树叶的活动中，鼓励学前儿童用不同的动作来表示大与小，以加深对大小的认识。再如竞赛性的游戏“看谁找得快”“看谁找得多”等，让儿童在一些物品中按教师要求找出大的或小的、粗的或细的，看谁找得又对又快。

（二）量的排序

所谓排序，是将两个以上的物体按照某种特征上的差异或一定的规则按顺序排列，排序是建立在比较基础上的思维活动，是反映幼儿思维判断和推理能力发展的一项重要的活动。在学前阶段，排序活动是贯穿在幼儿数概念、数序的认识与比较，以及量的差异特征的认识、区分等教学内容中的一项操作。在不同的年龄班，可以有不同的排序教学要求，序列的数量可以由少到多，后期也可以让幼儿尝试着由顺排序过渡到逆排序的学习。

排序的形式一般可以分为两种。① 按次序规则排序。它包括：按物体量的差异的次序排序。例如，将物体按从大到小、从长到短、从高到低、从厚到薄的次序排列，反之同样也可以排序。② 按物体数量多少的次序排序，如将圆点卡片，按从多到少或从少到多的次序排序，或按特定规律排序。它包括：按物体外部特征排序、按物体量的差异的特定规则排序、按物体摆放位置的特定规则排序。

在排序教学中，应注意以下几个方面。

1．从小数量的排序到大数量的排序

排序是以比较为基础的，而最简单的比较就是两两比较。例如，排序最小的数量是 3，对于小班幼儿来说，可以从数量为 3 或者 4、5 的物品开始排序，让幼儿首先找出最大（长）的和最小（短）的，然后再分别找出其他的，与最大（长）的或最小（短）的比，最后确定它们的序列顺序。随着幼儿年龄的增长，同样是按照先找两端再逐一比较，最后确定序列的步骤来进行。

2．从按次序规则排序到按特定规则排序

与序列的数量可以按照年龄班分成几个阶段一样，在每个年龄段，可以相应地安排幼儿学习按次序规则和按特定规则排序，但从数学一般经验来看，次序规则在先，特定规则在后。这是因为在量的比较教学中，幼儿已经积累了一定对物体大小、长短、粗细、高矮等质量的特征进行区分的相关经验，按量的次序规则排序实际上就是幼儿理解量的差异的一种操作表现。

3．从参照排序到独立排序

幼儿通过不同形式的操作活动可以获得对不同形式排序的理解和掌握。在排序的相关操作活动中，开始时，教师应把教学的重点放在“让幼儿找出并理解排序的基础”上，因此，教师可以先出示已经排好的序列，让幼儿区分、发现其中的规律，并让幼儿尝试模仿教师的排序方式继续往下排。当幼儿积累了较多的排序经验以后，教师可以启发幼儿自己去寻找排序材料中的不同，按照自己的理解独立思考，并尽量用不同于他人的方式来排序。

（三）感知量的守恒

在学前儿童认识了相应量的基本特征后，可以通过变换图式和设置干扰因素来帮助他们感知和学习量的守恒。

在量的守恒教学过程中，教师可以让学前儿童通过比较或数数来理解量的守恒。比较时，先用同等量的两个物体进行比较，让学前儿童看到这两个物体是一样的，然后将其中一个量的形式加以变化并提出问题，例如，在面积守恒的活动中，先出示两张一模一样的正方形纸，通过重叠比较的方法让学前儿童确认这两个正方形是一样大的，再将其中一个正方形折成两个三角形，并提问“这个三角形和原先的正方形是否一样大小？”他们的回答可能会不一样。最后，教师把这两个三角形再重叠到正方形纸上，让他们直观地感受到两个图形是一样大的，只是外形发生了变化。在此过程中，一定要用相等量的两个物体，其中一个改变了，但学前儿童还能找到和原来一样的物体。

（四）学习自然测量的方法

测量是一种运算，处于学前期的儿童，他们对量的认识要晚于对数的认识，故掌握测量的技能要困难些。中班以后，学前儿童才有可能学习用工具测量，教师在活动中应该有意识地指导学前儿童掌握测量的方法，具体来说要注意以下问题。

1. 示范讲解法

在学前儿童学习自然测量的过程中，教师首先要明确测量对象及测量工具，其次要向学前儿童讲清测量的起点、终点、移动的方法及记号，记下测量的结果。例如，要测量桌子的边长，测量的工具是筷子。教师边示范边讲解，从桌子的最左边开始，把筷子一头（始端）与桌子的最左边对齐，顺着桌子的底边摆放，用粉笔或马克笔在筷子另一头（末端）的桌子上画一条短线作为记号，说明这是一根筷子的长度。拿起筷子，从这条短线开始，再测量，再画短线做记号……直到量到桌子的最右端。然后请学前儿童数一数，这张桌子的边有几根筷子长，把数的结果记录下来。

在测量的过程中，要引导学前儿童在每一次测量的终点做记号，并让他们了解第 1 次测量的终点是第 2 次测量的起点，第 2 次测量的终点是第 3 次测量的起点……测量完成后，数一数一共有几个记号，这个数值就是物体的长度。

2. 实践操作法

自然测量作为一种技能，学前儿童在具体的操作中可以通过实践获得。作为教师，应当创设尽可能的环境和材料让学前儿童自己去感知，材料的提供应当和日常生活相联系，让学前儿童结合生活中所遇到的有关测量的问题，在情境中学习和感知。

在学前儿童操作、运用自然测量的方法去比较物体量的过程中，教师应当启发他们注意比较不同的量具所带来的不同结果。学前儿童掌握测量方法后，可提供给他们不同的工具测量同一个物体。如上面的例子中，还可以使用火柴或书本来测量桌子的边长。学前儿童测量后，教师可以提问：“你们发现什么了？为什么同一张桌子，用筷子和火柴量出的结果是不一样的？”经过讨论，他们了解到，测量工具长，量的次数就少；测量工具短，量的次数就多。这一学习经验使得学前儿童初步理解了测量单位与测量结果之间的关系，这对他们以后数量认识的发展有重要的作用。

（五）教学活动中要注意的其他问题

第一，量的比较是通过对两个或两个以上量的物体的比较来认识的，因而比较前要先让学前儿童确定是哪两个（或以上）物体比，比的是什么，不能只出示一个物体，就问学前儿童是大是小，或是长是短。

第二，让学前儿童了解量的认识过程是相对的。例如，皮球和乒乓球比，皮球大而乒乓球小，但是当皮球和篮球相比时，皮球小，篮球大。在教学前儿童进行量的比较时，要通过三个不同量的物体的比较，帮助他们认识量的相对性。

第三，玩教具的选择与使用要正确。例如，教学前儿童认识物体的粗细时，应选用高矮一样，材料一样，但粗细不一样的两个物体；认识厚薄时，选用长和宽一样，只是厚薄不一样的物体。这样根据一定的教学要求，只突出了一种量的比较，便于学前儿童的正确判断和认识。

第四，量的比较，还要注意玩教具的摆放。例如比较高矮时，要将被比较的两个物体放在同一个水平面上。用重叠法比较大小时，应将大的放在下面，小的重叠在上面，以便看得更清楚。

相关链接

所谓自然测量，是指利用自然物（如虎口、臂长、小棒、绳子、瓶子等）作为量具来测量物体的长短、高矮和粗细等。儿童在自然测量的过程中包括两种逻辑活动。首先，儿童要把量的整体划分为若干个小单元，指导整体是由若干个部分组成的。其次，还有一个逻辑相加，进行异位和替换的过程，即把每次测量的一部分和另一部分连接起来，从而建立测量单位体系。如测量绳子的长度，是通过移动小棒来进行的，测量的结果是一个表示被测的量与作为测量单位的量之比的抽象的数。可见，通过自然测量可以使数和量密切结合，加深儿童对量概念的理解，初步培养儿童解决简单实际度量问题的兴趣和能力。

（资料来源：黄瑾．幼儿数学教育与活动指导[M]．上海：华东师范大学出版社，2015．）

案例 6-9

中班数学活动：运玩具

一、活动目标

（1）初步建立等量概念。

（2）能够发现问题，并运用已有的知识、经验解决问题。

（3）体验快乐学习的乐趣。

二、活动准备

（1）玩具若干，玩具篓两个。

（2）苹果标记 10 个，西瓜标记 8 个。

（3）红色、黄色发圈各5个，蓝色、绿色发圈各9个。

三、活动过程

1. 引出等量问题

（1）教师交代比赛规则："今天我们来进行一次运玩具比赛，大家在规定时间内跑到指定地方拿玩具，每次只能拿一个。"

（2）幼儿随着《运动员》的音乐的播放，开始"运玩具"。（苹果队获胜）

（3）师：你们猜猜苹果队为什么能获胜呢？（他们人多）

2. 解决等量的问题

（1）师：聪明的雯雯发现苹果队人多了，什么好办法能很快知道苹果队比西瓜队多几个人呢？

（2）幼儿互相讨论。（一个一个地数；小朋友手拉手，谁没有好朋友就是多了）

（3）苹果队和西瓜队的幼儿手拉手，发现苹果队幼儿多了两个，让其中的一个幼儿把苹果标记换成西瓜标记。

（4）师：现在大家都有了好朋友，也就是两队人数一样多了，我们再次进行公平的"运玩具"比赛。

3. 提出新要求

（1）师：我们分男孩子和女孩子再来一次比赛，请女孩子自由选择红色和黄色的发圈。（幼儿自选后，发现两队人数不等，由男孩子帮助检查并调整）

（2）女孩子进行"运玩具"比赛，男孩子做拉拉队为女孩子加油。

（3）同样的方法，男孩子自由选择绿色和蓝色的发圈。幼儿自选后，发现两队人数不等，由女孩子帮助检查并调整。

（4）男孩子进行"运玩具"比赛，女孩子做拉拉队为男孩子加油。

（5）引导幼儿说说哪队运玩具又多又快，为获胜队发奖牌。

（6）大家戴上奖牌一起跳舞庆祝。

4. 放松活动（结束活动）

（资料来源：张文军，刘洪玉. 学前儿童科学教育与活动指导[M]. 上海：华东师范大学出版社，2014.）

第七节 学前儿童空间和时间概念的教育

空间是客观世界中各种物质存在的基本形式。空间方位的辨别与幼儿生活有着密切的关系。学前儿童认识空间方位可以结合其生活经验，通过相关的情境问题的解决，使之初步学会辨认空间方位，有助于其空间知觉的发展。

一、认识空间方位的特点

（一）先认识上下、前后，再认识左右

学前儿童对空间方位的认识和判断最早能分出的是上下，然后是前后和左右。上下方位以学前儿童身体的垂直位置而定，且不因学前儿童身体位置移动而变化，所以他们容易辨别上下方位。

前后、左右的方位具有方向性和可变性，会因身体位置的改变而发生变化。例如，学前儿童转身后原来的前面变成了后面，原来的左边变成了右边。因为前后的变化学前儿童可用自己的面部作为辨别依据，所以相对左右来说，前后方位更容易辨别。3～4 岁的幼儿一般能辨认上下、前后。

（二）从以自身为中心到以客体为中心

周围世界中的任何物体的空间方位都是用上下、前后、左右来表示的。我们辨别空间方位都会以自我主体为中心和以客体为中心来确定主客体之间的空间位置关系。学前儿童辨别空间方位要经历从以自身为中心逐步过渡到以客体（他人或事物）为中心的定向过程。学前儿童首先学会辨别自己身体的部位，然后再以自己身体的部位作为参照来确定方位，例如身体上面是头，下面是脚，前面是脸，后面是背，拿筷子的手是右手，扶碗的手是左手。当学前儿童能以自己的躯干为中心确定自身各部位的方位后，再学习以自身为中心确定周围物体的方位，例如“我的前面坐着的是洋洋，我的后面坐着的是珂珂”，最后学会以客体为中心确定与其他客体之间的位置关系。一般 5～6 岁的幼儿能以自我为中心辨别左右，但以客体为中心的左右辨别有些困难。

（三）辨别空间方位从近区域扩展到远区域范围

学前儿童能以自身为中心确定空间方位时，他们辨别空间方位的区域局限于离自己身体近距离的范围，面向自己的物体，对远一些距离的物体则不易做出正确的判定。随着年龄增长，学前儿童开始能辨别距离自身较远的上下、前后、左右空间方位，并逐渐理解空间位置的相对性，例如：若以桌子为中心，阳阳站在桌子的前面；若以阳阳为中心，桌子在阳阳的后面。此外，学前儿童也逐渐理解了物体空间位置关系的连续性和可变性。

二、认识时间的特点

时间是物质运动变化过程的连续性和顺序性。学前儿童对时间的认识可以在其生活中通过使用时间词的语言表达中反映出来，但是其对时间含义真正的理解还需要一个过程，主要体现出以下一些特点。

（一）对时间概念的认识受生活经验影响，不精确

因为时间没有直观形象，是无形的，学前儿童认识时间有些困难，他们对时间的感知

往往是与其生活经验联系在一起的，因此对时间单位如早晨、中午、晚上的理解，学前儿童常会以一天的生活事件来描述，比如早上起床洗脸刷牙，妈妈送自己去幼儿园。而对于那些与其生活联系不是很密切的月、年、分钟、小时等，因其抽象无形，且具有流动性、不可逆性和周期性特点，学前儿童理解比较困难。

另外，学前儿童在使用词语表达时间时存在不精确、模糊现象，比如他看见同伴在玩玩具，就会说“昨天我也玩了”。其使用的“昨天”泛指已经过去的时间段。

（二）对时间顺序的认识由短周期向长周期扩展

对时间顺序和周期的认识，学前儿童先理解的是短的周期，如一天时间内的早上、中午、晚上，因为这是与他们生活有联系的时间单位，所以容易掌握。关于星期、月、年，学前儿童因没有相应的生活经验作为参照，因此对这类长周期的时间顺序理解比较困难。

三、认识空间和时间的教育目标

（一）空间方位的教育目标

1．小班

能以自身为中心区分并说出上下、前后，能正确说出近处物体的上下方位。

2．中班

能以客体为中心区分上下、前后，知道物体的前后方位关系是相对的。

3．大班

能以自身为中心区分左右以及自己与物体的左右关系；能逐渐从以自身为中心过渡到以客体为中心辨别左右，并理解左右的相对性。

（二）时间概念的教育目标

1．小班

理解早晨、晚上、白天和黑夜并能正确运用时间词。

2．中班

认识昨天、今天和明天，理解其含义及其交替。

3．大班

知道一周有 7 天及其顺序，认识一年的月份和顺序，认识时钟，会确定整点和半点。

四、教育指导

（一）空间方位的教育指导

1．以自身为中心辨别上下、前后、左右

可先引导学前儿童认识自己身体各部位的位置关系。例如：说出自己身体上面有什么，下面有什么；或者问学前儿童头在身体的什么地方，腿在身体的哪个位置；然后以游戏的方式巩固认识，如“请你拍拍上面的肩，请你拍拍下面的腿”。同样，请学前儿童在观察的基础上说出自己身体的前面有什么，后面有什么，左边是谁，右边是谁。可以利用捉迷藏游戏帮助幼儿加深对前后、左右的认识，要求说出在哪提到了谁，或者说出自己藏在什么地方。

2. 以客体为中心辨别上下、前后、左右

在引导学前儿童辨别以客体为中心的空间方位时，可以通过操作等方法学习。例如教师设计纸盒做的小房子，上下两层，然后分别让学前儿童请小鸡和小鸭住新家，边操作边说：“我请小鸭住上面，小鸡住下面。”或者教师操作，请幼儿猜一猜：住上面的是谁？小鸡住下面还是上面？教师还可以创设情境，让学前儿童在游戏情境中辨别空间方位。例如帮助小猴布置新家，教师边出示一些“家具”边提问：“这是什么？应该放在什么地方？”然后将“家具”摆好，并说出摆放的位置。

3. 结合日常生活进行空间方位的教育

学前儿童在幼儿园一日生活中，经常需要进行空间方位的判断。例如排队做操、升旗等，在区域活动中，取放玩具材料都要明确位置，什么玩具材料放在上面或下面，哪种材料放在左边或右边，等等。因此教师应善于利用生活中的教育机会，有意识地引导学前儿童正确判断空间位置。

案例 6-10

小班数学活动：小动物在哪里（上下方位）

一、活动目标

（1）认识上下的位置关系，并能使用“上”“下”词语，初步具有上下方位感。

（2）感受数学游戏活动的乐趣。

二、活动准备

（1）人手一份有上下两层的纸盒一个，上下各有一门。

（2）塑料小鸡、小鸭等若干。

三、活动过程

1. 教师介绍活动材料，引起幼儿兴趣

出示活动材料：纸盒与两个小动物玩具，请幼儿看看纸盒竖放有几层。

2. 教师引导幼儿玩和动物捉迷藏的游戏

（1）教师把动物藏在上层或下层，让幼儿听该动物的叫声。

听一听是谁在叫，猜猜它在哪里，任意打开一扇门看看里面住的是谁，它住在上面还是下面？

（2）幼儿闭上眼睛，教师操作，猜猜哪个动物藏起来不见了。先开哪里的门？再开哪里的门？重复玩一次后，教师藏起一个动物，问："现在哪间房是空着的？"

3. 幼儿操作

幼儿相互玩，边玩边说"请小动物住新家"，并说出小鸡住哪里，小鸭住哪里。

评析： 本次活动充分考虑小班幼儿特点，运用游戏的方式进行，使幼儿有兴趣参与活动。

同时学具设计具有情境性特点，幼儿通过与教师的互动，形象直观地理解上下空间方位，然后幼儿自己亲自操作材料，进一步巩固对上下空间方位的认识。

（资料来源：张文军，刘洪玉. 学前儿童科学教育与活动指导[M]. 上海：华东师范大学出版社，2014. 有删减）

（二）时间概念的教育指导

1. 结合学前儿童生活经验进行时间概念的教育

认识"早上、中午、晚上""白天、黑夜"，因其与学前儿童生活密切有关，可借助学前儿童的已有经验进行教育。可以通过视频录像或教师创设的生活情境，利用故事形式，让学前儿童理解这一时间概念。教师还可以与学前儿童谈话，让其回忆早上、中午、晚上、白天、黑夜在幼儿园或者家里的生活情节，感受一天中不同时间段的区别。随着年龄增长，在学前儿童建立这些时间概念的基础上，再认识昨天、今天、明天、星期、月、四季、年等时间概念。这些时间概念也可以整合在其他内容或领域活动中，如可以在社会领域"我爱我家"活动中渗透相关内容，在观察记录活动中渗透昨天、今天、明天、星期、月、四季等内容。

2. 通过游戏活动进行时间概念教育

学前儿童联系自己的生活经验，可以通过玩娃娃家游戏，如早上娃娃起床后洗脸、吃午饭、白天去公园玩、晚上睡觉等来巩固自己对时间概念的认识。在户外活动中，可以利用"老狼老狼几点钟"加深对时钟表示的不同时间点的理解。对于"时钟"的理解是教育的难点，因此更需要与游戏结合，让学前儿童在观察钟面结构的基础上，了解 12 个数字的排列顺序和方向、分针和时针的不同。

3. 在日常生活中渗透时间概念的教育

学前儿童在幼儿园一日生活的各环节都与时间有关系，教师应充分挖掘其中的教育时机，自然渗透时间概念的教育，帮助学前儿童掌握时间概念并能正确表达自己的理解，在生活中能正确使用时间词。例如，班里有幼儿过生日，教师设计了"生日月份大家猜"活动，让孩子在感受每个人的个体独特性之外还挖掘了生日月份中（月、日）数学教育的生活素材。

案例 6-11

大班综合活动：整理书包

一、活动目标

（1）学会按课表整理书包，了解星期的周期及顺序，学会区别今天、昨天、明天的时间概念。

（2）培养独立整理书包和积极思维的能力。

（3）萌发上小学的愿望。

二、活动准备

小学课程表和日历各一张，每人一个书包，书、文具若干。

三、活动过程

1. 出示小学生课程表，引起幼儿讨论兴趣

（1）课程表上面有什么？它告诉我们什么事？幼儿边看边议论并提出问题。

（2）引导幼儿认识课表上的“星期一、星期二……”以及写着的汉字（课程名称）。

（3）教师介绍：课程表能告诉小学生一个星期上的课，要按照课程表准备好课本和所用的文具。

2. 提问

（1）课表上有星期一到星期五，怎么没有星期六和星期天呀？（一周有 7 天，星期六和星期天不上学，在家休息，叫“双休日”）

（2）请幼儿说说课表上星期一至星期五上的课程。

3. 学习按照课程表整理书包

（1）假如今天是星期二，那么昨天是星期几？明天是星期几？

（2）请你把明天上课需要的物品整理在书包里，整理完了说说你的书包里放了什么。

（3）假如今天是星期天，那么昨天是星期几？明天是星期几？请按课表把明天需要的物品整理在书包里。

4. 看日历整理书包

（1）看看日历上写着今天是星期几，想一想明天是星期几。请女孩子整理书包，男孩子看看她们是怎么整理的，说说她们整理书包的好方法。

（2）看看今天是星期几，男孩子按照昨天需要的物品整理书包，女孩子观看后说说他们整理书包的好方法。

（3）将整理好的书包看一看、提一提、背一背，体会做小学生的感觉，感受按课表整理书包就能让书包变轻。

5. 教师总结

学习按照课程表整理书包，以后做小学生了每天都要这样做，要自己完成这件事，才不会落下东西。

（资料来源：张文军，刘洪玉. 学前儿童科学教育与活动指导[M]. 上海：华东师范大学出版社，2014. 有删减）

在线测试

一、单选题

1. 幼儿数学教育内容包括（　　）。

A. 数、量、形　　B. 量、形、时间和空间

C. 集合和统计、数、量、空间　　D. 集合、数、量、时间

2.（　　）的幼儿能够将顺接数和倒着数的经验运用到加减运算中。

A. 3～4岁　　B. 4～5岁　　C. 5～6岁

3.（　　）的幼儿能够掌握图形守恒的原则。

A. 3～4岁　　B. 4～5岁　　C. 5～6岁

4. 幼儿感知立体图形的顺序是（　　）。

A. 球体—正方体—长方体—圆柱体

B. 正方体—长方体—圆柱体—球体

C. 长方体—圆柱体—球体—正方体

D. 圆柱体—球体—正方体—长方体

5. 运动觉感知比较主要用于认识事物的轻重，它是由肌肉的（　　）来感受的。

A. 感官　　B. 视觉　　C. 触摸觉　　D. 运动觉

二、问答题

1. 学前儿童数学学习的特点有哪些？
2. 学前儿童数学教育活动常见的方法有哪些？
3. 学前儿童集合概念的教育有哪些内容？
4. 学前儿童学习加减法有什么特点？
5. 学前儿童感知几何形体有何特点？
6. 幼儿学习自然测量的方法有哪些？
7. 学前儿童认识空间方位和时间概念的发展有何特点？

真题训练

简答题

茵茵已经上了中班，她知道把2个苹果和3个苹果加起来，就有5个苹果。但是问她

2 加 3 等于几，她却直摇头。根据上述案例简述中班幼儿教学学习的思维特点以及教育的启示。

（2014 年上）

第六章参考答案

本章拓展阅读

幼儿数学探究活动游戏化的尝试

数学对思维具有具体形象性特点的小班幼儿来说，有时是抽象、枯燥、难以理解的，因此要求教师将数学教育与游戏有机结合起来，充分发挥游戏的作用，使幼儿在游戏中快乐地学习。

一、数学教育活动游戏化

幼儿学习数学的方式有很多，其中，集体的数学教育活动是幼儿学习数学的重要方式之一，幼儿数学学习中的重点、难点内容需要在集体教育活动中去突破。在集体教学活动中，教师枯燥地讲解，幼儿被动地接受、机械地记忆，不能真正理解数学的本质，也体验不到数学的重要和有趣。而在游戏中学习，幼儿可在玩中去探究、去理解、去发现。

比如，小班“认识大和小”的学习内容，教师以前经常采用直接要求幼儿辨别大小的方法进行教学，首先向幼儿出示一大、一小两个物体，请幼儿说出哪个大，哪个小，再从教师事先准备的学具中找到画着不同大小物体的卡片，说出哪个大，哪个小，这样的教学只能使幼儿被动地接受教师提供的物体，被动地分辨大小。

在数学探究教育中，教师请幼儿做学习的主人，教学一开始，教师先创设一个“吹泡泡”的游戏情境，幼儿主动离开座位在“抓泡泡”的游戏中开始认识大小的学习活动，当教师将许许多多大小不同的纸泡泡“吹”满地时，幼儿像小鸟一样兴奋地冲过去抓泡泡，这时教师再引导幼儿相互比较所抓到的泡泡，说说自己的发现。他们发现自己手中的泡泡有的两个都是大泡泡，有的两个都是小泡泡，还有的是大小一样的泡泡，有的是大小不一样的泡泡。这些都是幼儿在游戏中感受到的，在游戏中发现数学、体验数学、理解数学。

二、数学活动区游戏化

活动区是幼儿喜欢的场所，但是如果数学区的学习不够游戏化，对幼儿就没有吸引力。教师可以从学具入手，根据幼儿年龄特点，制作大量游戏性强的学具，引发幼儿“玩”数学的兴趣。

比如，小班感知图形的学具“喂小动物吃饼干”，引导幼儿在游戏情境中操作，先用夹子从盘子里夹出不同形状的“饼干”，然后按照动物的嘴的形状把相应形状的“饼干”放到动物的嘴里。小班幼儿在游戏中感知和辨认了圆形、三角形、正方形。

学具除了具有游戏性外，同时也要体现分层投放，因为幼儿的兴趣会随着游戏次数的增多而逐渐降低，而分层投放的学具可以随着幼儿的认知水平不断更换，使幼儿对学具保持浓厚的兴趣。

三、数学游戏化渗透于其他领域

（一）数学内容与体育游戏的整合

体育游戏是每个幼儿都喜欢的活动，不仅游戏性强，而且能跑、能跳、能动起来，符合幼儿活泼、好动的年龄特点。

比如体育游戏“小青蛙捉害虫”，幼儿扮演小青蛙，双脚连续行进跳着去捉“害虫”，捉的“害虫”数量不限，融入数学教育内容后，“小青蛙”要按照教师提出的数量要求或者按数卡上的数字捉相应数量的“害虫”，这样既练习了双脚跳，又练习了按数取物。

（二）数学内容与美工区游戏的整合

“剪纸条”游戏的目的是锻炼幼儿正确使用剪刀剪纸。融入数学内容后，请幼儿将剪下的纸条当作胡子贴在老爷爷的画像上，幼儿不仅学习了剪纸和粘贴，还感知了“若干个1合起来是许多”的数量关系。

（三）数学内容与语言游戏的整合

良好的语言教育对幼儿一生语言表达能力的发展起着重要的作用。教师经常组织一些语言游戏，可以丰富幼儿的语言和词汇，比如传话游戏、说反话游戏、词语接龙等。而将数学中的一些内容，如比大小、比高矮等融入语言游戏中，不仅丰富了语言游戏的内容，而且加深了幼儿对数学的理解和表达。

例如，说大小游戏中，一名幼儿说“大西瓜”，另一名幼儿说“小葡萄”；一名幼儿说“大飞机”，另一名幼儿说“小汽车”。游戏不仅可以丰富幼儿的词汇，还锻炼幼儿敢说、会说的语言表达能力。

（资料来源：吴欣萍．幼儿数学探究教育研究[M]．北京：北京师范大学出版社，2009.）

幼儿数学教育热点透视

《指南》将科学领域分为“科学探究”和“数学认知”两个既相互联系又相对独立的子领域。在“数学认知”部分，幼儿数学学习的价值、核心内容、发展目标、特点、指导要点等都得到了简明的阐述，对幼儿教育理论研究者、幼儿园一线工作者以及幼儿家长思考幼儿数学教育的真正意义与价值，具有明确的引领作用。在了解幼儿并促进其学习与发展这一基调下，我们不妨重新审视当下幼儿数学教育的热点问题，以思考如何定位未来幼儿数学教育实践。

一、数学是相对独立的学习领域，是幼儿入学准备的重要方面

从入学准备的角度来看，数学认知也是幼儿园阶段必不可少的学习与发展领域。幼儿园阶段数学学习的成效不仅影响幼儿数学学科成绩，很可能还会对他们将来能否取得总体上的学业成功产生重要的基础性影响。幼儿园的数学教育应该以适宜的方式丰富幼儿的数学知识，促进幼儿的数学学习能力，且要做到在内容和方法上与小学阶段的数学学习一脉相承。幼儿早期数学学习经验的积累为他们小学阶段数学概念的形成打下了基础，幼儿在早期养成数学的思维习惯，形成规则意识、任务意识、独立意识等学习品质，为他们进入以系统、抽象的学科学习为主的小学阶段学业与能力发展奠定了基础。《指南》将数学作为独立的部分并提出相应的说明与要求，也是出于要更科学、更规范地指导幼儿园、小学开展幼小衔接的考虑。

二、生活中的数学是幼儿数学学习的重要内容

《指南》中“数学认知”部分的第一条目标就是“初步感知生活中数学的有用和有趣”，这凸显了其重视生活中的数学的教育取向。

幼儿的数学知识大量来源于实际生活。“生活中的数学”为幼儿提的是非正式的数学学习经验，所谓“非正式”是相对于系统严谨的数学学科知识而言的。幼儿通过大量非正式的途径了解数学、学习数学，这种非正式的经验对幼儿数学学习具有两方面的重要意义：一是为幼儿数学概念的建构积累丰富的经验；二是为幼儿提供用数学解决问题的机会，以加深幼儿对数学概念的理解。

三、数学学习路径决定幼儿数学教育内容应具有系统性

我们强调幼儿数学学习的生活化、经验化，并不意味着要否定或弱化正式的幼儿园数学课程与教学的作用。幼儿园数学课程内容的系统性亦毋庸置疑。这是因为幼儿对数学概念的理解具有明确的学习路径，这也决定了教师的教学必须遵照这个路径循序渐进地提供学习内容，只有这样才能有效地促进幼儿的发展。

例如，在进行数的组成教学时，过去我们编排内容的依据只是数量的递增，而未充分考虑幼儿对数的组成概念的理解是如何逐步发展起来的。我们所说的基于幼儿数学学习路径的系统性，则要充分考虑到幼儿如何从具体的量的分合发展到抽象的数的分合，从具体操作中探索数量的不同分法到发现各组分法之间存在的规律性，以理解数的分合中所蕴含的各种数量关系。

四、促进幼儿的数学思维，是幼儿园数学教育的真正价值所在

数学作为一门学科，有其独特的学科思维方式，那就是数学化的思维。数学思维是一种模式化的思维方式，数学就是关于“模式”的科学。幼儿获得数学知识的过程就是思维抽象化的过程。例如，幼儿在学加减运算的过程中，如果他会进行算式的运算而说不清算式所蕴含数量关系的含义，那么我们就不认为他已经形成了加减运算的概念。只有当幼儿能够将抽象的数学概念与具体的事物相联系，才能说他真正理解了数学概念。

幼儿学习加减运算，绝不仅仅是学会如何计算几加几，更重要的是理解算式是一种抽象的符号，抽象的算式可以表示很多具体的事情。只有这样，幼儿遇到具体问题时，才能认识到其中所蕴含的数学概念、数学关系，并自觉运用数学的方法进行思考。

五、让幼儿学自己的数学，走上个性化的数学能力发展之路

“人人都可以学数学”“人人都应该学自己的数学”，这是当前数学教育改革的价值取向。数学能力是天赋和后天经验相结合的产物。我们可以看到，数学能力自婴儿期就开始发展，到学前阶段幼儿就能在生活中自然地获得丰富的感性数学知识和经验。在成人有意识、有目的、有组织的教育引导下，幼儿学习数学的潜力是不可限量的。与此同时也必须承认，早期儿童的数学发展存在着较大的个别差异，他们在学习数学时表现出不同的兴趣、经验、优势与特点，这就要求我们首先要通过科学的方法了解幼儿可能存在的个体特点与差异，再针对幼儿不同的发展水平做出与之相适宜的指导，绝对不能用固定的标准去要求、评估全体幼儿。

（资料来源：张俊．幼儿数学教育热点透视[J]．幼儿教育，2014（Z1）：6-8．有删减）

学习评价与反思

____

____

____

____

参考文献

[1] 张文军，刘洪玉．学前儿童科学教育与活动指导[M]．上海：华东师范大学出版社，2014.

[2] 黄瑾．幼儿数学教育与活动指导[M]．上海：华东师范大学出版社，2015.

[3] 王建新．幼儿园里有多少棵树[J]．幼儿教育，2014（Z1）：62．

[4] 吴欣萍．幼儿数学探究教育研究[M]．北京：北京师范大学出版社，2009．

[5] 李兴娜，王颖．幼儿园科学教育活动设计与指导[M]．长春：东北师范大学出版社，2015．

[6] 梁燕京，刘占兰．滚动[J]．幼儿教育，2006（6）：20-21．

[7] 张俊．给幼儿园教师的 101 条建议：数学教育[M]．南京：南京师范大学出版社，2007：243-244）

[8] 李季湄，冯晓霞．《3～6 岁儿童学习与发展指南》解读[M]．北京：人民教育出版社，2013．

[9] 周希冰，周利文．幼儿科学教育．数学[M]．北京：北京师范大学出版社，2013．

第七章　学前儿童科学教育活动的评价

本章导读

评价是幼儿园科学教育活动的重要组成，它贯穿于幼儿科学教育的始终，学会评价科学教育活动和幼儿的发展是幼儿教师必备的教育技能，它将帮助教师经常反思自己的教育行为，不断改进教育工作，提高教育的质量，最终促进幼儿的发展。

本章将具体讲述学前儿童科学教育活动评价的内涵，评价的意义，评价的内容、方法及其运用。

学习目标

1．教育评价和学前儿童科学教育活动评价。
2．学前儿童科学教育活动评价的类型。
3．学前儿童科学教育活动评价的内容。
4．学前儿童科学教育活动评价的方法及其运用。

学习重点

1．学前儿童科学教育活动评价的类型和内容。
2．学前儿童科学教育活动评价的方法及其运用。

思维导图

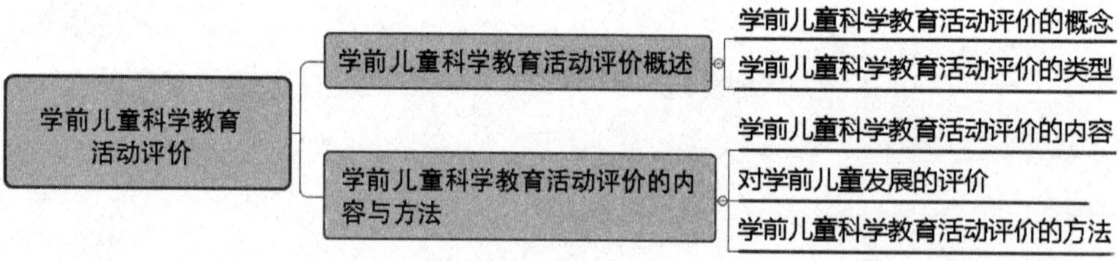

第一节　学前儿童科学教育活动评价概述

典型案例

在一次中班“蔬菜联合会”科学教育活动中，教师事先组织幼儿每人从家里带一种蔬菜，教师也准备一些蔬菜，教师将幼儿带来的蔬菜放在所在小组的桌子上，请幼儿观察自己带来的蔬菜，并向同伴介绍自己带来的蔬菜的名称以及外形特征，然后让幼儿指着书中关于蔬菜的彩图说一说：图中有哪些蔬菜？这些蔬菜是什么样子？什么颜色的？最后启发幼儿想一想：还吃过哪些蔬菜？通过幼儿相互交流，引导他们集体思考。

教师通过观察、谈话等方式评价活动中哪些幼儿能准确说出蔬菜的名字，哪些幼儿指出的蔬菜多，哪些幼儿能描述出蔬菜的特征，哪些幼儿能指出蔬菜含有的丰富的营养，等等。

讨论：

通过一系列观察思考，教师能否对幼儿在活动中获得相关经验做出判断？教师这种对幼儿的评价，是否有利于促进幼儿富有个性的发展呢？

（资料来源：李兴娜，王颖. 幼儿园科学教育活动设计与指导[M]. 长春：东北师范大学出版社，2015.）

一、学前儿童科学教育活动评价的概念

（一）教育评价

教育评价是教育过程的一个重要环节，通过评价可以分析教育活动中存在的问题，进而改进教学。同时，评价要面对整个教育活动的过程做动态的、纵向的比较，通过评价提示，可以暴露出教育过程中存在的各种问题，并根据一定的价值观对这些问题进行分析和判断。这可以使教育者明确教育中的症结所在，并在下一阶段加以改进，以保证教育过程自身的完善和发展。

（二）学前儿童科学教育活动评价

学前儿童科学教育评价是以学前儿童科学教育为对象，根据一定的标准，采取科学的评价技术和方法，对学前儿童科学教育活动的目标、内容、过程及教师、学前儿童等进行测定并加以分析，最终做出价值判断的过程。

例如，我们可以评价学前儿童在科学教育活动中探索科学的兴趣和欲望如何；可以评价教师所选择的内容是否符合学前儿童发展的需要；也可以评价教师在活动中教学方法的运用及教学效果如何；还可以评价教师和学前儿童的互动情况以及教师投放的材料；等等。

（三）学前儿童科学教育活动评价的意义

教育部2001年7月颁布了《幼儿园教育指导纲要（试行）》，明确指出“教育评价是幼儿园教育工作的主要组成部分，是了解教育的适宜性、有效性，调整和改进工作，促进每一个幼儿发展，提高教育质量的必要手段。”由此看来，教育评价在教育活动中有重要意义。为此，我们概括了学前儿童科学教育活动的意义的几个方面。

1. 对学前儿童科学教育活动的各个要素进行鉴别

通过评价，我们可以对教育活动的各要素进行科学的鉴别：检查教育活动的各个方面

是否达到了预期的效果，或目标实现到了何种程度。例如，通过对某一教育活动结果的评价，来检查学前儿童对某一内容的学习情况，从而评价学习的效果。另外，我们可以评价学前儿童在活动中的表现，以鉴定他们的发展水平。同时，我们还可以对评价的对象进行横向比较，如哪个学前儿童发展的水平高，哪个教师的教学方法得当，教学效果更好。因此，学前儿童科学教育评价具有反馈功能，可用来判断科学教育过程中的每一个步骤是否有效。

2. 对学前儿童科学教育活动做出诊断

当今的教育评价更注重诊断作用，即评价不仅要对教育活动的结果进行横向比较，还要对教育活动的过程做出纵向的比较，以使教育过程更加完善和有效。通过诊断，可以发现教育过程中的问题，然后进行分析和评价，从而采取变革策略，以提高教学质量。

例如，根据小班幼儿在计数活动中的长期表现，可以诊断这个幼儿的计数能力在不同阶段的发展情况，从而判定他计数能力的整体发展情况。

3. 对学前儿童科学教育活动加以改进

在教育活动中，我们将根据教育活动的目标不断地对教育实际做出一系列的评价，通过持续不断的评价达到改进教育活动、实现教育目标的目的。

4. 更好地做到因材施教

通过教育评价，可以更好地了解哪个学前儿童发展得较好、较快，哪些学前儿童发展较慢，存在不足，并通过分析找出症结，更好地了解学前儿童的个别差异，真正做到因材施教。

总之，科学教育评价可以使我们更深入地了解学前儿童发展的年龄特点和个别差异，帮助教师不断地反思改进自己的工作，更好地促进学前儿童的发展。

二、学前儿童科学教育活动评价的类型

从不同的角度来看，学前儿童科学教育活动的评价有不同的类型。

1. 按照评价的对象和内容划分

按照评价的对象和内容划分，科学教育活动评价主要包括两个方面：一个是学前儿童发展评价，另一个是教学评价。尽管学前儿童科学教育活动的评价总是要关注教师和学前儿童两方面，但是有时我们出于不同的需要，会将评价的焦点集中于不同的方面。例如，在学前儿童发展评价中，评价的焦点就是学前儿童的发展状况，包括学前儿童发展的总体水平以及个别差异，而不太关注实际的教学过程。而在教学评价中，我们关注教师的角度是如何促进学前儿童的发展。

学前儿童发展评价常常运用于各种情形中。为了了解教学活动特别是长期的教学活动的效果，我们可以对学前儿童的发展状况进行评价，并对教学活动前后学前儿童的发展状况进行对比，以此证明教学活动的效果。此外，教师在开展教学时，为了了解学前儿童是否具有相应的学习准备，也要对学前儿童的发展状况进行一个诊断性的评价，才能将自己的教学建立在学前儿童已有的发展水平基础上。学前儿童发展状况评价还能帮助我们了解学前儿童发展状况中的个别差异，以做到因材施教。在具体的评价实践中，既有对学前儿

童发展进行全面的、整体性的评价，也有针对个别学前儿童和具体情境的随机性评价。

教学评价常常结合具体的教学活动进行，其目的是及时了解教学的效果，帮助教师改进教学。教学评价既可以是对一次教学活动的评价，也可以是对一段时期的教学活动的评价；既可以在教学活动过程之中进行，也可以在教学活动结束后进行。

由于学前儿童发展评价和教学评价关注的焦点不同，其评价的方法和手段也有所不同。在学前儿童发展评价中，我们为了了解学前儿童发展的一般和真实情况，往往要排除干扰因素（短期的教学因素）对评价结果的影响，而在教学评价中则不必过多考虑这一因素。我们可以采用和教学内容相类似的方式对学前儿童进行评价，有时甚至可以直接用教学的内容进行评价，了解学前儿童对教学内容的掌握、巩固和迁移达到了什么样的程度。

在评价实践中，学前儿童发展评价和教学评价是可以相互印证的。因为学前儿童的发展状况能反映教师的教学情况，而教师教的情况也往往折射出了学前儿童学习的结果。所以，它们只是从两个不同的方面来进行评价，其评价的结果也是从不同的侧面反映了学前儿童科学教育活动的情况。因此，这就要求我们在进行学前儿童科学教育活动的评价时，既要从不同的角度进行评价，将不同的评价结果相互印证，要慎重地对待评价结果，避免片面的评价和解释。

2. 按照评价的时段及功能划分

根据教育评价的不同功能以及它们的运行时段，可以把学前儿童科学教育活动的评价分为三种类型：诊断性评价、形成性评价、终结性评价。

1）诊断性评价

诊断性评价是在开展科学教育活动之前，对教育评价所做的诊断，了解教育对象的发展基础，发现存在的问题，以使教育活动有的放矢，因材施教。

诊断性评价既可以在学期开始时进行，也可以在一个活动或一系列活动开始时进行。学期开始时进行的诊断性评价通常都是比较正式的评价。通过诊断性评价，我们可以对学前儿童已有的发展水平有所了解，为制订学期的教育目标提供依据。尽管每个年龄段的学前儿童在发展上具有一些共同的特征，但不同的学前儿童仍然存在明显的差异。这就需要我们对学前儿童的发展水平有更具体和清晰的了解，以确定本学期集体教育的重点，同时也针对不同能力的学前儿童进行个别教育。

在开展某个教育活动之前，教师也可以通过各种方法对学前儿童进行诊断性评价，以了解学前儿童对相关的教育内容具备哪些知识、能力和态度上的准备。这样在设计和组织活动时就能做到有的放矢，根据学前儿童的发展水平挑战教育目标和内容。

2）形成性评价

形成性评价是在教育过程中持续进行的评价，其目的在于及时了解教育活动的反馈和成效，以便及时调整教育策略，以优化教育过程。形成性评价通常都是非正式的评价。

在一个持续时间较长的教育过程中，教师需要及时了解学前儿童的发展情况，以便根据这些信息计划组织下一个阶段的教育。这就需要形成性评价。例如，“数的组成”内容的教育就要持续较长的时间。学前儿童对数的组成的理解也是逐渐加深的。首先，他们要理解“分”与“合”的规则是什么，知道数是可以进行分合的。但是对于一个数可以分成几和几则不能在头脑中进行，得依赖于尝试性的动作。经过长期的练习，学前儿童逐渐能熟练地对一个数进行分合，并能穷尽所有的分法。接着学前儿童还能知道数的各种分法，并可以按照一定的顺序排列出来，如5可以分成1和4、2和3、3和2、4和1，这样就不会遗漏。这就是学前儿童认识数的组成的不同水平。教师在一系列的教育活动中，要随时了解学前儿童的发展水平，知道学前儿童对数的理解到了什么样的程度，同时根据评价的结果安排教学的进度和操作活动的难度。

在某个教育活动中，也有形成性评价，这主要是指对学前儿童的操作过程的评价。由于活动的时间较短，形成性评价往往渗透在教育活动的过程中，教师的评价形式也会多种多样。学前儿童在操作过程中的表现，往往能充分反映学前儿童思维的过程和发展的水平。

形成性评价能够使教师把握教育过程中的随机教育机会，灵活地组织教育活动。例如，当学前儿童在活动中表现出创造性的行为时，教师如能及时发现并做积极的评价，就能引导学前儿童继续深入地探究下去。

教育活动中的形成性评价虽然多是非正式的，甚至是隐性的，但也十分重要。从广义上说，教师在教育活动中的一言一行都对学前儿童具有评价的作用，都能鼓励、支持和帮助学前儿童学习。反之，学前儿童在教育活动中的所有表现，也可以成为教师进行评价的对象，以帮助教师更好地组织和指导教育活动。

3）终结性评价

终结性评价是在完成某个阶段的教育活动之后进行的评价，其目的在于了解这一阶段的教育效果，对达成教育目标的程度做出总结和鉴定。终结性评价一般都是正式的评价。

终结性评价是一种事后的评价。幼儿园某一阶段的教育结束时，就需要对学前儿童的各个方面的发展进行终结性评价，以了解每个学前儿童的发展情况。对于一个教育活动来说，在活动结束时也有必要进行终结性评价，以了解本次教育活动的效果。

终结性评价是针对学前儿童的学习结果而进行的评价。它一般只关注结果，基本不涉及过程的评价。终结性评价可以通过对学前儿童的测查和调查进行，也可以直接评价学前儿童的作业或作品。

以上三种类型的评价，不仅在运行时段上不同，在学前儿童科学教育活动中所起的作用也不一样：诊断性评价的主要功能是诊断，即帮助教师在开展教育活动之前了解学前儿童的发展水平和学习准备状况；形成性评价是在教育活动过程中及时反映教学两方面的信息，帮助教师及时改进教学；终结性评价则更多地表现出鉴定和鉴别的功能。在具体的评价方法上，有的是比较正式的，有的常常是非正式的。在学前儿童科学教育活动的评价中，常常要在不同的时段对学前儿童进行评价，并将评价的结果加以对照，才能追踪学前儿童发展的全过程，看到学前儿童发展的真实面貌。

3. 按照评价的主体划分

根据评价的主体不同，可以把学前儿童科学教育活动的评价分为外部评价和内部评价。其中，外部评价又称他人评价，是指由第三者（园长、教研组组长等）从外部对科学教育活动进行的评价。而内部评价是指参与教育活动的人对教育活动自身的评价，又可分为教师评价和学前儿童自我评价。

外部评价通常是由专门的人员组织实施的。从外部来评价学前儿童科学教育活动，往往能够获得比较客观和可信的结果，并且具有一定的可比性。例如，园长为了了解教师的教学情况，就要对教育活动进行评价，这就是一种外部评价。通过对不同班级的比较，园长可以对不同教师的教学情况、教学效果做比较客观的评价和鉴别。

虽然外部评价比较客观，但也有它的不足。由于评价者是外在于教育活动的观察者，而没有参与到活动中，只是对活动的结果进行评价，这样会导致评价的信息不完整。而在内部评价中，无论是教师评价还是学前儿童自我评价，被评价者就是评价者，这种“主观”的评价反而能更深入教育活动的过程中，真正发挥评价工作的激励功能和改进功能。

教师在组织教学活动的过程中，不仅要考虑自己怎样教，也要了解学前儿童是如何学的，并且根据学前儿童学习的情况调整自己的教学策略。作为一个反思型的教师，一个重要的品质就是能够在教学过程中进行持续不断的评价，并根据评价结果及时改进教学。在一次教学活动结束后，或者在一个阶段的教学结束后，教师也可以对自身的教学进行反思性评价。这些评价活动都是教师改进自身教学的重要前提。学前儿童评价的实施者和教学的实施者相统一，评价的信息就能够及时、完整地反馈到教学活动中，发挥其改进教学的功能。

内部评价不仅是指教师对自身教学的评价，还包括学前儿童对自身学习过程和结果的评价。学前儿童作为教育活动的参与者，完全有可能参与到教育评价的过程中。教师鼓励学前儿童对自己和同伴的学习进行反思和评价，可以促使学前儿童的学习更自主，同时促进同伴间的相互学习和交流。

在学前儿童科学教育活动的评价中，外部评价和内部评价各有作用。这几种评价之间是相互补充的关系。而由不同主体、从不同角度进行评价的结果，则可以使评价者对学前儿童科学教育活动有更丰富和更全面的理解。总之，对学前儿童科学教育活动评价的分类，可以从不同的维度进行，以上所进行的分类，其目的也是使我们对学前儿童科学教育活动的评价内容有更加丰富的内涵。

第二节 学前儿童科学教育活动评价的内容与方法

一、学前儿童科学教育活动评价的内容

学前儿童科学教育活动评价的内容指对学前儿童科学教育活动哪些方面进行评价，也就是评价什么。学前儿童科学教育活动评价的内容包括两个方面：对学前儿童科学教育活动本身的评价和对学前儿童发展的评价。

（一）对学前儿童科学教育活动本身的评价

对学前儿童科学教育活动本身的评价主要包括对活动目标、活动内容、活动方法、活动过程、活动环境及师幼互动等方面的综合评价。

1. 科学教育活动目标的评价

活动目标是教师期望活动所能达成的教育结果。评价活动目标应从以下几个方面来进行：

（1）活动目标与学期目标、年龄目标及总目标之间是否一致。从理论上看，每个科学

教育活动目标的积累，构成了阶段目标和终期目标，每一项活动目标的实现，都是向阶段目标、终期目标迈进。

（2）活动目标与本班幼儿的实际是否适应。每个不同的班级虽然在总体上符合该年龄阶段幼儿的一般特点和发展水平，但每个幼儿本身有自身的特殊性，各有不同的实际情况。

（3）活动目标中是否包含了科学经验、科学方法、科学情感态度三方面的内容。科学教育的总目标包含了以上三方面的内容，在每个具体的活动目标中，也应有这三方面的要求。当然，每次活动的具体内容不同，目标侧重也有所不同。

（4）整个活动的设计与实施是否围绕活动目标进行。活动目标确定以后，整个活动设计及实施应围绕活动目标来展开。例如内容的选择、教师提问的设计等。

2．科学教育活动内容的评价

活动内容是实现活动目标的手段。评价活动内容应从以下几个方面来进行：

（1）活动内容的选择是否与活动目标相一致。科学教育所涉及的内容、范围十分广泛，选什么内容的首要依据就是目标。活动内容应该有利于目标的实现。

（2）活动内容是否符合科学性。幼儿科学教育的目的是对幼儿进行科学素质的早期培养，因此科学教育的内容必须具有科学性。首先，科学活动带给幼儿的知识应是准确的，应选取那些能被幼儿感知的、真实的、可靠的材料，有利于幼儿科学态度的形成。其次，活动内容应突出重点、详略得当、难易适宜，并且能考虑探索对象的特点。

（3）活动内容的选择是否符合时代性。现代科技日新月异，突飞猛进，因此，科学教育活动要反映科技发展成果，体现时代性。评价内容应该分析该内容是否能够引导幼儿关注新事物、新现象、新发明、新创造，激发他们的好奇心和探索的欲望，感受科技带来的新变化。

（4）活动内容是否贴近幼儿生活。幼儿期不可能形成真正的科学概念，经验性的知识才是幼儿能够获得的最有价值的知识。教师选择的内容应该来源于幼儿的生活，着眼于帮助幼儿获得有关周围事物及其关系的经验，选择那些符合儿童天性的、最自然的、最富有生命力的内容。

（5）活动内容是否符合幼儿的最近发展区。科学活动的内容应该从幼儿现有的水平出发，同时又具有一定的挑战性。

3．科学教育活动方法的评价

科学教育活动方法既是教师为了完成科学教育任务，实现科学教育目标所采用的教学方法，也是幼儿在教师指导下学习科学的方法。评价活动方法应从以下几个方面进行。

（1）是否根据活动目标、活动内容及幼儿实际，选择与运用生动、直观、形象的活动方法。

（2）在一次活动中，是否采用多种合适的方法。

（3）是否根据幼儿园的环境和设备条件选择合适的方法。

（4）活动方法是否能保证幼儿积极主动参与活动，并使他们得到发展。即不是教师灌输知识，幼儿被动地学习的方法。

4．科学教育活动过程的评价

（1）活动是否采用了多种科学教育活动的组织形式。从幼儿参与活动的规模来着，可分为集体活动、小组活动和个别活动。要评价活动中是否根据实际情况选择了适宜的组织形式。

（2）在活动过程中，是否考虑了因材施教的问题。每个班中总有处于两头的幼儿，在班级、小组、个别活动过程中，是否有为这些幼儿准备的专门设计和个别化指导。

（3）在分组时，是否考虑了人际关系以及幼儿的情感因素，即小组活动或个别活动时，是硬性规定幼儿的分组，还是根据幼儿的意愿来分组。

（4）在活动过程中，是否能随机调整预定的活动目标，并生成目标。是否能根据活动开展情况，做出方法、组织形式、提问等多方面的调整。

5. 科学教育活动结构的评价

（1）活动结构是否合理，即是否能根据幼儿活动和学习的规律，注意动静交替，等等。

（2）活动结构是否严密，即活动的组织是否紧凑、程序严密、环节交替自然有序，是否能有效利用时间。

（3）活动中的每一个步骤是否有效，即在科学教育活动过程中，每一个步骤都应和达成目标有关，尽量减少和目标无关的环节。

6. 教育资源选择与运用的评价

（1）是否选择了能达成科学教育活动目标、适合活动内容与幼儿实际的教育资源。如教育资源是否紧扣目标、是否有趣。

（2）选用的教、学具是否适合于科学教育活动的展开，如提供的教具是否具有典型性，学具在数量上能否保证活动的进行。

（3）选用的学具是否适合于幼儿操作。如学具的安全性、易理解性，是否适合幼儿的体力与能力等。

（4）在活动过程中，是否最大限度地利用了教具、学具所具有的功能。

7. 师幼互动关系的评价

（1）是否正确发挥了教师的主导作用，如教师的提问是否得当、新奇、有启发，是否富有魅力及指导意义。

（2）是否创造条件使幼儿成为活动的主体，如创造宽松的心理环境，鼓励每个幼儿积极探索，学习科学。

（3）教师与幼儿在活动过程中的交往是否和谐融洽，是否积极主动地相互交往。在完成探索活动时，教师是采用鼓励，还是采用讽刺的语言与手段。

（4）幼儿参与活动的态度如何。是主动积极地参与活动，还是被动地参与，甚或是成为旁观者。

案例 7-1

大班科学活动：滚动

一、活动目标

（1）乐于探究，初步发现不同形状的物体有不同的滚动路线。

（2）能清楚地描述物体滚动的路线并用适宜的符号表示。

二、活动准备

（1）经验准备：对生活中能滚动的物体和滚动现象有所了解，具有一定的让物体滚动起来的经验。

（2）物质准备：材质、重量基本相同且等底等高的圆柱体、圆锥体、圆台体若干套，木制小山洞6个，自制“压路机”，纸盒7只，在黑板上画好代表三种形体的符号，记录表格（集体、个人），铅笔、橡皮、即时贴等。

三、活动过程

1. 初步感知三种形体的特征

（1）教师出示“神秘袋”并提出要求：“今天，老师给大家带来了几只‘神秘袋’，现在每组请一位小朋友去取一只‘神秘袋’和一只纸盒，放在你们面前。”

（2）请每个小朋友把手伸进袋里摸一摸，想一想袋里的东西可能是什么样子的，然后拿出来，看一看和想的是不是一样。可以和伙伴说一说它是什么，说完后把它放在面前的纸盒里。

（3）教师引导幼儿逐一观察三种形体的特征：“谁手中的物体和我一样，请把它举起来，大家说一说它是什么样子的，叫什么名字。”

（4）教师逐一指着黑板上三种形体符号提问：“这个符号代表哪个物体？”引导幼儿感知形体和符号之间的关系。

2. 猜想和验证三种形体的滚动路线

（1）教师创设“打敌人”的游戏情境，引导幼儿猜想和验证三种“武器”的滚动路线。

① 教师向幼儿介绍游戏玩法及规则：“现在，我们要拿这几样物体当武器玩“打敌人”的游戏。这边是营地，这条线是战壕，前方就是敌人，装武器的小盒子就是我们的弹药库。大家想一想，如果我们要滚动这三种武器去打击敌人，它们可能会走什么样的路线？”

② 师：大家都说了自己的想法，这三种武器滚动起来到底会走什么样的路线呢？我们可以轻轻地滚动它们来试一试，并把实验结果记录下来。

③ 教师出示记录表，引导幼儿认识三种形体符号及其在表上的位置，了解记录方法：“这是一张记录表，上面有三种武器的符号。你们把姓名先写上，然后轻轻滚动武器，仔细观察每种武器的滚动路线，并把看到的路线画在符号旁边。”

④ 交流实验结果。教师把每组的记录表贴在展示板上，幼儿自由观察交流。然后师幼一起把几种武器的滚动路线画在黑板上的形体符号下面并做介绍。

（2）比较分析：哪种武器最好用。

① 师：（布置好山洞）敌人就藏在山洞里，我们需要一些轻轻一碰就能滚进山洞的

武器。

师：大家说一说，哪种武器最容易滚进山洞？为什么？

② 请大家试一试、比一比。

（3）讨论尝试：另外两种武器是否能打到敌人

① 师：通过尝试，我们发现圆柱形武器最容易滚进山洞。那么圆台形和圆锥形武器能轻轻滚进山洞吗？为什么？

② 师：请大家去试一试。如果武器不够，弹药库里还有一些，大家可以来取。

3. 分享交流，总结提升

教师引导幼儿交流不同形状的武器滚动路线的特点。

4. 萌发运用经验制作的愿望

（1）（师：出示用这三种形体绘制的图画）这幅画是用什么形状的工具画出来的？

（2）教师介绍用圆柱体做成的“压路机”：“这辆车用了什么形状的物体？它可以干什么用？”

（3）师：我们生活中有没有像这些形状的东西？我们能不能用这些东西来制作玩具呢？

四、延伸活动

提供各种圆柱体、圆台体、圆锥体材料及其他辅助材料，让幼儿自制玩具，迁移运用相关经验。

五、活动评析

以发展科学领域的关键经验为基本目标的探究式科学活动是高结构化的科学活动，是幼儿在教师精心设计的框架下进行的探究活动，具有以下主要特点。

1. 围绕某一关键科学概念展开探究

这个关键科学概念应该被准确而清晰地描述为儿童能够探究的具体概念。物体的运动受到外部因素和自身因素的影响。外部因素主要包括对物体施加力的大小、方向、作用点等，自身因素主要包括物体的质量和物体的形状。其中作为物体自身因素的形状影响着物体运动的方向和轨迹，活动“滚动”探究的正是这个问题。在该活动中，关键概念被描述为“不同的物体具有不同的滚动路线”。确定和描述幼儿能够探究的关键概念是十分复杂和困难的，它需要教师深入了解和把握学科特点和幼儿水平。

2. 经历探究过程的基本阶段

在“滚动”活动中，幼儿的探究以自由感知圆柱体、圆台体、圆锥体三种不同特征的物体为前奏，在教师创设的“用武器打敌人”的情境中经历了猜想武器行走的路线、实际操作验证、记录与得出结论、解释交流与分享的过程。此外，活动的尾声还引入了与生活的联系。这是一个比较完整的科学探究过程。

3. 融趣味性与实效性、过程和结果为一体

兴趣和需求是幼儿进行探究式科学活动的前提。在该活动中，教师通过创设情境将需要探究学习的概念蕴含在幼儿感兴趣的、有一定实际意义、过程与结果统一的游戏中。

（资料来源：梁燕京，刘占兰．滚动[J]．幼儿教育，2006（6）：20-21．有删改）

二、对学前儿童发展的评价

学前儿童发展评价是以学前儿童为对象的评价，也就是对幼儿发展状况进行评价。通过对幼儿发展状况进行评价，我们可以获得一些间接的资料，以评价教育活动的效果；可以对幼儿做某些鉴定，了解每个幼儿的发展状况，以便改进教学。

对幼儿在科学学习方面所获得的发展进行评价，其指标体系包括科学知识和经验、科学技能和方法、科学情感和态度三个方面。

（一）科学知识和经验的评价

幼儿对事物及其关系的认识不是靠记忆，而是靠一些具体的、特殊的材料进行科学探索，他们通过反复的操作、思考，去体验，去感悟，因此他们所获得的知识经验不可能是真正意义上的科学概念，应该强调帮助他们获得经验的知识。例如，组织幼儿进行科学活动“下落的物体”，可以对幼儿在活动中获得的相关经验做出判断，如哪些物体下落得快，哪些物体下落得慢，但不需要让幼儿理解自由落体运动的原理及空气浮力等问题。

（二）科学技能和方法的评价

主要评价幼儿探索周围世界和学科学的智力技能与方法的发展水平。

评价的内容包括：活动中幼儿应该尽可能地运用多种感官；掌握观察的基本方法，学会按顺序观察；能够在一定时间内专注地观察、思考、比较；能寻求独特的方法解决问题，发现各种关系；能用简单的方法统计、记录；能对一些物体进行比较、分析、抽象和概括；能主动通过多种手段与别人交流自己的发现；能大胆提出新问题、新想法。

（三）科学情感和态度的评价

主要评价幼儿对周围世界的好奇心、探索周围世界和学习科学的兴趣，以及幼儿关心、爱护自然和环境的积极情感和态度。

对幼儿发展的评价有的需要系统地、有组织、有计划地实施，像前面讲的对幼儿的全面发展状况的评价，但更多的评价是随机的、非正式的，通过师幼互动进行的。教师从幼儿的言语和行为表现中获取有价值的信息，并做出判断和反应。

上述评价幼儿科学学习发展的三个方面，在《指南》科学领域的目标部分有所体现，《指南》科学探究部分的目标针对3～4、4～5、5～6岁三个年龄段末期幼儿的发展水平提出了合理期望，指明了幼儿科学学习与发展的具体方向。值得注意的是，尽管《指南》能够帮助教师对幼儿的学习与发展状况做出一定的评价，却不能仅仅把《指南》作为一个专门的评价工具或测试工具来使用。由于每个幼儿的发展有差异性，所以不能用《指南》的标准衡量所有幼儿，应当尊重“个别差异”，对幼儿的特点给予充分的肯定与重视。

三、学前儿童科学教育活动评价的方法

教育评价的目的是真实地、全面地反映评价对象的情况。要想保证教育评价的客观性、科学性，就必须采用科学的评价方法。这里所说的评价方法，实质上是指收集资料信息的方法，也包括如何将资料信息进行记录的方法。可用于学前儿童科学教育活动评价的方法有很多种，常用的方法有观察法、谈话法、问卷法、作品分析法等。

（一）观察法

观察法就是有目的、有计划地对被评价者的行为进行现场观察，并根据观察结果进行分析、做出评定的一种方法。观察法包括自然观察、情境观察、行为核对三种类型。

1. 自然观察

自然观察是评价者对幼儿在日常生活中、自然状态下的行为进行观察及评价的方式。自然观察法在运用时，往往在观察前就明确好所需观察行为和事件的类型，观察时只需等候行为或事件的发生，并做详细的记录。例如，下面一段记录说明了幼儿对待小动物的态度。

×××早晨来园，到自然角旁边，观察金鱼，喂金鱼，同时轻声说：“小金鱼，你昨天晚上睡得好吗？想我吗？我可想你啦。”

这段记录可以表明该幼儿喜欢小金鱼、关心小金鱼。

自然观察的优点在于不受时间间隔的限制，只要事件一出现，就可以进行持续记录，可以经济有效地利用时间和精力。另外，自然观察是在幼儿自然的状态下进行观察和评价，幼儿基本不受干扰，或很少受到干扰，因此能收集到最真实的资料。

自然观察的缺点有：首先，自然观察需要评价者进行详细的、如实的记录，对记录技术要求高，用手工速记往往很困难，而且对记录者的文字表述要求也较高，需要记录者用准确的词语进行描述。针对这一缺点，除了使用代码记录外，也可以使用现场摄录的方式。其次，由于只记录选定行为的发生过程，有可能这些观察的行为现象，在不同的时间和场合会有不同的意义。针对这一缺点，可以同时记录事件发生的情境和背景，以便综合分析该行为的性质。

2. 情境观察

情境观察是事先创设一种情境，以此引发评价者想要观察到的幼儿的行为，来获取评价资料。

情境观察的优点是能够测量幼儿发展水平的不同层次，并且由于是在情境控制的情况下进行的，其观察效果较好，因此被广泛地使用。情境观察的难点在于如何创设一个很好体现评价目标的情境，这一点较难把握。

情境观察也需要评价者如实、快速地对幼儿的反应进行记录，在这一点上，与自然观察是相同的。

3. 行为核对

行为核对的方法就是在观察前，依据评价的内容确定观察的目标，并制成一份观察行为检核表，将要观察的行为列在表中。实际观察时，观察者只要对照行为检核表中的各个项目进行逐条检核，并在符合的条目上做记号就可以了。

行为核对的观察方法对观察者的要求不高，实施起来比较方便。但在观察之前需要制定一份观察行为检核表。检核表中的行为必须反映想要评价的内容，而且具有一定的代表性。

行为核对可以通过现场的观察和记录进行，也可以通过面对面的测试进行，方法是向幼儿提出指定的问题，观察其对问题的行为反应，并做出判断。

幼教故事

小乌龟冬眠

小赵很早就来园了，他和小灏看到我在给自然角的花浇水，就很有礼貌地说："曹老师早!你在干什么呀？"我说："我在给小花浇水啊。"他们跟在我的旁边仔细看我给小花浇水。突然，小灏大声地说："老师，乌龟怎么不动了？它死了。"说着，他的目光转向了小乌龟。小赵看了看说："不对，小乌龟没死，它要冬眠了。"小灏在旁边说："冬眠？"小赵说："妈妈给我讲过，冬天时小乌龟要冬眠，睡上一冬天。它现在不动了，要冬眠了。"小灏忙问："小乌龟怎么冬眠啊？"小赵说："乌龟埋在沙堆中。"小灏说："这里没沙子啊，怎么办？"小赵说："妈妈说把缸里的水倒了，再用布把乌龟包起来就可以了。"说着两人就到教室的手工区找来了布，在我的帮助下，一起给小乌龟铺上"被子"、穿上"棉衣"准备过冬。

案例分析：

上面两位幼儿的对话看似平常，但仔细分析就会发现这两位幼儿对自然角很感兴趣，喜欢关注自然角里的动植物。教师要利用好自然角帮助幼儿积累科学经验，满足幼儿观察的好奇心。

（本案例源于网络，并经作者加工整理）

"按数量匹配实物"活动

某小班在进行"按数量匹配实物"的活动，教师要求幼儿根据卡片上兔子的数量赠送相应的实物（花片）。我们观察到，尽管幼儿大多能够完成这项操作任务，但是不同幼儿的操作方式是不一样的。

幼儿甲先是看了一眼卡片，知道卡片上兔子的数目是 3 个，然后从一堆花片中数出 3 个来，放到分类盒中和这张卡片对应的格子里。

幼儿乙则是点数出卡片上兔子的数目是3个，然后就开始取花片放在相应的格子里。不过他并不是一下子数出3个花片来，而是一个一个地将花片放到格子里，当他放了3个以后，便停止了动作。

幼儿丙也是先点数出卡片上兔子的数目是3个，然后开始取花片放在相应的格子里。他像乙一样，将花片一个一个地放在格子里。不过他每次取出一个花片，总要先将它和卡片上的某个兔子碰一下，再放到格子里，甚至我们可以看到，3 个花片在格子里排列的方式也和卡片上兔子的排列方式一样。

分析：

这些幼儿不同的操作方式实际上反映了他们数概念发展的不同水平。幼儿甲在感知数量 3 的时候，已经完全摆脱了点数的动作，而且，他已能真正做到按数量对应两个集合，而不是将两个集合中的元素进行一一对应，显然这是比较高的水平。幼儿乙虽然也能做到按物点数和按数取物，但是他对数的抽象水平显然不及甲。而幼儿丙的表现非常有趣，他的动作反映出他的集合对应能力还比较弱，还完全不能摆脱具体的动作，同时他将 3 个花片摆放成和兔子卡片一致的方式，也暗示了他还缺乏数目守恒的能力。

上面的例子提醒我们不仅要观察幼儿"做什么"，还要观察他"怎样做"。在同样的年龄阶段，不同幼儿的发展水平存在相当大的差距，只有了解他们的个别差异，才能进行有针对性的个别教育。

（资料来源：张俊. 给幼儿园教师的 101 条建议（数学教育）[M]. 南京：南京师范大学出版社，2007.）

（二）谈话法

谈话法或称访谈法，是指评价者通过直接和访谈对象进行交谈来获取信息的一种收集评价资料的方法。访谈法获得的资料更为真实可信，也更为生动具体，富有个性。由于访谈获得的资料难以标准化，而且访谈的进行费时费力，难以取得大样本的资料，过去一般很少把它作为收集资料的主要方法，只是用来验证采用其他方法收集的资料的真实性，或者补充其他方法收集到的资料的不足。

访谈方法对访谈者的素质要求是非常高的。它不仅要求访谈者对访谈的内容非常熟悉，还要求访谈者本人具有较高的语言能力和敏锐的洞察力，善于倾听对方和理解对方。

访谈的形式多种多样。可以进行小组访谈，即和几个访谈对象同时进行，也可以进行封闭式访谈（即限定问题的访谈），或进行开放式的访谈。

不管采用何种形式的访谈，访谈者事先都需要准备详细的访谈提纲，包括访谈的程序、中心问题、附加问题等。要注意访谈中的问题不能太多，尽量避免提出和主题无关的问题。提问题时，要先从一般性的问题开始，逐渐深入到具体的问题。

值得一提的是，对于幼儿来说，访谈是最让幼儿感到轻松的方法。因为是在一种平等的气氛中进行访谈，幼儿可以表露出他的真实想法。在幼儿科学教育的评价中，我们应该充分利用访谈法获取评价资料。

访谈法也可应用于教师、家长等对象。它比问卷调查更直接，更富有人情味，因而也更便于评价者从中获取真实的资料。

阅读材料

通过下面的例子，我们可以看出大班5岁多幼儿是如何理解正方形的：

正方形旋转45度

师：这是什么形状？（手持正方形小卡片）

幼：正方形。

师：好，那……这是什么形状？（将小卡片当幼儿面旋转45度）

幼：菱形。

师：菱形？可是你刚刚跟我说这是正方形，现在又告诉我这是菱形，那它到底是什么形状？（手摇晃小卡片，最后又回到原状）

幼：正方形。

师：好，这是什么形状？（将小卡片旋转45度）

幼：不知道。

师：不知道？（手指着旋转了45度的小卡片）

幼：这样就是菱形。

师：这样就是菱形喔！好，那么怎么样才叫正方形？

幼：这样子就叫正方形。(将小卡片转回原态)

师：喔!那么这样子呢？（将小卡片转回45度）

幼：菱形。

师：这张卡片，你刚刚告诉我是正方形，现在你又告诉我是菱形，到底这张卡片是正方形还是菱形？（手摇小卡片）

幼：正方形。

师：可是你刚刚又跟我讲是菱形？

幼：这样本来就是菱形啊!(将卡片旋转45度)

师：这样本来就是菱形啊!好，谢谢!

评析：从这个访谈记录中，我们可以看出，幼儿并不认为正方形在旋转了45度以后仍是正方形，也就是说，他还不具备图形守恒的知识。

（资料来源：张俊. 给幼儿园教师的101条建议：数学教育[M]. 南京：南京师范大学出版社，2007.）

（三）问卷法

问卷法是将一系列设计好的问题组合起来，通过书面形式提供给调查者，征询被调查者的意见，回收、整理、分析问题的答案，从而获取有关评价对象情况的一种评价资料收集方法。它的缺点是缺少面对面的沟通，研究者往往不在现场，真实性无法核对；另外，问题用文字或符号表达，对调查对象的要求较高，信息不够深入细致。优点是简便易行，能在较短的时间内获得大量的反馈信息，而且便于进行量化的统计分析。

问卷调查的关键在于问卷的设计和编制。为便于回答和统计，一般设计的题型有填空题、选择题、判断题、排序题等，而问答题是让调查对象按照自己的想法自由作答的问题，不仅回答费时，而且结果难于处理，除非是那些很有必要深入了解或者调查者心中无数，需要摸底的问题，一般尽量少用问答题。

1. 问卷的基本结构

问卷的基本结构是：标题、介绍词、填表说明、调查项目、结语五个部分。

（1）标题。标题就是调查的主题。

（2）介绍词。介绍调查单位和调查者的身份，简要说明调查的内容和目的；说明调查对象的选取方式和对调查结果的保密措施。介绍词的语言要谦虚、真挚、简洁、明确、可读性强。

（3）填表说明。对填表的方法、要求、注意事项等做一个总的说明。语言要简明易懂。另外，对那些特殊问题或比较复杂的问题必须分别进行说明。

（4）调查项目。调查项目是问卷的主要部分，一般有三个方面：调查对象的基本情况（如年龄、性别、兴趣等）、行为情况、态度情况。

（5）结语。可简短地对调查对象的合作表示真挚的感谢，也可向调查对象征询对该问卷的看法和感受。

2. 问题及答案设计

问题和答案设计是问卷的主体，一般来说，问题的形式有开放式问题、封闭式问题、半开放半封闭式问题。在问题和答案设计过程中要遵循以下要求：

（1）问题设计的要求有：围绕调查项目进行；应具体明确；避免复合性问题；避免带有倾向性和诱导性的问题；不要直接提问具有敏感性或威胁性的问题。

（2）答案设计的要求有：符合实际情况；具有穷尽性和互斥性；答案只能按一个标准分类；程度式答案应按一定顺序排列，前后须对称，间距相等。

问题设计好后，要进行呈现，题目呈现的方式往往影响调查对象的选择，因而应注意以下几点。

（1）题目的排列顺序：应当以简单的事实性问题，或容易引起被调查对象兴趣的问题作为开头，复杂的或敏感的问题应放在靠近结尾的地方。注意题目排列顺序要以自然的、有逻辑的、谈话的方式呈现。

（2）题目与答案的空间位置：问题与列出的该题的答案应相对靠近、集中，避免填答者漏读某些部分而影响选择的客观性。

（3）指示语的呈现：指示语应放在显眼、易见处，常可用黑体字或方框列出，表示与题目相区分。

（4）同类性质的问题应排列在一起，以利于调查者思考。

（5）可以相互检验的问题必须分隔开，否则起不到相互检验和验证的作用。

以幼儿为调查对象的问卷要尽量用图画的方式。在调查时，要由调查者指导幼儿阅读问卷，当幼儿理解后才能作答。

对幼儿的问卷调查，更多采用口头式的测查。即由教师口述问题，让幼儿口头回答。

教师根据幼儿的回答进行评价。在具体运用这一方法时，应采取一定的隔离措施，以免幼儿之间相互干扰。

（四）作品分析法

作品分析法是根据幼儿的各种作品（图画、泥塑、所编故事、儿歌等）分析幼儿科学素养发展水平的一种方法。例如，教师要求幼儿每晚观察月亮阴晴圆缺的变化并做观察记录，教师可以凭借幼儿的观察记录分析幼儿观察的细致性水平，还可以了解幼儿坚持性、自制力等个性品质的发展情况。

作品分析法的优点在于资料较易收集。其缺点是不能系统、完整地了解幼儿的科学素质发展水平，因此需要结合各种方式进行。

相关链接

作品分析法在教学活动中的有效运用

案例一：要求幼儿观察小蝌蚪的生长变化情况并做观察记录，教师以此分析幼儿观察的细致性、准确性、系统性，同时了解幼儿坚持性、独立性等品质的发展情况。

案例二：小班数学活动中，要求幼儿比较图片中两个娃娃的不同点，并把不同点标注出来，却发现没有一个幼儿能够发现娃娃的所有不同点。教师据此发现了教学中的失误——教师没有引导幼儿按顺序观察并找出不同。

案例三：要求两岁半左右的幼儿画出圆形、三角形、正方形，但他们画出的却是三条分辨不出是什么图形的封闭曲线。由他们的作品我们可以分析出：这一年龄段的儿童不能够区分各种不同的图形，更无法认识各种图形的特征。在他们看来，三角形、圆形、正方形之间并没有什么区别，它们都是些封闭的曲线。他们还无法理解图形的边和角。另外，他们的小肌肉控制能力差，也无法精确地画出各种图形。因此，我们没有必要要求处于涂鸦阶段的儿童画出各种图形，重要的是引导他们对各种图形感兴趣，对各种封闭的曲线感到好奇。

（资料来源：洪秀敏．学前儿童科学教育[M]．北京：北京师范大学出版社，2015.）

在 线 测 试

一、单选题

1.（　　）不属于观察法的类型。

A．自然观察　　B．情境观察　　C．行为核对　　D．谈话法

2.（　　）不属于学前儿童科学教育活动的类型。

A．诊断性评价　　B．形成性评价　　C．教学评价　　D．终结性评价

二、简答题

1. 学前儿童科学教育活动的评价有哪些类型？
2. 学前儿童科学教育活动的评价方法有哪些？

第七章参考答案

本章拓展阅读

关于幼儿园教师作为评价主体的评价

幼儿园教师作为评价主体，与行政、专家对幼儿园教育质量的评价有所不同，与幼儿、家长作为主体的评价也有所不同。这样的评价，目的是“了解教育的适宜性、有效性，调整和改进工作，促进每一个幼儿发展”，幼儿教师应该“明确评价的目的是了解幼儿的发展需要，以便提供更加适宜的帮助和指导”，而不是判断这个幼儿好不好、老师好不好。作为一名新入园幼儿的老师，你一直在关注本班儿童的学习与发展，从一开始对儿童生活能力、适应班级的关注，到后来在区域活动中关注儿童的发展水平，再到后来关注儿童某一领域的发展状况。作为幼儿教师，还可以评价班级的环境、教育活动的有效性等，但儿童的学习与发展评价，是其他评价的基础和核心。儿童的学习与发展，是幼儿园教育工作的出发点和归宿。

我想先谈几点关于幼儿园教育评价，尤其是儿童学习与发展评价的看法。

第一，当我们讨论幼儿园教育评价时，总会涉及为什么要评价（评价目的）、谁评价（评价主体）、评价什么（评价内容）、根据什么评价（评价标准）、如何收集评价证据（评价方法）等几个基本问题。《幼儿园教育指导纲要（试行）》（以下简称《纲要》）的第四部分“教育评价”，对这几个基本问题都有所回答、阐述，但《纲要》的教育评价这一部分，并未得到幼儿园教师的充分解读和践行，建议老师们能够读一读、议一议、做一做。

第二，我们是在何种意义上使用评价一词的？我们可以看到，在实践中，老师有时会混用“评价”“观察”“了解”“解读”这样一些词语。当提到“评价”一词时，人们通常会想到“判断”，判断出一个儿童的“好”与“坏”，想到评价过程中的各种标准、工具以及非常严格的程序。实际上，幼儿教师作为评价主体对幼儿学习与发展的评价，更多的是对幼儿的观察、了解、解读。从这个意义上讲，混用是有道理的，只是我们应该清楚是在何种意义上使用评价一词。

第三，区分幼儿园教师对儿童的观察与研究者对儿童的观察。当前，不管是学前教育的理论界还是实践领域，都非常强调幼儿教师应通过观察来了解、评价儿童的学习与发展。为了做到观察的科学性，不少幼儿园教师和理论工作者都开始大量借鉴教育科学研究、儿童心理发展研究中的观察法，这在一定程度上给幼儿教师观察了解儿童带来了困惑。事实上，在观察目的和具体操作上，幼儿教师的观察和研究者的观察是有所不同的。尤其是当一个幼儿教师在当班时，必须对全班儿童的安全负责，对所有儿童的学习与发展负责，因此不可能像研究者一样，在相当长的一个时间段里，只对某一个儿童进行观察，也不太可能手持观察工具，完全根据观察工具对儿童进行“时间取样”“事件取样”似的观察。当然，一个教师如果经受过观察研究方法的较为严格、正规的训练，肯定会对日常生活中的观察有帮助，老师应该使自己的观察更加科学、更加准确，并注意这种区别，这会更有利于我们做好观察工作。

第四，幼儿教师对儿童的学习与发展观察需要单列一个时间来进行吗？不少幼儿园园长、教师都对“观察儿童”的要求有一定的抵触情绪，一方面是觉得像研究者那样观察不太现实，另一方面也是对工作量、工作负担的担忧。有老师说：“我们的工作量已经比较大了，还要去观察、记录，我们的本职工作还做不做了？”这位老师显然是将对儿童的观察了解与教育教学工作截然分开了。《纲要》指出，对儿童的学习与发展评价，应该“在日常活动与教育教学过程中采用自然的方法进行”，“平时观察所获得的具有典型意义的幼儿行为表和所积累的各种作品等，是评价的重要依据”。除此之外，对儿童的评价、观察了解，本身就可以是幼儿园教育教学工作的一个组成部分。比如，“方案教学”的第一个阶段，老师通常会通过一些活动来了解儿童的兴趣、需要，来判断这个活动是否该继续开展、向哪一个方向开展。这既是方案教学的一个阶段，是其中的一个活动，也是一种观察、评价活动。

第五，观察与记录的关系。不少幼儿教师害怕观察，怕的不是观察本身，而是对观察的记录，“你让我做可以，不要让我写”。确实，我们所交流的优秀的观察案例，绝大多数都是基于非常细致、专业的记录的。问题是，幼儿教师的观察，是否一定需要记录？显然，一个幼儿教师的绝大多数的观察，都没有被记录下来，但这并不意味着这位老师的观察无效、低效。记录下观察有很多好处，比如，便于交流、反思等，但过于强调记录，则可能会影响幼儿教师的日常工作。此外，记录也有多种形式，既有现场记录，也有事后补记；既可以笔录，也可以录音录像，然后转录；既可以详细记录，也可以概略地记录；既可以用文字，也可以用图表、照片……观察也好，记录也罢，都是我们了解儿童的工具、途径，切不可过于强调形式而忽略了其目的。

作为一名幼儿教师，对幼儿的观察会有一定的目的性、计划性，心中应有对儿童学习与发展的框架，否则会出现“视而不见”的情况。能够有好的观察工具帮助自己进行观察当然会非常好，但正如前面提到的，幼儿教师的观察与研究者的观察有所不同，我们绝不能满足于获得一些数据，不能满足于对儿童学习与发展水平的简单判断。为此，我们提出如下几点建议。

第一，将更多的精力集中到观察要点上，而非像儿童心理学研究一样强调观察表格的完整性、科学性。有人说，幼儿教师应“心中有目标，眼中有儿童”。观察要点，不是对某一个概念做逻辑上的划分，而是在充分思考我们所要观察的内容项目的基础之上，对儿童学习与发展的认识与掌握。在确定观察要点上，我们可充分参考教育部颁发的《指南》。比如，《指南》强调要“重视儿童学习品质”，并指出“学习品质是幼儿在活动过程中表现出的积极态度和良好行为倾向，是终身学习与发展所必需的宝贵品质”，具体指出学习品质包括“好奇心和学习兴趣”，“积极主动、认真专注、不怕困难、敢于探究和尝试、乐于想象和创造”等。关于学习品质的描述，对于幼儿教师观察、了解一名儿童，是非常有帮助的。

第二，要注意个体差异。当我们观察、了解儿童时，不能满足于设计出一个表格、对儿童做一番观察、得出几点结论。事实上，儿童之间的个体差异非常大，当我们观察儿童时，要能看出这样一些差异：这名儿童与那名儿童不同。正如《指南》所指出的，每个儿童都有自己的“速度和方式”，而且这种“速度和方式”的差异，并不一定反映了水平的高低。比如，有研究指出，2 岁儿童平均每小时可以说出 338 句可理解的话，其差异范围是 42 至 672 句，平均每小时用了 134 个词，差异范围是 18 至 286 句。2 岁时每小时说出 42 句的儿童，其最终的语言发展水平不一定就比说出 672 句的差。发展水平当然有高低之分，但也有风格、类型之别。比如，有的儿童是先慢后快，有的是先快后慢，但最终二者的水平可能基本相当。因此，我们在观察时，要意识到幼儿之间存在这种差异，我们的观察内容、方法要能反映出这样的差异。

第三，在观察儿童时，除了观察儿童的“是”与“否”之外，我们更要关注儿童为什么“是”“否”背后的东西。比如，我们除了关注刚入园儿童“注意力是否容易转移”“能否用语言表达自己的意见”之外，更应看到一名儿童的注意力在什么情况下能够转移、什么情况下不容易转移，看到儿童的兴趣、需要、性格、风格。皮亚杰说过，当我们问儿童问题时，不能只关注儿童答案的对与错，事实上，儿童为什么对和为什么错，对于我们了解儿童是更有意义和价值的。我们在观察儿童的过程中，更应该看到儿童学习与发展的规律和特点，看到他们的学习方式和活动风格。

第四，当我们观察了解儿童时，不能只看儿童的发展现状，还要看到如何支持儿童、成就儿童。幼儿教师对儿童的观察，不同于心理学研究者的观察，后者通常止于得出儿童的发展水平、发展特点，而前者必须促进儿童在原有水平上的发展。比如，通过观察我们发现一些新入园幼儿较难适应幼儿园生活，这些幼儿有一个共同的特点，就是都不太会玩。其他小孩哭一会儿，会开始慢慢玩玩具、与别的小伙伴玩，而这些小孩不会。老师在发现这样的现象的同时，还要观察找到让这些小孩“玩起来”的办法。我们的观察不能只停留在“发现问题”，还要“解决问题”。

《纲要》指出，“承认和关注幼儿的个体差异，避免用划一的标准评价不同的幼儿，在幼儿面前慎用横向的比较”。《指南》指出，幼儿园教师和家长应“了解 3～6 岁幼儿学习与发展的基本规律和特点，建立对幼儿发展的合理期望，实施科学的保育和教育，让幼儿度过快乐而有意义的童年”。作为幼儿学习与发展中的重要他人，我们所做的一切，包括我们所谓的“评价”工作，都应为着幼儿，向着幼儿，有幼儿视角。

（资料来源：鄢超云．关于幼儿园教师作为评价主体的评价[J]．学前教育，2014：13-14.）

学习评价与反思

____

____

____

____

参考文献

[1] 张文军，刘洪玉．学前儿童科学教育与活动指导[M]．上海：华东师范大学出版社，2014.

[2] 鄢超云．关于幼儿园教师作为评价主体的评价[J]．学前教育，2014：13-14.

[3] 李季湄，冯晓霞．《3～6 岁儿童学习与发展指南》解读[M]．北京：人民教育出版社，2013.

[4] 陆兰，杭梅．幼儿科学教育与活动指导[M]．北京：北京师范大学出版社，2011.

[5] 李兴娜，王颖．幼儿园科学教育活动设计与指导[M]．长春：东北师范大学出版社，2015.

[6] 夏力．学前儿童科学教育活动指导[M]．2 版．上海：复旦大学出版社，2009.

参考文献

[1] 张文军，刘洪玉．学前儿童科学教育与活动指导[M]．上海：华东师范大学出版社，2014．

[2] 彭小元．幼儿科学教育与活动指导[M]．南京：江苏凤凰教育出版社，2013．

[3] 谭楣．幼儿园五大领域核心经验（健康、语言、社会、科学、艺术）[M]．北京：中国轻工业出版社，2017．

[4] 李季湄，冯晓霞．《3～6岁儿童学习与发展指南》解读[M]．北京：人民教育出版社，2013．

[5] 师保国，高云峰，马玉赫．STEAM教育对学生创新素养的影响及其实施策略[J]．中国电化教育，2017（4）：75-79．

[6] 蔡慧英，顾小清．设计学习技术支持STEM课堂教学的案例分析研究[J]．电化教育研究，2016，37（3）：93-100．

[7] 敖晓合．国内外早期STEM教育发展动向、实践探索与未来之路[J]．奕阳幼教评论，2018（47）：17-26．

[8] 王佑镁，郭静，宛平，等．设计思维：促进STEM教育与创客教育的深度融合[J]．电化教育研究，2019，40（3）：34-40．

[9] 黄瑾．幼儿数学教育与活动指导[M]．上海：华东师范大学出版社，2015．

[10] 王建新．幼儿园里有多少棵树[J]．幼儿教育，2014（Z1）：62．

[11] 吴欣萍．幼儿数学探究教育研究[M]．北京：北京师范大学出版社，2009．

[12] 李兴娜，王颖．幼儿园科学教育活动设计与指导[M]．长春：东北师范大学出版社，2015．

[13] 梁燕京，刘占兰．滚动[J]．幼儿教育，2006（6）：20-21．

[14] 张俊．给幼儿园教师的101条建议：数学教育[M]．南京：南京师范大学出版社，2007．

[15] 周希冰，周利文．幼儿科学教育·数学[M]．北京：北京师范大学出版社，2013．

[16] 鄢超云．关于幼儿园教师作为评价主体的评价[J]．学前教育，2014：13-14．

[17] 陆兰，杭梅．幼儿科学教育与活动指导[M]．北京：北京师范大学出版社，2011．

[18] 李兴娜，王颖．幼儿园科学教育活动设计与指导[M]．长春：东北师范大学出版社，2015．

[19] 夏力．学前儿童科学教育活动指导[M]．2版．上海：复旦大学出版社，2009．

附录A　国务院关于当前发展学前教育的若干意见

国发〔2010〕41号

各省、自治区、直辖市人民政府，国务院各部委、各直属机构：

为贯彻落实党的十七届五中全会、全国教育工作会议精神和《国家中长期教育改革和发展规划纲要（2010—2020年）》，积极发展学前教育，着力解决当前存在的“入园难”问题，满足适龄儿童入园需求，促进学前教育事业科学发展，现提出如下意见。

一、把发展学前教育摆在更加重要的位置。学前教育是终身学习的开端，是国民教育体系的重要组成部分，是重要的社会公益事业。改革开放特别是新世纪以来，我国学前教育取得长足发展，普及程度逐步提高。但总体上看，学前教育仍是各级各类教育中的薄弱环节，主要表现为教育资源短缺、投入不足，师资队伍不健全，体制机制不完善，城乡区域发展不平衡，一些地方“入园难”问题突出。办好学前教育，关系亿万儿童的健康成长，关系千家万户的切身利益，关系国家和民族的未来。

发展学前教育，必须坚持公益性和普惠性，努力构建覆盖城乡、布局合理的学前教育公共服务体系，保障适龄儿童接受基本的、有质量的学前教育；必须坚持政府主导，社会参与，公办民办并举，落实各级政府责任，充分调动各方面积极性；必须坚持改革创新，着力破除制约学前教育科学发展的体制机制障碍；必须坚持因地制宜，从实际出发，为幼儿和家长提供方便就近、灵活多样、多种层次的学前教育服务；必须坚持科学育儿，遵循幼儿身心发展规律，促进幼儿健康快乐成长。

各级政府要充分认识发展学前教育的重要性和紧迫性，将大力发展学前教育作为贯彻落实教育规划纲要的突破口，作为推动教育事业科学发展的重要任务，作为建设社会主义和谐社会的重大民生工程，纳入政府工作重要议事日程，切实抓紧抓好。

二、多种形式扩大学前教育资源。大力发展公办幼儿园，提供“广覆盖、保基本”的学前教育公共服务。加大政府投入，新建、改建、扩建一批安全、适用的幼儿园。不得用政府投入建设超标准、高收费的幼儿园。中小学布局调整后的富余教育资源和其他富余公共资源，优先改建成幼儿园。鼓励优质公办幼儿园举办分园或合作办园。制定优惠政策，支持街道、农村集体举办幼儿园。

鼓励社会力量以多种形式举办幼儿园。通过保证合理用地、减免税费等方式，支持社会力量办园。积极扶持民办幼儿园特别是面向大众、收费较低的普惠性民办幼儿园发展。

采取政府购买服务、减免租金、以奖代补、派驻公办教师等方式，引导和支持民办幼儿园提供普惠性服务。民办幼儿园在审批登记、分类定级、评估指导、教师培训、职称评定、资格认定、表彰奖励等方面与公办幼儿园具有同等地位。

城镇小区没有配套幼儿园的，应根据居住区规划和居住人口规模，按照国家有关规定配套建设幼儿园。新建小区配套幼儿园要与小区同步规划、同步建设、同步交付使用。建设用地按国家有关规定予以保障。未按规定安排配套幼儿园建设的小区规划不予审批。城镇小区配套幼儿园作为公共教育资源由当地政府统筹安排，举办公办幼儿园或委托办成普惠性民办幼儿园。城镇幼儿园建设要充分考虑进城务工人员随迁子女接受学前教育的需求。

努力扩大农村学前教育资源。各地要把发展学前教育作为社会主义新农村建设的重要内容，将幼儿园作为新农村公共服务设施统一规划，优先建设，加快发展。各级政府要加大对农村学前教育的投入，从今年开始，国家实施推进农村学前教育项目，重点支持中西部地区；地方各级政府要安排专门资金，重点建设农村幼儿园。乡镇和大村独立建园，小村设分园或联合办园，人口分散地区举办流动幼儿园、季节班等，配备专职巡回指导教师，逐步完善县、乡、村学前教育网络。改善农村幼儿园保教条件，配备基本的保教设施、玩教具、幼儿读物等。创造更多条件，着力保障留守儿童入园。发展农村学前教育要充分考虑农村人口分布和流动趋势，合理布局，有效使用资源。

三、多种途径加强幼儿教师队伍建设。加快建设一支师德高尚、热爱儿童、业务精良、结构合理的幼儿教师队伍。各地根据国家要求，结合本地实际，合理确定生师比，核定公办幼儿园教职工编制，逐步配齐幼儿园教职工。健全幼儿教师资格准入制度，严把入口关。2010年国家颁布幼儿教师专业标准。公开招聘具备条件的毕业生充实幼儿教师队伍。中小学富余教师经培训合格后可转入学前教育。

依法落实幼儿教师地位和待遇。切实维护幼儿教师权益，完善落实幼儿园教职工工资保障办法、专业技术职称（职务）评聘机制和社会保障政策。对长期在农村基层和艰苦边远地区工作的公办幼儿教师，按国家规定实行工资倾斜政策。对优秀幼儿园园长、教师进行表彰。

完善学前教育师资培养培训体系。办好中等幼儿师范学校。办好高等师范院校学前教育专业。建设一批幼儿师范专科学校。加大面向农村的幼儿教师培养力度，扩大免费师范生学前教育专业招生规模。积极探索初中毕业起点五年制学前教育专科学历教师培养模式。重视对幼儿特教师资的培养。建立幼儿园园长和教师培训体系，满足幼儿教师多样化的学习和发展需求。创新培训模式，为有志于从事学前教育的非师范专业毕业生提供培训。三年内对1万名幼儿园园长和骨干教师进行国家级培训。各地五年内对幼儿园园长和教师进行一轮全员专业培训。

四、多种渠道加大学前教育投入。各级政府要将学前教育经费列入财政预算。新增教育经费要向学前教育倾斜。财政性学前教育经费在同级财政性教育经费中要占合理比例，未来三年要有明显提高。各地根据实际研究制定公办幼儿园生均经费标准和生均财政拨款标准。制定优惠政策，鼓励社会力量办园和捐资助园。家庭合理分担学前教育成本。建立学前教育资助制度，资助家庭经济困难儿童、孤儿和残疾儿童接受普惠性学前教育。发展残疾儿童学前康复教育。中央财政设立专项经费，支持中西部农村地区、少数民族地区和边疆地区发展学前教育和学前双语教育。地方政府要加大投入，重点支持边远贫困地区和少数民族地区发展学前教育。规范学前教育经费的使用和管理。

五、加强幼儿园准入管理。完善法律法规，规范学前教育管理。严格执行幼儿园准入制度。各地根据国家基本标准和社会对幼儿保教的不同需求，制定各种类型幼儿园的办园标准，实行分类管理、分类指导。县级教育行政部门负责审批各类幼儿园，建立幼儿园信息管理系统，对幼儿园实行动态监管。完善和落实幼儿园年检制度。未取得办园许可证和未办理登记注册手续的任何单位和个人不得举办幼儿园。对社会各类幼儿培训机构和早期教育指导机构，审批主管部门要加强监督管理。

分类治理、妥善解决无证办园问题。各地要对目前存在的无证办园进行全面排查，加强指导，督促整改。整改期间，要保证幼儿正常接受学前教育。经整改达到相应标准的，颁发办园许可证。整改后仍未达到保障幼儿安全、健康等基本要求的，当地政府要依法予以取缔，妥善分流和安置幼儿。

六、强化幼儿园安全监管。各地要高度重视幼儿园安全保障工作，加强安全设施建设，配备保安人员，健全各项安全管理制度和安全责任制，落实各项措施，严防事故发生。相关部门按职能分工，建立全覆盖的幼儿园安全防护体系，切实加大工作力度，加强监督指导。幼儿园要提高安全防范意识，加强内部安全管理。幼儿园所在街道、社区和村民委员会要共同做好幼儿园安全管理工作。

七、规范幼儿园收费管理。国家有关部门 2011 年出台幼儿园收费管理办法。省级有关部门根据城乡经济社会发展水平、办园成本和群众承受能力，按照非义务教育阶段家庭合理分担教育成本的原则，制定公办幼儿园收费标准。加强民办幼儿园收费管理，完善备案程序，加强分类指导。幼儿园实行收费公示制度，接受社会监督。加强收费监管，坚决查处乱收费。

八、坚持科学保教，促进幼儿身心健康发展。加强对幼儿园保教工作的指导，2010 年国家颁布幼儿学习与发展指南。遵循幼儿身心发展规律，面向全体幼儿，关注个体差异，坚持以游戏为基本活动，保教结合，寓教于乐，促进幼儿健康成长。加强对幼儿园玩教具、幼儿图书的配备与指导，为儿童创设丰富多彩的教育环境，防止和纠正幼儿园教育“小学化”倾向。研究制定幼儿园教师指导用书审定办法。建立幼儿园保教质量评估监管体系。健全学前教育教研指导网络。要把幼儿园教育和家庭教育紧密结合，共同为幼儿的健康成长创造良好环境。

九、完善工作机制，加强组织领导。各级政府要加强对学前教育的统筹协调，健全教育部门主管、有关部门分工负责的工作机制，形成推动学前教育发展的合力。教育部门要完善政策，制定标准，充实管理、教研力量，加强学前教育的监督管理和科学指导。机构编制部门要结合实际合理确定公办幼儿园教职工编制。发展改革部门要把学前教育纳入当地经济社会发展规划，支持幼儿园建设发展。财政部门要加大投入，制定支持学前教育的优惠政策。城乡建设和国土资源部门要落实城镇小区和新农村配套幼儿园的规划、用地。人力资源和社会保障部门要制定幼儿园教职工的人事（劳动）、工资待遇、社会保障和技术职称（职务）评聘政策。价格、财政、教育部门要根据职责分工，加强幼儿园收费管理。综治、公安部门要加强对幼儿园安全保卫工作的监督指导，整治、净化周边环境。卫生部门要监督指导幼儿园卫生保健工作。民政、工商、质检、安全生产监管、食品药品监管等部门要根据职能分工，加强对幼儿园的指导和管理。妇联、残联等单位要积极开展对家庭教育、残疾儿童早期教育的宣传指导。充分发挥城市社区居委会和农村村民自治组织的作用，建立社区和家长参与幼儿园管理和监督的机制。

十、统筹规划，实施学前教育三年行动计划。各省（区、市）政府要深入调查，准确掌握当地学前教育基本状况和存在的突出问题，结合本区域经济社会发展状况和适龄人口分布、变化趋势，科学测算入园需求和供需缺口，确定发展目标，分解年度任务，落实经费，以县为单位编制学前教育三年行动计划，有效缓解“入园难”。2011年3月底前，各省（区、市）行动计划报国家教育体制改革领导小组办公室备案。

地方政府是发展学前教育、解决“入园难”问题的责任主体。各省（区、市）要建立督促检查、考核奖惩和问责机制，确保大力发展学前教育的各项举措落到实处，取得实效。各级教育督导部门要把学前教育作为督导重点，加强对政府责任落实、教师队伍建设、经费投入、安全管理等方面的督导检查，并将结果向社会公示。教育部会同有关部门对各地学前教育三年行动计划进展情况进行专项督查，组织宣传和推广先进经验，对发展学前教育成绩突出的地区予以表彰奖励，营造全社会关心支持学前教育的良好氛围。

国务院

二〇一〇年十一月二十一日

附录B　幼儿园教育指导纲要（试行）

第一部分　总则

一、为贯彻《中华人民共和国教育法》、《幼儿园管理条例》和《幼儿园工作规程》，指导幼儿园深入实施素质教育，特制定本纲要。

二、幼儿园教育是基础教育的重要组成部分，是我国学校教育和终身教育的奠基阶段。城乡各类幼儿园都应从实际出发，因地制宜地实施素质教育，为幼儿一生的发展打好基础。

三、幼儿园应与家庭、社区密切合作，与小学相互衔接，综合利用各种教育资源，共同为幼儿的发展创造良好的条件。

四、幼儿园应为幼儿提供健康、丰富的生活和活动环境，满足他们多方面发展的需要，使他们在快乐的童年生活中获得有益于身心发展的经验。

五、幼儿园教育应尊重幼儿的人格和权利，尊重幼儿身心发展的规律和学习特点，以游戏为基本活动，保教并重，关注个别差异，促进每个幼儿富有个性的发展。

第二部分　教育内容与要求

幼儿园的教育内容是全面的、启蒙性的，可以相对划分为健康、语言、社会、科学、艺术等五个领域，也可做其他不同的划分。各领域的内容相互渗透，从不同的角度促进幼儿情感、态度、能力、知识、技能等方面的发展。

一、健康

（一）目标

1．身体健康，在集体生活中情绪安定、愉快；

2．生活、卫生习惯良好，有基本的生活自理能力；

3．知道必要的安全保健常识，学习保护自己；

4．喜欢参加体育活动，动作协调、灵活。

（二）内容与要求

1．建立良好的师生、同伴关系，让幼儿在集体生活中感到温暖，心情愉快，形成安全感、信赖感。

2．与家长配合，根据幼儿的需要建立科学的生活常规。培养幼儿良好的饮食、睡眠、盥洗、排泄等生活习惯和生活自理能力。

3．教育幼儿爱清洁、讲卫生，注意保持个人和生活场所的整洁和卫生。

4．密切结合幼儿的生活进行安全、营养和保健教育，提高幼儿的自我保护意识和能力。

5．开展丰富多彩的户外游戏和体育活动，培养幼儿参加体育活动的兴趣和习惯，增强体质，提高对环境的适应能力。

6．用幼儿感兴趣的方式发展基本动作，提高动作的协调性、灵活性。

7．在体育活动中，培养幼儿坚强、勇敢、不怕困难的意志品质和主动、乐观、合作的态度。

（三）指导要点

1．幼儿园必须把保护幼儿的生命和促进幼儿的健康放在工作的首位。树立正确的健康观念，在重视幼儿身体健康的同时，要高度重视幼儿的心理健康。

2．既要高度重视和满足幼儿受保护、受照顾的需要，又要尊重和满足他们不断增长的独立要求，避免过度保护和包办代替，鼓励并指导幼儿自理、自立的尝试。

3．健康领域的活动要充分尊重幼儿生长发育的规律，严禁以任何名义进行有损幼儿健康的比赛、表演或训练等。

4．培养幼儿对体育活动的兴趣是幼儿园体育的重要目标，要根据幼儿的特点组织生动有趣、形式多样的体育活动，吸引幼儿主动参与。

二、语言

（一）目标

1．乐意与人交谈，讲话礼貌；

2．注意倾听对方讲话，能理解日常用语；

3．能清楚地说出自己想说的事；

4．喜欢听故事、看图书；

5．能听懂和会说普通话。

（二）内容与要求

1．创造一个自由、宽松的语言交往环境，支持、鼓励、吸引幼儿与教师、同伴或其他人交谈，体验语言交流的乐趣，学习使用适当的、礼貌的语言交往。

2．养成幼儿注意倾听的习惯，发展语言理解能力。

3．鼓励幼儿大胆、清楚地表达自己的想法和感受，尝试说明、描述简单的事物或过程，发展语言表达能力和思维能力。

4．引导幼儿接触优秀的儿童文学作品，使之感受语言的丰富和优美，并通过多种活动帮助幼儿加深对作品的体验和理解。

5．培养幼儿对生活中常见的简单标记和文字符号的兴趣。

6．利用图书、绘画和其他多种方式，引发幼儿对书籍、阅读和书写的兴趣，培养前阅读和前书写技能。

7．提供普通话的语言环境，帮助幼儿熟悉、听懂并学说普通话。少数民族地区还应帮助幼儿学习本民族语言。

（三）指导要点

1．语言能力是在运用的过程中发展起来的，发展幼儿语言的关键是创设一个能使他们想说、敢说、喜欢说、有机会说并能得到积极应答的环境。

2．幼儿语言的发展与其情感、经验、思维、社会交往能力等其他方面的发展密切相关，因此，发展幼儿语言的重要途径是通过互相渗透的各领域的教育，在丰富多彩的活动中去扩展幼儿的经验，提供促进语言发展的条件。

3．幼儿的语言学习具有个别化的特点，教师与幼儿的个别交流、幼儿之间的自由交谈等，对幼儿语言发展具有特殊意义。

4．对有语言障碍的儿童要给予特别关注，要与家长和有关方面密切配合，积极地帮助他们提高语言能力。

三、社会

（一）目标

1．能主动地参与各项活动，有自信心；

2．乐意与人交往，学习互助、合作和分享，有同情心；

3．理解并遵守日常生活中基本的社会行为规则；

4．能努力做好力所能及的事，不怕困难，有初步的责任感；

5．爱父母长辈、老师和同伴，爱集体、爱家乡、爱祖国。

（二）内容与要求

1．引导幼儿参加各种集体活动，体验与教师、同伴等共同生活的乐趣，帮助他们正确认识自己和他人，养成对他人、社会亲近、合作的态度，学习初步的人际交往技能。

2．为每个幼儿提供表现自己长处和获得成功的机会，增强其自尊心和自信心。

3．提供自由活动的机会，支持幼儿自主地选择、计划活动，鼓励他们通过多方面的努力解决问题，不轻易放弃克服困难的尝试。

4．在共同的生活和活动中，以多种方式引导幼儿认识、体验并理解基本的社会行为规则，学习自律和尊重他人。

5．教育幼儿爱护玩具和其他物品，爱护公物和公共环境。

6．与家庭、社区合作，引导幼儿了解自己的亲人以及与自己生活有关的各行各业人们的劳动，培养其对劳动者的热爱和对劳动成果的尊重。

7．充分利用社会资源，引导幼儿实际感受祖国文化的丰富与优秀，感受家乡的变化和发展，激发幼儿爱家乡、爱祖国的情感。

8．适当向幼儿介绍我国各民族和世界其他国家、民族的文化，使其感知人类文化的多样性和差异性，培养理解、尊重、平等的态度。

（三）指导要点

1．社会领域的教育具有潜移默化的特点。幼儿社会态度和社会情感的培养尤应渗透在多种活动和一日生活的各个环节之中，要创设一个能使幼儿感受到接纳、关爱和支持的良好环境，避免单一呆板的言语说教。

2．幼儿与成人、同伴之间的共同生活、交往、探索、游戏等，是其社会学习的重要途径。应为幼儿提供人际间相互交往和共同活动的机会和条件，并加以指导。

3．社会学习是一个漫长的积累过程，需要幼儿园、家庭和社会密切合作，协调一致，共同促进幼儿良好社会性品质的形成。

四、科学

（一）目标

1．对周围的事物、现象感兴趣，有好奇心和求知欲；

2．能运用各种感官，动手动脑，探究问题；

3．能用适当的方式表达、交流探索的过程和结果；

4．能从生活和游戏中感受事物的数量关系并体验到数学的重要和有趣；

5．爱护动植物，关心周围环境，亲近大自然，珍惜自然资源，有初步的环保意识。

（二）内容与要求

1．引导幼儿对身边常见事物和现象的特点、变化规律产生兴趣和探究的欲望。

2．为幼儿的探究活动创造宽松的环境，让每个幼儿都有机会参与尝试，支持、鼓励他们大胆提出问题，发表不同意见，学会尊重别人的观点和经验。

3．提供丰富的可操作的材料，为每个幼儿都能运用多种感官、多种方式进行探索提供活动的条件。

4．通过引导幼儿积极参加小组讨论、探索等方式，培养幼儿合作学习的意识和能力，学习用多种方式表现、交流、分享探索的过程和结果。

5．引导幼儿对周围环境中的数、量、形、时间和空间等现象产生兴趣，建构初步的数概念，并学习用简单的数学方法解决生活和游戏中某些简单的问题。

6．从生活或媒体中幼儿熟悉的科技成果入手，引导幼儿感受科学技术对生活的影响，培养他们对科学的兴趣和对科学家的崇敬。

7．在幼儿生活经验的基础上，帮助幼儿了解自然、环境与人类生活的关系。从身边的小事入手，培养初步的环保意识和行为。

（三）指导要点

1．幼儿的科学教育是科学启蒙教育，重在激发幼儿的认识兴趣和探究欲望。

2．要尽量创造条件让幼儿实际参加探究活动，使他们感受科学探究的过程和方法，体验发现的乐趣。

3．科学教育应密切联系幼儿的实际生活进行，利用身边的事物与现象作为科学探索的对象。

五、艺术

（一）目标

1．能初步感受并喜爱环境、生活和艺术中的美；
2．喜欢参加艺术活动，并能大胆地表现自己的情感和体验；
3．能用自己喜欢的方式进行艺术表现活动。

（二）内容与要求

1．引导幼儿接触周围环境和生活中美好的人、事、物，丰富他们的感性经验和审美情趣，激发他们表现美、创造美的情趣。

2．在艺术活动中面向全体幼儿，要针对他们的不同特点和需要，让每个幼儿都得到美的熏陶和培养。对有艺术天赋的幼儿要注意发展他们的艺术潜能。

3．提供自由表现的机会，鼓励幼儿用不同艺术形式大胆地表达自己的情感、理解和想象，尊重每个幼儿的想法和创造，肯定和接纳他们独特的审美感受和表现方式，分享他们创造的快乐。

4．在支持、鼓励幼儿积极参加各种艺术活动并大胆表现的同时，帮助他们提高表现的技能和能力。

5．指导幼儿利用身边的物品或废旧材料制作玩具、手工艺品等来美化自己的生活或开展其他活动。

6．为幼儿创设展示自己作品的条件，引导幼儿相互交流、相互欣赏、共同提高。

（三）指导要点

1．艺术是实施美育的主要途径，应充分发挥艺术的情感教育功能，促进幼儿健全人格的形成。要避免仅仅重视表现技能或艺术活动的结果，而忽视幼儿在活动过程中的情感体验和态度的倾向。

2．幼儿的创作过程和作品是他们表达自己的认识和情感的重要方式，应支持幼儿富有个性和创造性的表达，克服过分强调技能技巧和标准化要求的偏向。

3．幼儿艺术活动的能力是在大胆表现的过程中逐渐发展起来的，教师的作用应主要在于激发幼儿感受美、表现美的情趣，丰富他们的审美经验，使之体验自由表达和创造的快乐。在此基础上，根据幼儿的发展状况和需要，对表现方式和技能技巧给予适时、适当的指导。

第三部分　组织与实施

一、幼儿园的教育是为所有在园幼儿的健康成长服务的，要为每一个儿童，包括有特殊需要的儿童提供积极的支持和帮助。

二、幼儿园的教育活动，是教师以多种形式有目的、有计划地引导幼儿生动、活泼、主动活动的教育过程。

三、教育活动的组织与实施过程是教师创造性地开展工作的过程。教师要根据本《纲要》，从本地、本国的条件出发，结合本班幼儿的实际情况，制订切实可行的工作计划并灵活地执行。

四、教育活动目标要以《幼儿园工作规程》和本《纲要》所提出的各领域目标为指导，结合本班幼儿的发展水平、经验和需要来确定。

五、教育活动内容的选择应遵照本《纲要》第二部分的有关条款进行，同时体现以下原则：

（一）既适合幼儿的现有水平，又有一定的挑战性。

（二）既符合幼儿的现实需要，又有利于其长远发展。

（三）既贴近幼儿的生活来选择幼儿感兴趣的事物和问题，又有助于拓展幼儿的经验和视野。

六、教育活动内容的组织应充分考虑幼儿的学习特点和认识规律，各领域的内容要有机联系，相互渗透，注重综合性、趣味性、活动性，寓教育于生活、游戏之中。

七、教育活动的组织形式应根据需要合理安排，因时、因地、因内容、因材料灵活地运用。

八、环境是重要的教育资源，应通过环境的创设和利用，有效地促进幼儿的发展。

（一）幼儿园的空间、设施、活动材料和常规要求等应有利于引发、支持幼儿的游戏和各种探索活动，有利于引发、支持幼儿与周围环境之间积极的相互作用。

（二）幼儿同伴群体及幼儿园教师集体是宝贵的教育资源，应充分发挥这一资源的作用。

（三）教师的态度和管理方式应有助于形成安全、温馨的心理环境；言行举止应成为幼儿学习的良好榜样。

（四）家庭是幼儿园重要的合作伙伴。应本着尊重、平等、合作的原则，争取家长的理解、支持和主动参与，并积极支持、帮助家长提高教育能力。

（五）充分利用自然环境和社区的教育资源，扩展幼儿生活和学习的空间。幼儿园同时应为社区的早期教育提供服务。

九、科学、合理地安排和组织一日生活。

（一）时间安排应有相对的稳定性与灵活性，既有利于形成秩序，又能满足幼儿的合理需要，照顾到个体差异。

（二）教师直接指导的活动和间接指导的活动相结合，保证幼儿每天有适当的自主选择和自由活动时间。教师直接指导的集体活动要能保证幼儿的积极参与，避免时间的隐性浪费。

（三）尽量减少不必要的集体行动和过渡环节，减少和消除消极等待现象。

（四）建立良好的常规，避免不必要的管理行为，逐步引导幼儿学习自我管理。

十、教师应成为幼儿学习活动的支持者、合作者、引导者。

（一）以关怀、接纳、尊重的态度与幼儿交往。耐心倾听，努力理解幼儿的想法与感受，支持、鼓励他们大胆探索与表达。

（二）善于发现幼儿感兴趣的事物、游戏和偶发事件中所隐含的教育价值，把握时机，积极引导。

（三）关注幼儿在活动中的表现和反应，敏感地察觉他们的需要，及时以适当的方式应答，形成合作探究式的师生互动。

（四）尊重幼儿在发展水平、能力、经验、学习方式等方面的个体差异，因人施教，努力使每一个幼儿都能获得满足和成功。

（五）关注幼儿的特殊需要，包括各种发展潜能和不同发展障碍，与家庭密切配合，共同促进幼儿健康成长。

十一、幼儿园教育要与0～3岁儿童的保育教育以及小学教育相互衔接。

第四部分　教育评价

一、教育评价是幼儿园教育工作的重要组成部分，是了解教育的适宜性、有效性，调整和改进工作，促进每一个幼儿发展，提高教育质量的必要手段。

二、管理人员、教师、幼儿及其家长均是幼儿园教育评价工作的参与者。评价过程是各方共同参与、相互支持与合作的过程。

三、评价的过程，是教师运用专业知识审视教育实践，发现、分析、研究、解决问题的过程，也是其自我成长的重要途径。

四、幼儿园教育工作评价实行以教师自评为主，园长以及有关管理人员、其他教师和家长等参与评价的制度。

五、评价应自然地伴随着整个教育过程进行。综合采用观察、谈话、作品分析等多种方法。

六、幼儿的行为表现和发展变化具有重要的评价意义，教师应视之为重要的评价信息和改进工作的依据。

七、教育工作评价宜重点考察以下方面：

（一）教育计划和教育活动的目标是否建立在了解本班幼儿现状的基础上。

（二）教育的内容、方式、策略、环境条件是否能调动幼儿学习的积极性。

（三）教育过程是否能为幼儿提供有益的学习经验，并符合其发展需要。

（四）教育内容、要求能否兼顾群体需要和个体差异，使每个幼儿都能得到发展，都有成功感。

（五）教师的指导是否有利于幼儿主动、有效地学习。

八、对幼儿发展状况的评估，要注意：

（一）明确评价的目的是了解幼儿的发展需要，以便提供更加适宜的帮助和指导。

（二）全面了解幼儿的发展状况，防止片面性，尤其要避免只重知识和技能，忽略情感、社会性和实际能力的倾向。

（三）在日常活动与教育教学过程中采用自然的方法进行。平时观察所获的具有典型意义的幼儿行为表现和所积累的各种作品等，是评价的重要依据。

（四）承认和关注幼儿的个体差异，避免用划一的标准评价不同的幼儿，在幼儿面前慎用横向的比较。

（五）以发展的眼光看待幼儿，既要了解现有水平，更要关注其发展的速度、特点和倾向等。

附录C 幼儿园工作规程

第一章 总 则

第一条 为了加强幼儿园的科学管理，规范办园行为，提高保育和教育质量，促进幼儿身心健康，依据《中华人民共和国教育法》等法律法规，制定本规程。

第二条 幼儿园是对 3 周岁以上学龄前幼儿实施保育和教育的机构。幼儿园教育是基础教育的重要组成部分，是学校教育制度的基础阶段。

第三条 幼儿园的任务是：贯彻国家的教育方针，按照保育与教育相结合的原则，遵循幼儿身心发展特点和规律，实施德、智、体、美等方面全面发展的教育，促进幼儿身心和谐发展。幼儿园同时面向幼儿家长提供科学育儿指导。

第四条 幼儿园适龄幼儿一般为 3 周岁至 6 周岁。幼儿园一般为三年制。

第五条 幼儿园保育和教育的主要目标是：

（一）促进幼儿身体正常发育和机能的协调发展，增强体质，促进心理健康，培养良好的生活习惯、卫生习惯和参加体育活动的兴趣。

（二）发展幼儿智力，培养正确运用感官和运用语言交往的基本能力，增进对环境的认识，培养有益的兴趣和求知欲望，培养初步的动手探究能力。

（三）萌发幼儿爱祖国、爱家乡、爱集体、爱劳动、爱科学的情感，培养诚实、自信、友爱、勇敢、勤学、好问、爱护公物、克服困难、讲礼貌、守纪律等良好的品德行为和习惯，以及活泼开朗的性格。

（四）培养幼儿初步感受美和表现美的情趣和能力。

第六条 幼儿园教职工应当尊重、爱护幼儿，严禁虐待、歧视、体罚和变相体罚、侮辱幼儿人格等损害幼儿身心健康的行为。

第七条 幼儿园可分为全日制、半日制、定时制、季节制和寄宿制等。上述形式可分别设置，也可混合设置。

第二章 幼儿入园和编班

第八条 幼儿园每年秋季招生。平时如有缺额，可随时补招。幼儿园对烈士子女、家中无人照顾的残疾人子女、孤儿、家庭经济困难幼儿、具有接受普通教育能力的残疾儿童等入园，按照国家和地方的有关规定予以照顾。

第九条 企业、事业单位和机关、团体、部队设置的幼儿园，除招收本单位工作人员的子女外，应当积极创造条件向社会开放，招收附近居民子女入园。

第十条 幼儿入园前，应当按照卫生部门制定的卫生保健制度进行健康检查，合格者方可入园。幼儿入园除进行健康检查外，禁止任何形式的考试或测查。

第十一条 幼儿园规模应当有利于幼儿身心健康，便于管理，一般不超过360人。幼儿园每班幼儿人数一般为：小班（3周岁至4周岁）25人，中班（4周岁至5周岁）30人，大班（5周岁至6周岁）35人，混合班30人。寄宿制幼儿园每班幼儿人数酌减。幼儿园可以按年龄分别编班，也可以混合编班。

第三章 幼儿园的安全

第十二条 幼儿园应当严格执行国家和地方幼儿园安全管理的相关规定，建立健全门卫、房屋、设备、消防、交通、食品、药物、幼儿接送交接、活动组织和幼儿就寝值守等安全防护和检查制度，建立安全责任制和应急预案。

第十三条 幼儿园的园舍应当符合国家和地方的建设标准，以及相关安全、卫生等方面的规范，定期检查维护，保障安全。幼儿园不得设置在污染区和危险区，不得使用危房。幼儿园的设备设施、装修装饰材料、用品用具和玩教具材料等，应当符合国家相关的安全质量标准和环保要求。入园幼儿应当由监护人或者其委托的成年人接送。

第十四条 幼儿园应当严格执行国家有关食品药品安全的法律法规，保障饮食饮水卫生安全。

第十五条 幼儿园教职工必须具有安全意识，掌握基本急救常识和防范、避险、逃生、自救的基本方法，在紧急情况下应当优先保护幼儿的人身安全。幼儿园应当把安全教育融入一日生活，并定期组织开展多种形式的安全教育和事故预防演练。幼儿园应当结合幼儿年龄特点和接受能力开展反家庭暴力教育，发现幼儿遭受或者疑似遭受家庭暴力的，应当依法及时向公安机关报案。

第十六条 幼儿园应当投保校方责任险。

第四章 幼儿园的卫生保健

第十七条 幼儿园必须切实做好幼儿生理和心理卫生保健工作。幼儿园应当严格执行《托儿所幼儿园卫生保健管理办法》以及其他有关卫生保健的法规、规章和制度。

第十八条 幼儿园应当制定合理的幼儿一日生活作息制度。正餐间隔时间为3.5～4小时。在正常情况下，幼儿户外活动时间（包括户外体育活动时间）每天不得少于2小时，寄宿制幼儿园不得少于3小时；高寒、高温地区可酌情增减。

第十九条 幼儿园应当建立幼儿健康检查制度和幼儿健康卡或档案。每年体检一次，每半年测身高、视力一次，每季度量体重一次；注意幼儿口腔卫生，保护幼儿视力。幼儿园对幼儿健康发展状况定期进行分析、评价，及时向家长反馈结果。幼儿园应当关注幼儿心理健康，注重满足幼儿的发展需要，保持幼儿积极的情绪状态，让幼儿感受到尊重和接纳。

第二十条　幼儿园应当建立卫生消毒、晨检、午检制度和病儿隔离制度，配合卫生部门做好计划免疫工作。幼儿园应当建立传染病预防和管理制度，制定突发传染病应急预案，认真做好疾病防控工作。幼儿园应当建立患病幼儿用药的委托交接制度，未经监护人委托或者同意，幼儿园不得给幼儿用药。幼儿园应当妥善管理药品，保证幼儿用药安全。幼儿园内禁止吸烟、饮酒。

第二十一条　供给膳食的幼儿园应当为幼儿提供安全卫生的食品，编制营养平衡的幼儿食谱，定期计算和分析幼儿的进食量和营养素摄取量，保证幼儿合理膳食。幼儿园应当每周向家长公示幼儿食谱，并按照相关规定进行食品留样。

第二十二条　幼儿园应当配备必要的设备设施，及时为幼儿提供安全卫生的饮用水。幼儿园应当培养幼儿良好的大小便习惯，不得限制幼儿便溺的次数、时间等。

第二十三条　幼儿园应当积极开展适合幼儿的体育活动，充分利用日光、空气、水等自然因素以及本地自然环境，有计划地锻炼幼儿肌体，增强身体的适应和抵抗能力。正常情况下，每日户外体育活动不得少于 1 小时。幼儿园在开展体育活动时，应当对体弱或有残疾的幼儿予以特殊照顾。

第二十四条　幼儿园夏季要做好防暑降温工作，冬季要做好防寒保暖工作，防止中暑和冻伤。

第五章　幼儿园的教育

第二十五条　幼儿园教育应当贯彻以下原则和要求：

（一）德、智、体、美等方面的教育应当互相渗透，有机结合。

（二）遵循幼儿身心发展规律，符合幼儿年龄特点，注重个体差异，因人施教，引导幼儿个性健康发展。

（三）面向全体幼儿，热爱幼儿，坚持积极鼓励、启发引导的正面教育。

（四）综合组织健康、语言、社会、科学、艺术各领域的教育内容，渗透于幼儿一日生活的各项活动中，充分发挥各种教育手段的交互作用。

（五）以游戏为基本活动，寓教育于各项活动之中。

（六）创设与教育相适应的良好环境，为幼儿提供活动和表现能力的机会与条件。

第二十六条　幼儿一日活动的组织应当动静交替，注重幼儿的直接感知、实际操作和亲身体验，保证幼儿愉快的、有益的自由活动。

第二十七条　幼儿园日常生活组织，应当从实际出发，建立必要、合理的常规，坚持一贯性和灵活性相结合，培养幼儿的良好习惯和初步的生活自理能力。

第二十八条　幼儿园应当为幼儿提供丰富多样的教育活动。教育活动内容应当根据教育目标、幼儿的实际水平和兴趣确定，以循序渐进为原则，有计划地选择和组织。教育活动的组织应当灵活地运用集体、小组和个别活动等形式，为每个幼儿提供充分参与的机会，满足幼儿多方面发展的需要，促进每个幼儿在不同水平上得到发展。教育活动的过程应注重支持幼儿的主动探索、操作实践、合作交流和表达表现，不应片面追求活动结果。

第二十九条　幼儿园应当将游戏作为对幼儿进行全面发展教育的重要形式。幼儿园应当因地制宜创设游戏条件，提供丰富、适宜的游戏材料，保证充足的游戏时间，开展多种游戏。

幼儿园应当根据幼儿的年龄特点指导游戏，鼓励和支持幼儿根据自身兴趣、需要和经验水平，自主选择游戏内容、游戏材料和伙伴，使幼儿在游戏过程中获得积极的情绪情感，促进幼儿能力和个性的全面发展。

第三十条　幼儿园应当将环境作为重要的教育资源，合理利用室内外环境，创设开放的、多样的区域活动空间，提供适合幼儿年龄特点的丰富的玩具、操作材料和幼儿读物，支持幼儿自主选择和主动学习，激发幼儿学习的兴趣与探究的愿望。幼儿园应当营造尊重、接纳和关爱的氛围，建立良好的同伴和师生关系。幼儿园应当充分利用家庭和社区的有利条件，丰富和拓展幼儿园的教育资源。

第三十一条　幼儿园的品德教育应当以情感教育和培养良好行为习惯为主，注重潜移默化的影响，并贯穿于幼儿生活以及各项活动之中。

第三十二条　幼儿园应当充分尊重幼儿的个体差异，根据幼儿不同的心理发展水平，研究有效的活动形式和方法，注重培养幼儿良好的个性心理品质。幼儿园应当为在园残疾儿童提供更多的帮助和指导。

第三十三条　幼儿园和小学应当密切联系，互相配合，注意两个阶段教育的相互衔接。幼儿园不得提前教授小学教育内容，不得开展任何违背幼儿身心发展规律的活动。

第六章　幼儿园的园舍、设备

第三十四条　幼儿园应当按照国家的相关规定设活动室、寝室、卫生间、保健室、综合活动室、厨房和办公用房等，并达到相应的建设标准。有条件的幼儿园应当优先扩大幼儿游戏和活动空间。寄宿制幼儿园应当增设隔离室、浴室和教职工值班室等。

第三十五条　幼儿园应当有与其规模相适应的户外活动场地，配备必要的游戏和体育活动设施，创造条件开辟沙地、水池、种植园地等，并根据幼儿活动的需要绿化、美化园地。

第三十六条　幼儿园应当配备适合幼儿特点的桌椅、玩具架、盥洗卫生用具，以及必要的玩教具、图书和乐器等。玩教具应当具有教育意义并符合安全、卫生要求。幼儿园应当因地制宜，就地取材，自制玩教具。

第三十七条　幼儿园的建筑规划面积、建筑设计和功能要求，以及设施设备、玩教具配备，按照国家和地方的相关规定执行。

第七章　幼儿园的教职工

第三十八条　幼儿园按照国家相关规定设园长、副园长、教师、保育员、卫生保健人员、炊事员和其他工作人员等岗位，配足配齐教职工。

第三十九条　幼儿园教职工应当贯彻国家教育方针，具有良好品德，热爱教育事业，尊重和爱护幼儿，具有专业知识和技能以及相应的文化和专业素养，为人师表，忠于职责，身心健康。

幼儿园教职工患传染病期间暂停在幼儿园的工作。有犯罪、吸毒记录和精神病史者不得在幼儿园工作。

第四十条　幼儿园园长应当符合本规程第三十九条　规定，并应当具有《教师资格条例》规定的教师资格、具备大专以上学历、有三年以上幼儿园工作经历和一定的组织管理能力，并取得幼儿园园长岗位培训合格证书。

幼儿园园长由举办者任命或者聘任，并报当地主管的教育行政部门备案。

幼儿园园长负责幼儿园的全面工作，主要职责如下：

（一）贯彻执行国家的有关法律、法规、方针、政策和地方的相关规定，负责建立并组织执行幼儿园的各项规章制度；

（二）负责保育教育、卫生保健、安全保卫工作；

（三）负责按照有关规定聘任、调配教职工，指导、检查和评估教师以及其他工作人员的工作，并给予奖惩；

（四）负责教职工的思想工作，组织业务学习，并为他们的学习、进修、教育研究创造必要的条件；

（五）关心教职工的身心健康，维护他们的合法权益，改善他们的工作条件；

（六）组织管理园舍、设备和经费；

（七）组织和指导家长工作；

（八）负责与社区的联系和合作。

第四十一条　幼儿园教师必须具有《教师资格条例》规定的幼儿园教师资格，并符合本规程第三十九条　规定。

幼儿园教师实行聘任制。

幼儿园教师对本班工作全面负责，其主要职责如下：

（一）观察了解幼儿，依据国家有关规定，结合本班幼儿的发展水平和兴趣需要，制订和执行教育工作计划，合理安排幼儿一日生活；

（二）创设良好的教育环境，合理组织教育内容，提供丰富的玩具和游戏材料，开展适宜的教育活动；

（三）严格执行幼儿园安全、卫生保健制度，指导并配合保育员管理本班幼儿生活，做好卫生保健工作；

（四）与家长保持经常联系，了解幼儿家庭的教育环境，商讨符合幼儿特点的教育措施，相互配合共同完成教育任务；

（五）参加业务学习和保育教育研究活动；

（六）定期总结评估保教工作实效，接受园长的指导和检查。

第四十二条　幼儿园保育员应当符合本规程第三十九条　规定，并应当具备高中毕业以上学历，受过幼儿保育职业培训。

幼儿园保育员的主要职责如下：

（一）负责本班房舍、设备、环境的清洁卫生和消毒工作；

（二）在教师指导下，科学照料和管理幼儿生活，并配合本班教师组织教育活动；

（三）在卫生保健人员和本班教师指导下，严格执行幼儿园安全、卫生保健制度；

（四）妥善保管幼儿衣物和本班的设备、用具。

第四十三条　幼儿园卫生保健人员除符合本规程第三十九条　规定外，医师应当取得卫生行政部门颁发的《医师执业证书》；护士应当取得《护士执业证书》；保健员应当具有高中毕业以上学历，并经过当地妇幼保健机构组织的卫生保健专业知识培训。

幼儿园卫生保健人员对全园幼儿身体健康负责，其主要职责如下：

（一）协助园长组织实施有关卫生保健方面的法规、规章和制度，并监督执行；

（二）负责指导调配幼儿膳食，检查食品、饮水和环境卫生；

（三）负责晨检、午检和健康观察，做好幼儿营养、生长发育的监测和评价；定期组织幼儿健康体检，做好幼儿健康档案管理；

（四）密切与当地卫生保健机构的联系，协助做好疾病防控和计划免疫工作；

（五）向幼儿园教职工和家长进行卫生保健宣传和指导；

（六）妥善管理医疗器械、消毒用具和药品。

第四十四条　幼儿园其他工作人员的资格和职责，按照国家和地方的有关规定执行。

第四十五条　对认真履行职责、成绩优良的幼儿园教职工，应当按照有关规定给予奖励。

对不履行职责的幼儿园教职工，应当视情节轻重，依法依规给予相应处分。

第八章　幼儿园的经费

第四十六条　幼儿园的经费由举办者依法筹措，保障有必备的办园资金和稳定的经费来源。

按照国家和地方相关规定接受财政扶持的提供普惠性服务的国有企事业单位办园、集体办园和民办园等幼儿园，应当接受财务、审计等有关部门的监督检查。

第四十七条　幼儿园收费按照国家和地方的有关规定执行。

幼儿园实行收费公示制度，收费项目和标准向家长公示，接受社会监督，不得以任何名义收取与新生入园相挂钩的赞助费。

幼儿园不得以培养幼儿某种专项技能、组织或参与竞赛等为由，另外收取费用；不得以营利为目的组织幼儿表演、竞赛等活动。

第四十八条　幼儿园的经费应当按照规定的使用范围合理开支，坚持专款专用，不得挪作他用。

第四十九条　幼儿园举办者筹措的经费，应当保证保育和教育的需要，有一定比例用于改善办园条件和开展教职工培训。

第五十条　幼儿膳食费应当实行民主管理制度，保证全部用于幼儿膳食，每月向家长公布账目。

第五十一条　幼儿园应当建立经费预算和决算审核制度，经费预算和决算应当提交园务委员会审议，并接受财务和审计部门的监督检查。

幼儿园应当依法建立资产配置、使用、处置、产权登记、信息管理等管理制度，严格执行有关财务制度。

第九章　幼儿园、家庭和社区

第五十二条　幼儿园应当主动与幼儿家庭沟通合作，为家长提供科学育儿宣传指导，帮助家长创设良好的家庭教育环境，共同担负教育幼儿的任务。

第五十三条　幼儿园应当建立幼儿园与家长联系的制度。幼儿园可采取多种形式，指导家长正确了解幼儿园保育和教育的内容、方法，定期召开家长会议，并接待家长的来访和咨询。

幼儿园应当认真分析、吸收家长对幼儿园教育与管理工作的意见与建议。

幼儿园应当建立家长开放日制度。

第五十四条　幼儿园应当成立家长委员会。

家长委员会的主要任务是：对幼儿园重要决策和事关幼儿切身利益的事项提出意见和建议；发挥家长的专业和资源优势，支持幼儿园保育教育工作；帮助家长了解幼儿园工作计划和要求，协助幼儿园开展家庭教育指导和交流。

家长委员会在幼儿园园长指导下工作。

第五十五条　幼儿园应当加强与社区的联系与合作，面向社区宣传科学育儿知识，开展灵活多样的公益性早期教育服务，争取社区对幼儿园的多方面支持。

第十章　幼儿园的管理

第五十六条　幼儿园实行园长负责制。

幼儿园应当建立园务委员会。园务委员会由园长、副园长、党组织负责人和保教、卫生保健、财会等方面工作人员的代表以及幼儿家长代表组成。园长任园务委员会主任。

园长定期召开园务委员会会议，遇重大问题可临时召集，对规章制度的建立、修改、废除，全园工作计划，工作总结，人员奖惩，财务预算和决算方案，以及其他涉及全园工作的重要问题进行审议。

第五十七条　幼儿园应当加强党组织建设，充分发挥党组织政治核心作用、战斗堡垒作用。幼儿园应当为工会、共青团等其他组织开展工作创造有利条件，充分发挥其在幼儿园工作中的作用。

第五十八条　幼儿园应当建立教职工大会制度或者教职工代表大会制度，依法加强民主管理和监督。

第五十九条　幼儿园应当建立教研制度，研究解决保教工作中的实际问题。

第六十条　幼儿园应当制订年度工作计划，定期部署、总结和报告工作。每学年年末应当向教育等行政主管部门报告工作，必要时随时报告。

第六十一条　幼儿园应当接受上级教育、卫生、公安、消防等部门的检查、监督和指导，如实报告工作和反映情况。

幼儿园应当依法接受教育督导部门的督导。

第六十二条　幼儿园应当建立业务档案、财务管理、园务会议、人员奖惩、安全管理以及与家庭、小学联系等制度。

幼儿园应当建立信息管理制度，按照规定采集、更新、报送幼儿园管理信息系统的相关信息，每年向主管教育行政部门报送统计信息。

第六十三条　幼儿园教师依法享受寒暑假期的带薪休假。幼儿园应当创造条件，在寒暑假期间，安排工作人员轮流休假。具体办法由举办者制定。

第十一章　附　　则

第六十四条　本规程适用于城乡各类幼儿园。

第六十五条　省、自治区、直辖市教育行政部门可根据本规程，制订具体实施办法。

第六十六条　本规程自 2016 年 3 月 1 日起施行。1996 年 3 月 9 日由原国家教育委员会令第 25 号发布的《幼儿园工作规程》同时废止。

附录D 幼儿园教师专业标准（试行）

为促进幼儿园教师专业发展，建设高素质幼儿园教师队伍，根据《中华人民共和国教师法》，特制定《幼儿园教师专业标准（试行）》（以下简称《专业标准》）。

幼儿园教师是履行幼儿园教育教学工作职责的专业人员，需要经过严格的培养与培训，具有良好的职业道德，掌握系统的专业知识和专业技能。《专业标准》是国家对合格幼儿园教师专业素质的基本要求，是幼儿园教师实施保教行为的基本规范，是引领幼儿园教师专业发展的基本准则，是幼儿园教师培养、准入、培训、考核等工作的重要依据。

一、基本理念

（一）师德为先

热爱学前教育事业，具有职业理想，践行社会主义核心价值体系，履行教师职业道德规范，依法执教。关爱幼儿，尊重幼儿人格，富有爱心、责任心、耐心和细心；为人师表，教书育人，自尊自律，做幼儿健康成长的启蒙者和引路人。

（二）幼儿为本

尊重幼儿权益，以幼儿为主体，充分调动和发挥幼儿的主动性；遵循幼儿身心发展特点和保教活动规律，提供适合的教育，保障幼儿快乐健康成长。

（三）能力为重

把学前教育理论与保教实践相结合，突出保教实践能力；研究幼儿，遵循幼儿成长规律，提升保教工作专业化水平；坚持实践、反思、再实践、再反思，不断提高专业能力。

（四）终身学习

学习先进学前教育理论，了解国内外学前教育改革与发展的经验和做法；优化知识结构，提高文化素养；具有终身学习与持续发展的意识和能力，做终身学习的典范。

二、基本内容

维度	领域	基本要求
专业理念与师德	（一）职业理解与认识	1．贯彻党和国家教育方针政策，遵守教育法律法规。 2．理解幼儿保教工作的意义，热爱学前教育事业，具有职业理想和敬业精神。 3．认同幼儿园教师的专业性和独特性，注重自身专业发展。 4．具有良好职业道德修养，为人师表。 5．具有团队合作精神，积极开展协作与交流
	（二）对幼儿的态度与行为	6．关爱幼儿，重视幼儿身心健康，将保护幼儿生命安全放在首位。 7．尊重幼儿人格，维护幼儿合法权益，平等对待每一位幼儿。不讽刺、挖苦、歧视幼儿，不体罚或变相体罚幼儿。 8．信任幼儿，尊重个体差异，主动了解和满足有益于幼儿身心发展的不同需求。 9．重视生活对幼儿健康成长的重要价值，积极创造条件，让幼儿拥有快乐的幼儿园生活
	（三）幼儿保育和教育的态度与行为	10．注重保教结合，培育幼儿良好的意志品质，帮助幼儿养成良好的行为习惯。 11．注重保护幼儿的好奇心，培养幼儿的想象力，发掘幼儿的兴趣爱好。 12．重视环境和游戏对幼儿发展的独特作用，创设富有教育意义的环境氛围，将游戏作为幼儿的主要活动。 13．重视丰富幼儿多方面的直接经验，将探索、交往等实践活动作为幼儿最重要的学习方式。 14．重视自身日常态度言行对幼儿发展的重要影响与作用。 15．重视幼儿园、家庭和社区的合作，综合利用各种资源
	（四）个人修养与行为	16．富有爱心、责任心、耐心和细心。 17．乐观向上、热情开朗，有亲和力。 18．善于自我调节情绪，保持平和心态。 19．勤于学习，不断进取。 20．衣着整洁得体，语言规范健康，举止文明礼貌
专业知识	（五）幼儿发展知识	21．了解关于幼儿生存、发展和保护的有关法律法规及政策规定。 22．掌握不同年龄幼儿身心发展特点、规律和促进幼儿全面发展的策略与方法。 23．了解幼儿在发展水平、速度与优势领域等方面的个体差异，掌握对应的策略与方法。 24．了解幼儿发展中容易出现的问题与适宜的对策。 25．了解有特殊需要幼儿的身心发展特点及教育策略与方法
	（六）幼儿保育和教育知识	26．熟悉幼儿园教育的目标、任务、内容、要求和基本原则。 27．掌握幼儿园各领域教育的学科特点与基本知识。 28．掌握幼儿园环境创设、一日生活安排、游戏与教育活动、保育和班级管理的知识与方法。 29．熟知幼儿园的安全应急预案，掌握意外事故和危险情况下幼儿安全防护与救助的基本方法。 30．掌握观察、谈话、记录等了解幼儿的基本方法和教育心理学的基本原理和方法。 31．了解0～3岁婴幼儿保教和幼小衔接的有关知识与基本方法

续表

维　度	领　　域	基本要求
专业知识	（七）通识性知识	32．具有一定的自然科学和人文社会科学知识。 33．了解中国教育基本情况。 34．具有相应的艺术欣赏与表现知识。 35．具有一定的现代信息技术知识
专业能力	（八）环境的创设与利用	36．建立良好的师幼关系，帮助幼儿建立良好的同伴关系，让幼儿感到温暖和愉悦。 37．建立班级秩序与规则，营造良好的班级氛围，让幼儿感受到安全、舒适。 38．创设有助于促进幼儿成长、学习、游戏的教育环境。 39．合理利用资源，为幼儿提供和制作适合的玩教具和学习材料，引发和支持幼儿的主动活动
	（九）一日生活的组织与保育	40．合理安排和组织一日生活的各个环节，将教育灵活地渗透到一日生活中。 41．科学照料幼儿日常生活，指导和协助保育员做好班级常规保育和卫生工作。 42．充分利用各种教育契机，对幼儿进行随机教育。 43．有效保护幼儿，及时处理幼儿的常见事故，危险情况优先救护幼儿
	（十）游戏活动的支持与引导	44．提供符合幼儿兴趣需要、年龄特点和发展目标的游戏条件。 45．充分利用与合理设计游戏活动空间，提供丰富、适宜的游戏材料，支持、引发和促进幼儿的游戏。 46．鼓励幼儿自主选择游戏内容、伙伴和材料，支持幼儿主动地、创造性地开展游戏，充分体验游戏的快乐和满足。 47．引导幼儿在游戏活动中获得身体、认知、语言和社会性等多方面的发展
	（十一）教育活动的计划与实施	48．制订阶段性的教育活动计划和具体活动方案。 49．在教育活动中观察幼儿，根据幼儿的表现和需要，调整活动，给予适宜的指导。 50．在教育活动的设计和实施中体现趣味性、综合性和生活化，灵活运用各种组织形式和适宜的教育方式。 51．提供更多的操作探索、交流合作、表达表现的机会，支持和促进幼儿主动学习
	（十二）激励与评价	52．关注幼儿日常表现，及时发现和赏识每个幼儿的点滴进步，注重激发和保护幼儿的积极性、自信心。 53．有效运用观察、谈话、家园联系、作品分析等多种方法，客观地、全面地了解和评价幼儿。 54．有效运用评价结果，指导下一步教育活动的开展
	（十三）沟通与合作	55．使用符合幼儿年龄特点的语言进行保教工作。 56．善于倾听，和蔼可亲，与幼儿进行有效沟通。 57．与同事合作交流，分享经验和资源，共同发展。 58．与家长进行有效沟通合作，共同促进幼儿发展。 59．协助幼儿园与社区建立合作互助的良好关系
	（十四）反思与发展	60．主动收集分析相关信息，不断进行反思，改进保教工作。 61．针对保教工作中的现实需要与问题，进行探索和研究。 62．制定专业发展规划，积极参加专业培训，不断提高自身专业素质

三、实施建议

（一）各级教育行政部门要将《专业标准》作为幼儿园教师队伍建设的基本依据。根据学前教育改革发展的需要，充分发挥《专业标准》引领和导向作用，深化教师教育改革，建立教师教育质量保障体系，不断提高幼儿园教师培养培训质量。制定幼儿园教师准入标准，严把幼儿园教师入口关；制定幼儿园教师聘任（聘用）、考核、退出等管理制度，保障教师合法权益，形成科学有效的幼儿园教师队伍管理和督导机制。

（二）开展幼儿园教师教育的院校要将《专业标准》作为幼儿园教师培养培训的主要依据。重视幼儿园教师职业特点，加强学前教育学科和专业建设。完善幼儿园教师培养培训方案，科学设置教师教育课程，改革教育教学方式；重视幼儿园教师职业道德教育，重视社会实践和教育实习；加强从事幼儿园教师教育的师资队伍建设，建立科学的质量评价制度。

（三）幼儿园要将《专业标准》作为教师管理的重要依据。制定幼儿园教师专业发展规划，注重教师职业理想与职业道德教育，增强教师育人的责任感与使命感；开展园本研修，促进教师专业发展；完善教师岗位职责和考核评价制度，健全幼儿园教师绩效管理机制。

（四）幼儿园教师要将《专业标准》作为自身专业发展的基本依据。制定自我专业发展规划，爱岗敬业，增强专业发展自觉性；大胆开展保教实践，不断创新；积极进行自我评价，主动参加教师培训和自主研修，逐步提升专业发展水平。

附录C　3～6岁儿童学习与发展指南

说　明

一、为深入贯彻《国家中长期教育改革和发展规划纲要（2010—2020年）》和《国务院关于当前发展学前教育的若干意见》（国发〔2010〕41号），指导幼儿园和家庭实施科学的保育和教育，促进幼儿身心全面和谐发展，制定《3～6岁儿童学习与发展指南》（以下简称《指南》）。

二、《指南》以为幼儿后继学习和终身发展奠定良好素质基础为目标，以促进幼儿体、智、德、美各方面的协调发展为核心，通过提出3～6岁各年龄段儿童学习与发展目标和相应的教育建议，帮助幼儿园教师和家长了解3～6岁幼儿学习与发展的基本规律和特点，建立对幼儿发展的合理期望，实施科学的保育和教育，让幼儿度过快乐而有意义的童年。

三、《指南》从健康、语言、社会、科学、艺术五个领域描述幼儿的学习与发展。每个领域按照幼儿学习与发展最基本、最重要的内容划分为若干方面。每个方面由学习与发展目标和教育建议两部分组成。

目标部分分别对3～4岁、4～5岁、5～6岁三个年龄段末期幼儿应该知道什么、能做什么，大致可以达到什么发展水平提出了合理期望，指明了幼儿学习与发展的具体方向；教育建议部分列举了一些能够有效帮助和促进幼儿学习与发展的教育途径与方法。

四、实施《指南》应把握以下几个方面：

1．关注幼儿学习与发展的整体性。儿童的发展是一个整体，要注重领域之间、目标之间的相互渗透和整合，促进幼儿身心全面协调发展，而不应片面追求某一方面或几方面的发展。

2．尊重幼儿发展的个体差异。幼儿的发展是一个持续、渐进的过程，同时也表现出一定的阶段性特征。每个幼儿在沿着相似进程发展的过程中，各自的发展速度和到达某一水平的时间不完全相同。要充分理解和尊重幼儿发展进程中的个别差异，支持和引导他们从原有水平向更高水平发展，按照自身的速度和方式到达《指南》所呈现的发展“阶梯”，切忌用一把“尺子”衡量所有幼儿。

3．理解幼儿的学习方式和特点。幼儿的学习是以直接经验为基础，在游戏和日常生活中进行的。要珍视游戏和生活的独特价值，创设丰富的教育环境，合理安排一日生活，最大限度地支持和满足幼儿通过直接感知、实际操作和亲身体验获取经验的需要，严禁“拔苗助长”式的超前教育和强化训练。

4．重视幼儿的学习品质。幼儿在活动过程中表现出的积极态度和良好行为倾向是终身学习与发展所必需的宝贵品质。要充分尊重和保护幼儿的好奇心和学习兴趣，帮助幼儿逐步养成积极主动、认真专注、不怕困难、敢于探究和尝试、乐于想象和创造等良好学习品质。忽视幼儿学习品质培养，单纯追求知识技能学习的做法是短视而有害的。

一、健康

健康是指人在身体、心理和社会适应方面的良好状态。幼儿阶段是儿童身体发育和机能发展极为迅速的时期，也是形成安全感和乐观态度的重要阶段。发育良好的身体、愉快的情绪、强健的体质、协调的动作、良好的生活习惯和基本生活能力是幼儿身心健康的重要标志，也是其他领域学习与发展的基础。

为有效促进幼儿身心健康发展，成人应为幼儿提供合理均衡的营养，保证充足的睡眠和适宜的锻炼，满足幼儿生长发育的需要；创设温馨的人际环境，让幼儿充分感受到亲情和关爱，形成积极稳定的情绪情感；帮助幼儿养成良好的生活与卫生习惯，提高自我保护能力，形成使其终身受益的生活能力和文明生活方式。

幼儿身心发育尚未成熟，需要成人的精心呵护和照顾，但不宜过度保护和包办代替，以免剥夺幼儿自主学习的机会，养成过于依赖的不良习惯，影响其主动性、独立性的发展。

（一）身心状况

目标1　具有健康的体态

3～4岁	4～5岁	5～6岁
1．身高和体重适宜。参考标准： 男孩： 身高：94.9～111.7厘米 体重：12.7～21.2公斤 女孩： 身高：94.1～111.3厘米 体重：12.3～21.5公斤 2．在提醒下能自然坐直、站直	1．身高和体重适宜。参考标准： 男孩： 身高：100.7～119.2厘米 体重：14.1～24.2公斤 女孩： 身高：99.9～118.9厘米 体重：13.7～24.9公斤 2．在提醒下能保持正确的站、坐和行走姿势	1．身高和体重适宜。参考标准： 男孩： 身高：106.1～125.8厘米 体重：15.9～27.1公斤 女孩： 身高：104.9～125.4厘米 体重：15.3～27.8公斤 2．经常保持正确的站、坐和行走姿势

注：身高和体重数据来源：《2006年世界卫生组织儿童生长标准》4、5、6周岁儿童身高和体重的参考数据。

教育建议：

1．为幼儿提供营养丰富、健康的饮食。如：

- 参照《中国孕期、哺乳期妇女和0～6岁儿童膳食指南》，为幼儿提供谷物、蔬菜、水果、肉、奶、蛋、豆制品等多样化的食物，均衡搭配。
- 烹调方式要科学，尽量少煎炸、烧烤、腌制。

2．保证幼儿每天睡11～12小时，其中午睡一般应达到2小时左右。午睡时间可根据幼儿的年龄、季节的变化和个体差异适当减少。

3．注意幼儿的体态，帮助他们形成正确的姿势。如：

- 提醒幼儿要保持正确的站、坐、走姿势；发现有八字脚、罗圈腿、驼背等骨骼发育异常的情况，应及时就医矫治。
- 桌、椅和床要合适。椅子的高度以幼儿写画时双脚能自然着地、大腿基本保持水平状为宜；桌子的高度以写画时身体能坐直，不驼背、不耸肩为宜；床不宜过软。

4．每年为幼儿进行健康检查。

目标 2　情绪安定愉快

3～4 岁	4～5 岁	5～6 岁
1. 情绪比较稳定，很少因一点小事哭闹不止。 2. 有比较强烈的情绪反应时，能在成人的安抚下逐渐平静下来	1. 经常保持愉快的情绪，不高兴时能较快缓解。 2. 有比较强烈情绪反应时，能在成人提醒下逐渐平静下来。 3. 愿意把自己的情绪告诉亲近的人，一起分享快乐或求得安慰	1. 经常保持愉快的情绪。知道引起自己某种情绪的原因，并努力缓解。 2. 表达情绪的方式比较适度，不乱发脾气。 3. 能随着活动的需要转换情绪和注意

教育建议：

1．营造温暖、轻松的心理环境，让幼儿形成安全感和信赖感。如：

- 保持良好的情绪状态，以积极、愉快的情绪影响幼儿。
- 以欣赏的态度对待幼儿。注意发现幼儿的优点，接纳他们的个体差异，不简单与同伴做横向比较。
- 幼儿做错事时要冷静处理，不厉声斥责，更不能打骂。

2．帮助幼儿学会恰当表达和调控情绪。如：

- 成人用恰当的方式表达情绪，为幼儿做出榜样。如生气时不乱发脾气，不迁怒于人。
- 成人和幼儿一起谈论自己高兴或生气的事，鼓励幼儿与人分享自己的情绪。
- 允许幼儿表达自己的情绪，并给予适当的引导。如幼儿发脾气时不硬性压制，等其平静后告诉他什么行为是可以接受的。
- 发现幼儿不高兴时，主动询问情况，帮助他们化解消极情绪。

目标 3　具有一定的适应能力

3～4 岁	4～5 岁	5～6 岁
1. 能在较热或较冷的户外环境中活动。 2. 换新环境时情绪能较快稳定，睡眠、饮食基本正常。 3. 在帮助下能较快适应集体生活	1. 能在较热或较冷的户外环境中连续活动半小时左右。 2. 换新环境时较少出现身体不适。 3. 能较快适应人际环境中发生的变化。如换了新老师能较快适应	1. 能在较热或较冷的户外环境中连续活动半小时以上。 2. 天气变化时较少感冒，能适应车、船等交通工具造成的轻微颠簸。 3. 能较快融入新的人际关系环境。如换了新的幼儿园或班级能较快适应

教育建议：

1．保证幼儿的户外活动时间，提高幼儿适应季节变化的能力。

● 幼儿每天的户外活动时间一般不少于两小时，其中体育活动时间不少于 1 小时，季节交替时要坚持。

● 气温过热或过冷的季节或地区应因地制宜，选择温度适当的时间段开展户外活动，也可根据气温的变化和幼儿的个体差异，适当减少活动的时间。

2．经常与幼儿玩拉手转圈、秋千、转椅等游戏活动，让幼儿适应轻微的摆动、颠簸、旋转，促进其平衡机能的发展。

3．锻炼幼儿适应生活环境变化的能力。如：

● 注意观察幼儿在新环境中的饮食、睡眠、游戏等方面的情况，采取相应的措施帮助他们尽快适应新环境。

● 经常带幼儿接触不同的人际环境，如参加亲戚朋友聚会，多和不熟悉的小朋友玩，使幼儿较快适应新的人际关系。

（二）动作发展

目标 1 具有一定的平衡能力，动作协调、灵敏

3～4 岁	4～5 岁	5～6 岁
1. 能沿地面直线或在较窄的低矮物体上走一段距离。 2．能双脚灵活交替上下楼梯。 3．能身体平稳地双脚连续向前跳。 4．分散跑时能躲避他人的碰撞。 5．能双手向上抛球	1．能在较窄的低矮物体上平稳地走一段距离。 2．能以匍匐、膝盖悬空等多种方式钻爬。 3．能助跑跨跳过一定距离，或助跑跨跳过一定高度的物体。 4. 能与他人玩追逐、躲闪跑的游戏。 5．能连续自抛自接球	1. 能在斜坡、荡桥和有一定间隔的物体上较平稳地行走。 2．能以手脚并用的方式安全地爬攀登架、网等。 3．能连续跳绳。 4．能躲避他人滚过来的球或扔过来的沙包。 5．能连续拍球

教育建议：

1．利用多种活动发展身体平衡和协调能力。如：

● 走平衡木，或沿着地面直线、田埂行走。

● 玩跳房子、踢毽子、蒙眼走路、踩小高跷等游戏活动。

2．发展幼儿动作的协调性和灵活性。如：

● 鼓励幼儿进行跑跳、钻爬、攀登、投掷、拍球等活动。

● 玩跳竹竿、滚铁环等传统体育游戏。

3．对于拍球、跳绳等技能性活动，不要过于要求数量，更不能机械训练。

4．结合活动内容对幼儿进行安全教育，注重在活动中培养幼儿的自我保护能力。

目标 2　具有一定的力量和耐力

3～4 岁	4～5 岁	5～6 岁
1. 能双手抓杠悬空吊起 10 秒左右。 2. 能单手将沙包向前投掷 2 米左右。 3. 能单脚连续向前跳 2 米左右。 4. 能快跑 15 米左右。 5. 能行走 1 千米左右（途中可适当停歇）	1. 能双手抓杠悬空吊起 15 秒左右。 2. 能单手将沙包向前投掷 4 米左右。 3. 能单脚连续向前跳 5 米左右。 4. 能快跑 20 米左右。 5. 能连续行走 1.5 千米左右（途中可适当停歇）	1. 能双手抓杠悬空吊起 20 秒左右。 2. 能单手将沙包向前投掷 5 米左右。 3. 能单脚连续向前跳 8 米左右。 4. 能快跑 25 米左右。 5. 能连续行走 1.5 千米以上（途中可适当停歇）

教育建议：

1. 开展丰富多样、适合幼儿年龄特点的各种身体活动，如走、跑、跳、攀、爬等，鼓励幼儿坚持下来，不怕累。

2. 日常生活中鼓励幼儿多走路、少坐车；自己上下楼梯、自己背包。

目标 3　手的动作灵活协调

3～4 岁	4～5 岁	5～6 岁
1. 能用笔涂涂画画。 2. 能熟练地用勺子吃饭。 3. 能用剪刀沿直线剪，边线基本吻合	1. 能沿边线较直地画出简单图形，或能边线基本对齐地折纸。 2. 会用筷子吃饭。 3. 能沿轮廓线剪出由直线构成的简单图形，边线吻合	1. 能根据需要画出图形，线条基本平滑。 2. 能熟练使用筷子。 3. 能沿轮廓线剪出由曲线构成的简单图形，边线吻合且平滑。 4. 能使用简单的劳动工具或用具

教育建议：

1. 创造条件和机会，促进幼儿手的动作灵活协调。如：

- 提供画笔、剪刀、纸张、泥团等工具和材料，或充分利用各种自然、废旧材料和常见物品，让幼儿进行画、剪、折、粘等美工活动。
- 引导幼儿生活自理或参与家务劳动，发展其手的动作。如练习自己用筷子吃饭、扣扣子，帮助家人择菜叶、做面食等。
- 幼儿园在布置娃娃家、商店等活动区时，多提供原材料和半成品，让幼儿有更多机会参与制作活动。

2. 引导幼儿注意活动安全。如：

- 为幼儿提供的塑料粒、珠子等活动材料要足够大，材质要安全，以免造成异物进入气管、铅中毒等伤害。提供幼儿用安全剪刀。
- 为幼儿示范拿筷子、握笔的正确姿势以及使用剪刀、锤子等工具的方法。
- 提醒幼儿不要拿剪刀等锋利工具玩耍，用完后要放回原处。

（三）生活习惯与生活能力

目标1 具有良好的生活与卫生习惯

3~4岁	4~5岁	5~6岁
1．在提醒下，按时睡觉和起床，并能坚持午睡。 2．喜欢参加体育活动。 3．在引导下，不偏食、挑食。喜欢吃瓜果、蔬菜等新鲜食品。 4．愿意饮用白开水，不贪喝饮料。 5．不用脏手揉眼睛，连续看电视等不超过15分钟。 6．在提醒下，每天早晚刷牙、饭前便后洗手	1．每天按时睡觉和起床，并能坚持午睡。 2．喜欢参加体育活动。 3．不偏食、挑食，不暴饮暴食。喜欢吃瓜果、蔬菜等新鲜食品。 4．常喝白开水，不贪喝饮料。 5．知道保护眼睛，不在光线过强或过暗的地方看书，连续看电视等不超过20分钟。 6．每天早晚刷牙、饭前便后洗手，方法基本正确	1．养成每天按时睡觉和起床的习惯。 2．能主动参加体育活动。 3．吃东西时细嚼慢咽。 4．主动饮用白开水，不贪喝饮料。 5．主动保护眼睛。不在光线过强或过暗的地方看书，连续看电视等不超过30分钟。 6．每天早晚主动刷牙，饭前便后主动洗手，方法正确

教育建议：

1．让幼儿保持有规律的生活，养成良好的作息习惯。如：早睡早起、每天午睡、按时进餐、吃好早餐等。

2．帮助幼儿养成良好的饮食习惯。如：

- 合理安排餐点，帮助幼儿养成定点、定时、定量进餐的习惯。
- 帮助幼儿了解食物的营养价值，引导他们不偏食不挑食、少吃或不吃不利于健康的食品；多喝白开水，少喝饮料。
- 吃饭时不过分催促，提醒幼儿细嚼慢咽，不要边吃边玩。

3．帮助幼儿养成良好的个人卫生习惯。如：

- 早晚刷牙、饭后漱口。
- 勤为幼儿洗澡、换衣服、剪指甲。
- 提醒幼儿保护五官，如不乱挖耳朵、鼻孔，看电视时保持3米左右的距离等。

4．激发幼儿参加体育活动的兴趣，养成锻炼的习惯。如：

- 为幼儿准备多种体育活动材料，鼓励他选择自己喜欢的材料开展活动。
- 经常和幼儿一起在户外运动和游戏，鼓励幼儿和同伴一起开展体育活动。
- 和幼儿一起观看体育比赛或有关体育赛事的电视节目，培养他对体育活动的兴趣。

目标2 具有基本的生活自理能力

3~4岁	4~5岁	5~6岁
1．在帮助下能穿脱衣服或鞋袜。 2．能将玩具和图书放回原处	1．能自己穿脱衣服、鞋袜、扣纽扣。 2．能整理自己的物品	1．能知道根据冷热增减衣服。 2．会自己系鞋带。 3．能按类别整理好自己的物品

教育建议：

1．鼓励幼儿做力所能及的事情，对幼儿的尝试与努力给予肯定，不因做不好或做得慢而包办代替。

2．指导幼儿学习和掌握生活自理的基本方法，如穿脱衣服和鞋袜、洗手洗脸、擦鼻涕、擦屁股的正确方法。

3．提供有利于幼儿生活自理的条件。如：

- 提供一些纸箱、盒子，供幼儿收拾和存放自己的玩具、图书或生活用品等。
- 幼儿的衣服、鞋子等要简单实用，便于自己穿脱。

目标3　具备基本的安全知识和自我保护能力

3～4岁	4～5岁	5～6岁
1．不吃陌生人给的东西，不跟陌生人走。 2．在提醒下能注意安全，不做危险的事。 3．在公共场所走失时，能向警察或有关人员说出自己和家长的名字、电话号码等简单信息	1．知道在公共场合不远离成人的视线单独活动。 2．认识常见的安全标志，能遵守安全规则。 3．运动时能主动躲避危险。 4．知道简单的求助方式	1．未经大人允许不给陌生人开门。 2．能自觉遵守基本的安全规则和交通规则。 3．运动时能注意安全，不给他人造成危险。 4．知道一些基本的防灾知识

教育建议：

1．创设安全的生活环境，提供必要的保护措施。如：

- 要把热水瓶、药品、火柴、刀具等物品放到幼儿够不到的地方；阳台或窗台要有安全保护措施；要使用安全的电源插座等。
- 在公共场所要注意照看好幼儿；幼儿乘车、乘电梯时要有成人陪伴；不把幼儿单独留在家里或汽车里等。

2．结合生活实际对幼儿进行安全教育。如：

- 外出时，提醒幼儿要紧跟成人，不远离成人的视线，不跟陌生人走，不吃陌生人给的东西；不在河边和马路边玩耍；要遵守交通规则等。
- 帮助幼儿了解周围环境中不安全的事物，不做危险的事。如不动热水壶，不玩火柴或打火机，不摸电源插座，不攀爬窗户或阳台等。
- 帮助幼儿认识常见的安全标识，如：小心触电、小心有毒、禁止下河游泳、紧急出口等。
- 告诉幼儿不允许别人触摸自己的隐私部位。

3．教给幼儿简单的自救和求救的方法。如：

- 记住自己家庭的住址、电话号码、父母的姓名和单位，一旦走失时知道向成人求助，并能提供必要信息。
- 遇到火灾或其他紧急情况时，知道要拨打110、120、119等求救电话。
- 可利用图书、音像等材料对幼儿进行逃生和求救方面的教育，并运用游戏方式模拟练习。
- 幼儿园应定期进行火灾、地震等自然灾害的逃生演习。

二、语言

语言是交流和思维的工具。幼儿期是语言发展，特别是口语发展的重要时期。幼儿语言的发展贯穿于各个领域，也对其他领域的学习与发展有着重要的影响：幼儿在运用语言进行交流的同时，也在发展着人际交往能力、理解他人和判断交往情境的能力、组织自己思想的能力。通过语言获取信息，幼儿的学习逐步超越个体的直接感知。

幼儿的语言能力是在交流和运用的过程中发展起来的。应为幼儿创设自由、宽松的语言交往环境，鼓励和支持幼儿与成人、同伴交流，让幼儿想说、敢说、喜欢说并能得到积极回应。为幼儿提供丰富、适宜的低幼读物，经常和幼儿一起看图书、讲故事，丰富其语言表达能力，培养阅读兴趣和良好的阅读习惯，进一步拓展学习经验。

幼儿的语言学习需要相应的社会经验支持，应通过多种活动扩展幼儿的生活经验，丰富语言的内容，增强理解和表达能力。应在生活情境和阅读活动中引导幼儿自然而然地产生对文字的兴趣，用机械记忆和强化训练的方式让幼儿过早识字不符合其学习特点和接受能力。

（一）倾听与表达

目标1 认真听并能听懂常用语言

3～4岁	4～5岁	5～6岁
1．别人对自己说话时能注意听并做出回应。 2．能听懂日常会话	1．在群体中能有意识地听与自己有关的信息。 2．能结合情境感受到不同语气、语调所表达的不同意思。 3．方言地区和少数民族幼儿能基本听懂普通话	1．在集体中能注意听老师或其他人讲话。 2．听不懂或有疑问时能主动提问。 3．能结合情境理解一些表示因果、假设等相对复杂的句子

教育建议：

1．多给幼儿提供倾听和交谈的机会。如：经常和幼儿一起谈论他感兴趣的话题，或一起看图书、讲故事。

2．引导幼儿学会认真倾听。如：

- 成人要耐心倾听别人（包括幼儿）的讲话，等别人讲完再表达自己的观点。
- 与幼儿交谈时，要用幼儿能听得懂的语言。
- 对幼儿提要求和布置任务时要求他注意听，鼓励他主动提问。

3．对幼儿讲话时，注意结合情境使用丰富的语言，以便于幼儿理解。如：

- 说话时注意语气、语调，让幼儿感受语气、语调的作用。如对幼儿的不合理要求以比较坚定的语气表示不同意；讲故事时，尽量把故事人物高兴、悲伤的心情用不同的语气、语调表现出来。
- 根据幼儿的理解水平有意识地使用一些反映因果、假设、条件等关系的句子。

目标 2　愿意讲话并能清楚地表达

3～4 岁	4～5 岁	5～6 岁
1. 愿意在熟悉的人面前说话，能大方地与人打招呼。 2．基本会说本民族或本地区的语言。 3. 愿意表达自己的需要和想法，必要时能配以手势动作。 4. 能口齿清楚地说儿歌、童谣或复述简短的故事	1．愿意与他人交谈，喜欢谈论自己感兴趣的话题。 2．会说本民族或本地区的语言，基本会说普通话。少数民族聚居地区幼儿会用普通话进行日常会话。 3．能基本完整地讲述自己的所见所闻和经历的事情。 4．讲述比较连贯	1．愿意与他人讨论问题，敢在众人面前说话。 2．会说本民族或本地区的语言和普通话，发音正确清晰。少数民族聚居地区幼儿基本会说普通话。 3．能有序、连贯、清楚地讲述一件事情。 4．讲述时能使用常见的形容词、同义词等，语言比较生动

教育建议：

1．为幼儿创造说话的机会并体验语言交往的乐趣。

- 每天有足够的时间与幼儿交谈。如谈论他感兴趣的话题，询问和听取他对自己事情的意见等。
- 尊重和接纳幼儿的说话方式，无论幼儿的表达水平如何，都应认真地倾听并给予积极的回应。
- 鼓励和支持幼儿与同伴一起玩耍、交谈，相互讲述见闻、趣事或看过的图书、动画片等。
- 方言和少数民族地区应积极为幼儿创设用普通话交流的语言环境。

2．引导幼儿清楚地表达。如：

- 和幼儿讲话时，成人自身的语言要清楚、简洁。
- 当幼儿因为急于表达而说不清楚的时候，提醒他不要着急，慢慢说；同时要耐心倾听，给予必要的补充，帮助他理清思路并清晰地说出来。

目标 3　具有文明的语言习惯

3～4 岁	4～5 岁	5～6 岁
1．与别人讲话时知道眼睛要看着对方。 2．说话自然，声音大小适中。 3．能在成人的提醒下使用恰当的礼貌用语	1．别人对自己讲话时能回应。 2. 能根据场合调节自己说话声音的大小。 3．能主动使用礼貌用语，不说脏话、粗话	1．别人讲话时能积极主动地回应。 2．能根据谈话对象和需要，调整说话的语气。 3．懂得按次序轮流讲话，不随意打断别人。 4．能依据所处情境使用恰当的语言。如在别人难过时会用恰当的语言表示安慰

教育建议：

1．成人注意语言文明，为幼儿做出表率。如：

- 与他人交谈时，认真倾听，使用礼貌用语。
- 在公共场合不大声说话，不说脏话、粗话。
- 幼儿表达意见时，成人可蹲下来，眼睛平视幼儿，耐心听他把话说完。

2．帮助幼儿养成良好的语言行为习惯。如：

- 结合情境提醒幼儿一些必要的交流礼节。如对长辈说话要有礼貌，客人来访时要打招呼，得到帮助时要说谢谢等。
- 提醒幼儿遵守集体生活的语言规则，如轮流发言，不随意打断别人讲话等。
- 提醒幼儿注意公共场所的语言文明，如不大声喧哗。

（二）阅读与书写准备

目标1 喜欢听故事，看图书

3~4岁	4~5岁	5~6岁
1．主动要求成人讲故事、读图书。 2．喜欢跟读韵律感强的儿歌、童谣。 3．爱护图书，不乱撕、乱扔	1．反复看自己喜欢的图书。 2．喜欢把听过的故事或看过的图书讲给别人听。 3．对生活中常见的标识、符号感兴趣，知道它们表示一定的意义	1．专注地阅读图书。 2．喜欢与他人一起谈论图书和故事的有关内容。 3．对图书和生活情境中的文字符号感兴趣，知道文字表示一定的意义

教育建议：

1．为幼儿提供良好的阅读环境和条件。如：

- 提供一定数量、符合幼儿年龄特点、富有童趣的图画书。
- 提供相对安静的地方，尽量减少干扰，保证幼儿自主阅读。

2．激发幼儿的阅读兴趣，培养阅读习惯。如：

- 经常抽时间与幼儿一起看图书、讲故事。
- 提供童谣、故事和诗歌等不同体裁的儿童文学作品，让幼儿自主选择和阅读。
- 当幼儿遇到感兴趣的事物或问题时，和他一起查阅图书资料，让他感受图书的作用，体会通过阅读获取信息的乐趣。

3．引导幼儿体会标识、文字符号的用途。如：

- 向幼儿介绍医院、公用电话等生活中的常见标识，让他知道标识可以代表具体事物。
- 结合生活实际，帮助幼儿体会文字的用途。如买来新玩具时，把说明书上的文字念给幼儿听，了解玩具的玩法。

目标2 具有初步的阅读理解能力

3~4岁	4~5岁	5~6岁
1．能听懂短小的儿歌或故事。 2．会看画面，能根据画面说出图中有什么，发生了什么事等。 3．能理解图书上的文字是和画面对应的，是用来表达画面意义的	1．能大体讲出所听故事的主要内容。 2．能根据连续画面提供的信息，大致说出故事的情节。 3．能随着作品的展开产生喜悦、担忧等相应的情绪反应，体会作品所表达的情绪情感	1．能说出所阅读的幼儿文学作品的主要内容。 2．能根据故事的部分情节或图书画面的线索猜想故事情节的发展，或续编、创编故事。 3．对看过的图书、听过的故事能说出自己的看法。 4．能初步感受文学语言的美

教育建议：

1．经常和幼儿一起阅读，引导他以自己的经验为基础理解图书的内容。如：

- 引导幼儿仔细观察画面，结合画面讨论故事内容，学习建立画面与故事内容的联系。
- 和幼儿一起讨论或回忆书中的故事情节，引导他有条理地说出故事的大致内容。
- 在给幼儿读书或讲故事时，可先不告诉名字，让幼儿听完后自己命名，并说出这样命名的理由。
- 鼓励幼儿自主阅读，并与他人讨论自己在阅读中的发现、体会和想法。

2．在阅读中发展幼儿的想象和创造能力。如：

- 鼓励幼儿依据画面线索讲述故事，大胆推测、想象故事情节的发展，改编故事部分情节或续编故事结尾。
- 鼓励幼儿用故事表演、绘画等不同的方式表达自己对图书和故事的理解。
- 鼓励和支持幼儿自编故事，并为自编的故事配上图画，制成图画书。

3．引导幼儿感受文学作品的美。如：

- 有意识地引导幼儿欣赏或模仿文学作品的语言节奏和韵律。
- 给幼儿读书时，通过表情、动作和抑扬顿挫的声音传达书中的情绪情感，让幼儿体会作品的感染力和表现力。

目标 3　具有书面表达的愿望和初步技能

3～4 岁	4～5 岁	5～6 岁
1．喜欢用涂涂画画表达一定的意思	1．愿意用图画和符号表达自己的愿望和想法。 2．在成人提醒下，写写画画时姿势正确	1．愿意用图画和符号表现事物或故事。 2．会正确书写自己的名字。 3．写画时姿势正确

教育建议：

1．让幼儿在写写画画的过程中体验文字符号的功能，培养书写兴趣。如：

- 准备供幼儿随时取放的纸、笔等材料，也可利用沙地、树枝等自然材料，满足幼儿自由涂画的需要。
- 鼓励幼儿将自己感兴趣的事情或故事画下来并讲给别人听，让幼儿体会写写画画的方式可以表达自己的想法和情感。
- 把幼儿讲过的事情用文字记录下来，并念给他听，使幼儿知道说的话可以用文字记录下来，从中体会文字的用途。

2．在绘画和游戏中做必要的书写准备，如：

- 通过把虚线画出的图形轮廓连成实线等游戏，促进手眼协调，同时帮助幼儿学习由上至下、由左至右的运笔技能。
- 鼓励幼儿学习书写自己的名字。
- 提醒幼儿写画时保持正确姿势。

三、社会

幼儿社会领域的学习与发展过程是其社会性不断完善并奠定健全人格基础的过程。人际交往和社会适应是幼儿社会学习的主要内容，也是其社会性发展的基本途径。幼儿在与成人和同伴交往的过程中，不仅学习如何与人友好相处，也在学习如何看待自己、对待他人，不断发展适应社会生活的能力。良好的社会性发展对幼儿身心健康和其他各方面的发展都具有重要影响。

家庭、幼儿园和社会应共同努力，为幼儿创设温暖、关爱、平等的家庭和集体生活氛围，建立良好的亲子关系、师生关系和同伴关系，让幼儿在积极健康的人际关系中获得安全感和信任感，发展自信和自尊，在良好的社会环境及文化的熏陶中学会遵守规则，形成基本的认同感和归属感。

幼儿的社会性主要是在日常生活和游戏中通过观察和模仿潜移默化地发展起来的。成人应注重自己言行的榜样作用，避免简单生硬的说教。

（一）人际交往

目标1 愿意与人交往

3~4岁	4~5岁	5~6岁
1．愿意和小朋友一起游戏。 2．愿意与熟悉的长辈一起活动	1．喜欢和小朋友一起游戏，有经常一起玩的小伙伴。 2．喜欢和长辈交谈，有事愿意告诉长辈	1．有自己的好朋友，也喜欢结交新朋友。 2．有问题愿意向别人请教。 3．有高兴的或有趣的事愿意与大家分享

教育建议：

1．主动亲近和关心幼儿，经常和他一起游戏或活动，让幼儿感受到与成人交往的快乐，建立亲密的亲子关系和师生关系。

2．创造交往的机会，让幼儿体会交往的乐趣。如：

- 利用走亲戚、到朋友家做客或有客人来访的时机，鼓励幼儿与他人接触和交谈。
- 鼓励幼儿参加小朋友的游戏，邀请小朋友到家里玩，感受有朋友一起玩的快乐。
- 幼儿园应多为幼儿提供自由交往和游戏的机会，鼓励他们自主选择、自由结伴开展活动。

目标2 能与同伴友好相处

3~4岁	4~5岁	5~6岁
1．想加入同伴的游戏时，能友好地提出请求。 2．在成人指导下，不争抢、不独霸玩具。 3．与同伴发生冲突时，能听从成人的劝解	1．会运用介绍自己、交换玩具等简单技巧加入同伴游戏。 2．对大家都喜欢的东西能轮流、分享。 3．与同伴发生冲突时，能在他人帮助下和平解决。 4．活动时愿意接受同伴的意见和建议。 5．不欺负弱小	1．能想办法吸引同伴和自己一起游戏。 2．活动时能与同伴分工合作，遇到困难能一起克服。 3．与同伴发生冲突时能自己协商解决。 4．知道别人的想法有时和自己不一样，能倾听和接受别人的意见，不能接受时会说明理由。 5．不欺负别人，也不允许别人欺负自己

教育建议：

1．结合具体情境，指导幼儿学习交往的基本规则和技能。如：

- 当幼儿不知怎样加入同伴游戏，或提出请求不被接受时，建议他拿出玩具邀请大家一起玩；或者扮成某个角色加入同伴的游戏。
- 对幼儿与别人分享玩具、图书等行为给予肯定，让他对自己的表现感到高兴和满足。
- 当幼儿与同伴发生矛盾或冲突时，指导他尝试用协商、交换、轮流玩、合作等方式解决冲突。
- 利用相关的图书、故事，结合幼儿的交往经验，和他讨论什么样的行为受大家欢迎，想要得到别人的接纳应该怎样做。
- 幼儿园应多为幼儿提供需要大家齐心协力才能完成的活动，让幼儿在具体活动中体会合作的重要性，学习分工合作。

2．结合具体情境，引导幼儿换位思考，学习理解别人。如：

- 幼儿有争抢玩具等不友好行为时，引导他们想想“假如你是那个小朋友，你有什么感受？”让幼儿学习理解别人的想法和感受。

3．和幼儿一起谈谈他的好朋友，说说喜欢这个朋友的原因，引导他多发现同伴的优点、长处。

目标 3　具有自尊、自信、自主的表现

3～4 岁	4～5 岁	5～6 岁
1．能根据自己的兴趣选择游戏或其他活动。 2．为自己的好行为或活动成果感到高兴。 3．自己能做的事情愿意自己做。 4．喜欢承担一些小任务	1．能按自己的想法进行游戏或其他活动。 2．知道自己的一些优点和长处，并对此感到满意。 3．自己的事情尽量自己做，不愿意依赖别人。 4．敢于尝试有一定难度的活动和任务	1．能主动发起活动或在活动中出主意、想办法。 2．做了好事或取得了成功后还想做得更好。 3．自己的事情自己做，不会的愿意学。 4．主动承担任务，遇到困难能够坚持而不轻易求助。 5．与别人的看法不同时，敢于坚持自己的意见并说出理由

教育建议：

1．关注幼儿的感受，保护其自尊心和自信心。如：

- 能以平等的态度对待幼儿，使幼儿切实感受到自己被尊重。
- 对幼儿好的行为表现多给予具体、有针对性的肯定和表扬，让他对自己优点和长处有所认识并感到满足和自豪。
- 不要拿幼儿的不足与其他幼儿的优点做比较。

2．鼓励幼儿自主决定，独立做事，增强其自尊心和自信心。如：

- 与幼儿有关的事情要征求他的意见，即使他的意见与成人不同，也要认真倾听，接受他的合理要求。

- 在保证安全的情况下，支持幼儿按自己的想法做事；或提供必要的条件，帮助他实现自己的想法。
- 幼儿自己的事情尽量放手让他自己做，即使做得不够好，也应鼓励并给予一定的指导，让他在做事中树立自尊和自信。
- 鼓励幼儿尝试有一定难度的任务，并注意调整难度，让他感受经过努力获得的成就感。

目标4 关心尊重他人

3~4岁	4~5岁	5~6岁
1. 长辈讲话时能认真听，并能听从长辈的要求。 2. 身边的人生病或不开心时表示同情。 3. 在提醒下能做到不打扰别人	1. 会用礼貌的方式向长辈表达自己的要求和想法。 2. 能注意到别人的情绪，并有关心、体贴的表现。 3. 知道父母的职业，能体会到父母为养育自己所付出的辛劳	1. 能有礼貌地与人交往。 2. 能关注别人的情绪和需要，并能给予力所能及的帮助。 3. 尊重为大家提供服务的人，珍惜他们的劳动成果。 4. 接纳、尊重与自己的生活方式或习惯不同的人

教育建议：

1. 成人以身作则，以尊重、关心的态度对待自己的父母、长辈和其他人。如：

- 经常问候父母，主动做家务。
- 礼貌地对待老年人，如坐车时主动为老人让座。
- 看到别人有困难能主动关心并给予一定的帮助。

2. 引导幼儿尊重、关心长辈和身边的人，尊重他人劳动及成果。如：

- 提醒幼儿关心身边的人，如妈妈累了，知道让她安静休息一会儿。
- 借助故事、图书等给幼儿讲讲父母抚育孩子成长的经历，让幼儿理解和体会父爱与母爱。
- 结合实际情境，提醒幼儿注意别人的情绪，了解他们的需要，给予适当的关心和帮助。
- 利用生活机会和角色游戏，帮助幼儿了解与自己关系密切的社会服务机构及其工作，如商场、邮局、医院等，体会这些机构给大家提供的便利和服务，懂得尊重工作人员的劳动，珍惜劳动成果。

3. 引导幼儿学习用平等、接纳和尊重的态度对待差异。如：

- 了解每个人都有自己的兴趣、爱好和特长，可以相互学习。
- 利用民间游戏、传统节日等，适当向幼儿介绍我国主要民族和世界其他国家和民族的文化，帮助幼儿感知文化的多样性和差异性，理解人们之间是平等的，应该互相尊重，友好相处。

（二）社会适应

目标1　喜欢并适应群体生活

3～4岁	4～5岁	5～6岁
1. 对群体活动有兴趣。 2. 对幼儿园的生活好奇，喜欢上幼儿园	1. 愿意并主动参加群体活动。 2. 愿意与家长一起参加社区的一些群体活动	1. 在群体活动中积极、快乐。 2. 对小学生活有好奇和向往

教育建议：

1. 经常和幼儿一起参加一些群体性的活动，让幼儿体会群体活动的乐趣。如：参加亲戚、朋友和同事间的聚会以及适合幼儿参加的社区活动等，支持幼儿和不同群体的同伴一起游戏，丰富其群体活动的经验。

2. 幼儿园组织活动时，可以经常打破班级的界限，让幼儿有更多机会参加不同群体的活动。

3. 带领大班幼儿参观小学，讲讲小学有趣的活动，唤起他们对小学生活的好奇和向往，为入学做好心理准备。

目标2　遵守基本的行为规范

3～4岁	4～5岁	5～6岁
1. 在提醒下，能遵守游戏和公共场所的规则。 2. 知道不经允许不能拿别人的东西，借别人的东西要归还。 3. 在成人提醒下，爱护玩具和其他物品	1. 感受规则的意义，并能基本遵守规则。 2. 不私自拿不属于自己的东西。 3. 知道说谎是不对的。 4. 知道接受了的任务要努力完成。 5. 在提醒下，能节约粮食、水电等	1. 理解规则的意义，能与同伴协商制定游戏和活动规则。 2. 爱惜物品，用别人的东西时也知道爱护。 3. 做了错事敢于承认，不说谎 4. 能认真负责地完成自己所接受的任务。 5. 爱护身边的环境，注意节约资源

教育建议：

1. 成人要遵守社会行为规则，为幼儿树立良好的榜样。如：答应幼儿的事一定要做到、尊老爱幼、爱护公共环境，节约水电等。

2. 结合社会生活实际，帮助幼儿了解基本行为规则或其他游戏规则，体会规则的重要性，学习自觉遵守规则。如：

- 经常和幼儿玩带有规则的游戏，遵守共同约定的游戏规则。
- 利用实际生活情境和图书故事，向幼儿介绍一些必要的社会行为规则，以及为什么要遵守这些规则。
- 在幼儿园的区域活动中，创设情境，让幼儿体会没有规则的不方便，鼓励他们讨论制定规则并自觉遵守。
- 对幼儿表现出的遵守规则的行为要及时肯定，对违规行为给予纠正。如：幼儿主动为老人让座时要表扬；幼儿损害别人的物品或公共物品时要及时制止并主动赔偿。

3．教育幼儿要诚实守信。如：

- 对幼儿诚实守信的行为要及时肯定。
- 允许幼儿犯错误，告诉他改了就好。不要打骂幼儿，以免他因害怕惩罚而说谎。
- 小年龄幼儿经常分不清想象和现实，成人不要误认为他是在说谎。
- 发现幼儿说谎时，要反思是否是因自己对幼儿的要求过高过严造成的。如果是，要及时调整自己的行为，同时要严肃地告诉幼儿说谎是不对的。
- 经常给幼儿分配一些力所能及的任务，要求他完成并及时给予表扬，培养他的责任感和认真负责的态度。

目标3　具有初步的归属感

3~4岁	4~5岁	5~6岁
1．知道和自己一起生活的家庭成员及与自己的关系，体会到自己是家庭的一员。 2．能感受到家庭生活的温暖，爱父母，亲近与信赖长辈。 3．能说出自己家所在街道、小区（乡镇、村）的名称。 4．认识国旗，知道国歌	1．喜欢自己所在的幼儿园和班级，积极参加集体活动。 2．能说出自己家所在地的省、市、县（区）名称，知道当地有代表性的物产或景观。 3．知道自己是中国人。 4．奏国歌、升国旗时能自动站好	1．愿意为集体做事，为集体的成绩感到高兴。 2．能感受到家乡的发展变化并为此感到高兴。 3．知道自己的民族，知道中国是一个多民族的大家庭，各民族之间要互相尊重，团结友爱。 4．知道国家一些重大成就，爱祖国，为自己是中国人感到自豪

教育建议：

1．亲切地对待幼儿，关心幼儿，让他感到长辈是可亲、可近、可信赖的，家庭和幼儿园是温暖的。如：

- 多和孩子一起游戏、谈笑，尽量在家庭和班级中营造温馨的氛围。
- 通过和幼儿一起翻阅照片、讲幼儿成长的故事等，让幼儿感受到家庭和幼儿园的温暖，老师的和蔼可亲，对养育自己的人产生感激之情。

2．吸引和鼓励幼儿参加集体活动，萌发集体意识。如：

- 幼儿园和班级里的重大事情和计划，请幼儿集体讨论决定。
- 幼儿园应经常组织多种形式的集体活动，萌发幼儿的集体荣誉感。

3．运用幼儿喜闻乐见和能够理解的方式激发幼儿爱家乡、爱祖国的情感。如：

- 和幼儿说一说或在地图上找一找自己家所在的省、市、县（区）名称。
- 和幼儿一起外出游玩，一起看有关的电视节目或画报等；和他们一起收集有关家乡、祖国各地的风景名胜、著名的建筑、独特物产的图片等，在观看和欣赏的过程中激发幼儿的自豪感和热爱之情。
- 利用电视节目或参加升旗等活动，向幼儿介绍国旗、国歌以及观看升旗、奏国歌的礼仪。
- 向幼儿介绍反映中国人聪明才智的发明和创造，激发幼儿的民族自豪感。

四、科学

幼儿的科学学习是在探究具体事物和解决实际问题中，尝试发现事物间的异同和联系的过程。幼儿在对自然事物的探究和运用数学解决实际生活问题的过程中，不仅获得丰富的感性经验，充分发展形象思维，而且初步尝试归类、排序、判断、推理，逐步发展逻辑思维能力，为其他领域的深入学习奠定基础。

幼儿科学学习的核心是激发探究兴趣，体验探究过程，发展初步的探究能力。成人要善于发现和保护幼儿的好奇心，充分利用自然和实际生活机会，引导幼儿通过观察、比较、操作、实验等方法，学习发现问题、分析问题和解决问题；帮助幼儿不断积累经验，并运用于新的学习活动，形成受益终身的学习态度和能力。

幼儿的思维特点是以具体形象思维为主，应注重引导幼儿通过直接感知、亲身体验和实际操作进行科学学习，不应为追求知识和技能的掌握，对幼儿进行灌输和强化训练。

（一）科学探究

目标1　亲近自然，喜欢探究

3～4岁	4～5岁	5～6岁
1. 喜欢接触大自然，对周围的很多事物和现象感兴趣。 2. 经常问各种问题，或好奇地摆弄物品	1. 喜欢接触新事物，经常问一些与新事物有关的问题。 2. 常常动手动脑探索物体和材料，并乐在其中	1. 对自己感兴趣的问题总是刨根问底。 2. 能经常动手动脑寻找问题的答案。 3. 探索中有所发现时感到兴奋和满足

教育建议：

1. 经常带幼儿接触大自然，激发其好奇心与探究欲望。如：

- 为幼儿提供一些有趣的探究工具，用自己的好奇心和探究积极性感染和带动幼儿。
- 和幼儿一起发现并分享周围新奇、有趣的事物或现象，一起寻找问题的答案。
- 通过拍照和画图等方式保留和积累有趣的探索与发现。

2. 真诚地接纳、多方面支持和鼓励幼儿的探索行为。如：

- 认真对待幼儿的问题，引导他们猜一猜、想一想，有条件时和幼儿一起做一些简易的调查或有趣的小实验。
- 容忍幼儿因探究而弄脏、弄乱、甚至破坏物品的行为，引导他们活动后做好收拾整理。
- 多为幼儿选择一些能操作、多变化、多功能的玩具材料或废旧材料，在保证安全的前提下，鼓励幼儿拆装或动手自制玩具。

目标2 具有初步的探究能力

3~4岁	4~5岁	5~6岁
1. 对感兴趣的事物能仔细观察，发现其明显特征。 2. 能用多种感官或动作去探索物体，关注动作所产生的结果	1. 能对事物或现象进行观察比较，发现其相同与不同。 2. 能根据观察结果提出问题，并大胆猜测答案。 3. 能通过简单的调查收集信息。 4. 能用图画或其他符号进行记录	1. 能通过观察、比较与分析，发现并描述不同种类物体的特征或某个事物前后的变化。 2. 能用一定的方法验证自己的猜测。 3. 在成人的帮助下能制订简单的调查计划并执行。 4. 能用数字、图画、图表或其他符号记录。 5. 探究中能与他人合作与交流

教育建议：

1. 有意识地引导幼儿观察周围事物，学习观察的基本方法，培养观察与分类能力。如：

- 支持幼儿自发的观察活动，对其发现表示赞赏。
- 通过提问等方式引导幼儿思考并对事物进行比较观察和连续观察。
- 引导幼儿在观察和探索的基础上，尝试进行简单的分类、概括。如：根据运动方式给动物分类，根据生长环境给植物分类，根据外部特征给物体分类等等。

2. 支持和鼓励幼儿在探究的过程中积极动手动脑寻找答案或解决问题。如：

- 鼓励幼儿根据观察或发现提出值得继续探究的问题，或成人提出有探究意义且能激发幼儿兴趣的问题。如：皮球、轮胎、竹筒等物体滚动时都走直线吗？怎样让橡皮泥球浮在水面上？
- 支持和鼓励幼儿大胆联想、猜测问题的答案，并设法验证。如：玩风车时，鼓励幼儿猜测风车转动方向及速度快慢的原因和条件，并实际去验证。
- 支持、引导幼儿学习用适宜的方法探究和解决问题，或为自己的想法收集证据。如：想知道院子里有多少种植物，可以进行实地调查；想知道球在平地上还是在斜坡上滚得快，可以动手试一试；想证明影子的方向与太阳的位置有关，可以做个小实验进行验证等。

3. 鼓励和引导幼儿学习做简单的计划和记录，并与他人交流分享。如：

- 和幼儿共同制订调查计划，讨论调查对象、步骤和方法等，也可以和幼儿一起设法用图画、箭头等标识呈现计划。
- 鼓励幼儿用绘画、照相、做标本等办法记录观察和探究的过程与结果，注意要让记录有意义，通过记录帮助幼儿丰富观察经验、建立事物之间的联系和分享发现。

- 支持幼儿与同伴合作探究与分享交流，引导他们在交流中尝试整理、概括自己探究的成果，体验合作探究和发现的乐趣。如一起讨论和分享自己的问题与发现，一起想办法收集资料和验证猜测。

4．帮助幼儿回顾自己探究过程，讨论自己做了什么，怎么做的，结果与计划目标是否一致，分析一下原因以及下一步要怎样做等。

目标 3　在探究中认识周围事物和现象

3～4 岁	4～5 岁	5～6 岁
1．认识常见的动植物，能注意并发现周围的动植物是多种多样的。 2．能感知和发现物体和材料的软硬、光滑和粗糙等特性。 3．能感知和体验天气对自己生活和活动的影响。 4．初步了解和体会动植物和人们生活的关系	1．能感知和发现动植物的生长变化及其基本条件。 2．能感知和发现常见材料的溶解、传热等性质或用途。 3．能感知和发现简单物理现象，如物体形态或位置变化等。 4．能感知和发现不同季节的特点，体验季节对动植物和人的影响。 5．初步感知常用科技产品与自己生活的关系，知道科技产品有利也有弊	1．能察觉到动植物的外形特征、习性与生存环境的适应关系。 2．能发现常见物体的结构与功能之间的关系。 3．能探索并发现常见的物理现象产生的条件或影响因素，如影子、沉浮等。 4．感知并了解季节变化的周期性，知道变化的顺序。 5．初步了解人们的生活与自然环境的密切关系，知道尊重和珍惜生命，保护环境

教育建议：

1．支持幼儿在接触自然、生活事物和现象中积累有益的直接经验和感性认识。如：

- 和幼儿一起通过户外活动、参观考察、种植和饲养活动，感知生物的多样性和独特性，以及生长发育、繁殖和死亡的过程。
- 给幼儿提供丰富的材料和适宜的工具，支持幼儿在游戏过程中探索并感知常见物质、材料的特性和物体的结构特点。

2．引导幼儿在探究中思考，尝试进行简单的推理和分析，发现事物之间明显的关联。如：

- 引导 5 岁以上幼儿关注和思考动植物的外部特征、习性与生活环境对动植物生存的意义。如兔子的长耳朵具有自我保护的作用；植物种子的形状有助于其传播等。
- 引导幼儿根据常见物质、材料的特性和物体的结构特点，推测和证实它们的用途。如：带轮子的物体方便移动；不同用途的车辆有不同的结构等。

3．引导幼儿关注和了解自然、科技产品与人们生活的密切关系，逐渐懂得热爱、尊重、保护自然。如：

- 结合幼儿的生活需要，引导他们体会人与自然、动植物的依赖关系。如：动植物、季节变化与人们生活的关系、常见灾害性天气给人们生产和生活带来的影响等。

● 和幼儿一起讨论常见科技产品的用途和弊端，如：汽车等交通工具给生活带来的方便和对环境的污染等。

（二）数学认知

目标1 初步感知生活中数学的有用和有趣

3~4岁	4~5岁	5~6岁
1．感知和发现周围物体的形状是多种多样的，对不同的形状感兴趣。 2．体验和发现生活中很多地方都用到数	1．在指导下，感知和体会有些事物可以用形状来描述。 2．在指导下，感知和体会有些事物可以用数来描述，对环境中各种数字的含义有进一步探究的兴趣	1．能发现事物简单的排列规律，并尝试创造新的排列规律。 2．能发现生活中许多问题都可以用数学的方法来解决，体验解决问题的乐趣

教育建议：

1．引导幼儿注意事物的形状特征，尝试用表示形状的词来描述事物，体会描述的生动形象性和趣味性。如：

● 参观游览后，和幼儿一起谈论所看到的事物的形状，鼓励幼儿产生联想，并用自己的语言进行描述。如：熊猫的身体圆圆的，全身好像是一个个的圆形组成的。

● 和幼儿交谈或读书讲故事时，适当地运用一些有关形状的词汇来描述事物，如看图片时，和幼儿讨论奥运会场馆的形状，体会为什么有的场馆叫“水立方”，有的叫“鸟巢”。

2．引导幼儿感知和体会生活中很多地方都用到数，关注周围与自己生活密切相关的数的信息，体会数可以代表不同的意义。如：

● 和幼儿一起寻找发现生活中用数字做标识的事物，如电话号码、时钟、日历和商品的价签等。

● 引导幼儿了解和感受数用在不同的地方，表示的意义是不一样的。如天气预报中表示气温的数代表冷热状况；钟表上的数表明时间的早晚等。

● 鼓励幼儿尝试使用数的信息进行一些简单的推理。如知道今天是星期五，能推断明天是星期六，爸爸妈妈休息。

3．引导幼儿观察发现按照一定规律排列的事物，体会其中的排列特点与规律，并尝试自己创造出新的排列规律。如：

● 和幼儿一起发现和体会按一定顺序排列的队形整齐有序。

● 提供具有重复性旋律和词语的音乐、儿歌和故事，或利用环境中有序排列的图案（如按颜色间隔排列的瓷砖、按形状间隔排列的珠帘等），鼓励幼儿发现和感受其中的规律。

● 鼓励幼儿尝试自己设计有规律的花边图案、创编有一定规律的动作，或者按某种规律进行搭建活动。

● 引导幼儿体会生活中很多事情都是有一定顺序和规律的，如一周七天的顺序是从周一到周日，一年四季按照春夏秋冬轮回等。

4．鼓励和支持幼儿发现、尝试解决日常生活中需要用到数学的问题，体会数学的用处。如：

- 拍球、跳绳、跳远或投沙包时，可通过数数、测量的方法确定名次。
- 讨论春游去哪里玩时，让幼儿商量想去哪里玩？每个想去的地方有多少人？根据统计结果做出决定。
- 滑滑梯时，按照“先来先玩”的规则有序地排队玩。

目标 2　感知和理解数、量及数量关系

3～4 岁	4～5 岁	5～6 岁
1．能感知和区分物体的大小、多少、高矮长短等量方面的特点，并能用相应的词表示。 2．能通过一一对应的方法比较两组物体的多少。 3．能手口一致地点数 5 个以内的物体，并能说出总数。能按数取物。 4．能用数词描述事物或动作。如我有 4 本图书	1．能感知和区分物体的粗细、厚薄、轻重等量方面的特点，并能用相应的词语描述。 2．能通过数数比较两组物体的多少。 3．能通过实际操作理解数与数之间的关系，如 5 比 4 多 1；2 和 3 合在一起是 5。 4．会用数词描述事物的排列顺序和位置	1．初步理解量的相对性。 2．借助实际情境和操作（如合并或拿取）理解“加”和“减”的实际意义。 3．能通过实物操作或其他方法进行 10 以内的加减运算。 4．能用简单的记录表、统计图等表示简单的数量关系

教育建议：

1．引导幼儿感知和理解事物“量”的特征。如：

- 感知常见事物的大小、多少、高矮、粗细等量的特征，学习使用相应的词汇描述这些特征。
- 结合具体事物让幼儿通过多次比较逐渐理解“量”是相对的。如小亮比小明高，但比小强矮。
- 收拾物品时，根据情况，鼓励幼儿按照物体量的特征分类整理。如整理图书时按照大小摆放。

2．结合日常生活，指导幼儿学习通过对应或数数的方式比较物体的多少。如：

- 鼓励幼儿在一对一配对的过程中发现两组物体的多少。如，在给桌子上的每个碗配上勺子时，发现碗和勺多少的不同。
- 鼓励幼儿通过数数比较两样东西的多少。如数一数有多少个苹果，多少个梨，判断苹果和梨哪个多，哪个少。

3．利用生活和游戏中的实际情境，引导幼儿理解数概念。如：

- 结合生活需要，和幼儿一起手口一致点数物体，得出物体的总数。
- 通过点数的方式让幼儿体会物体的数量不会因排列形式、空间位置的不同而发生变化。如鼓励幼儿将一定数量的扣子以不同的形式摆放，体会扣子的数量是不变的。
- 结合日常生活，为幼儿提供“按数取物”的机会，如游戏时，请幼儿按要求拿出几个球。

4．通过实物操作引导幼儿理解数与数之间的关系，并用“加”或“减”的办法来解决问题。如：

- 游戏中遇到让 4 个小动物住进两间房子的问题，或生活中遇到将 5 块饼干分给两个小朋友问题时，让幼儿尝试不同的分法。
- 鼓励幼儿尝试自己解决生活中的数学问题。如家里来了 5 位客人，桌子上只有 3 个杯子，还需要几个杯子等。
- 购少量物品时，有意识地鼓励幼儿参与计算和付款的过程等。

目标 3　感知形状与空间关系

3～4 岁	4～5 岁	5～6 岁
1．能注意物体较明显的形状特征，并能用自己的语言描述。 2．能感知物体基本的空间位置与方位，理解上下、前后、里外等方位词	1．能感知物体的形体结构特征，画出或拼搭出该物体的造型。 2．能感知和发现常见几何图形的基本特征，并能进行分类。 3．能使用上下、前后、里外、中间、旁边等方位词描述物体的位置和运动方向	1．能用常见的几何形体有创意地拼搭和画出物体的造型。 2．能按语言指示或根据简单示意图正确取放物品。 3．能辨别自己的左右

教育建议：

1．用多种方法帮助幼儿在物体与几何形体之间建立联系。如：

- 引导幼儿感受生活中各种物品的形状特征，并尝试识别和描述。如感受和识别盘子、桌子、车轮、地砖等物品的形状特征。
- 鼓励和支持幼儿用积木、纸盒、拼板等各种形状材料进行建构游戏或制作活动。如用长方形的纸盒加两个圆形瓶盖制作“汽车”。
- 收拾整理积木时，引导幼儿体验图形之间的转换。如两个三角形可组合成一个正方形，两个正方形可组合成一个长方形。
- 引导幼儿注意观察生活物品的图形特征，鼓励他们按形状分类整理物品。

2．丰富幼儿空间方位识别的经验，引导幼儿运用空间方位经验解决问题。如：

- 请幼儿取放物体时，使用他们能够理解的方位词，如把桌子下面的东西放到窗台上，把花盆放在大树旁边等。
- 和幼儿一起识别熟悉场所的位置。如超市在家的旁边，邮局在幼儿园的前面。
- 在体育、音乐和舞蹈活动中，引导幼儿感受空间方位和运动方向。
- 和幼儿玩按指令找宝的游戏。对年龄小的幼儿要求他们按语言指令寻找，对年龄大些的幼儿可要求按照简单的示意图寻找。

五、艺术

艺术是人类感受美、表现美和创造美的重要形式，也是表达自己对周围世界的认识和情绪态度的独特方式。

每个幼儿心里都有一颗美的种子。幼儿艺术领域学习的关键在于充分创造条件和机会，在大自然和社会文化生活中萌发幼儿对美的感受和体验，丰富其想象力和创造力，引导幼儿学会用心灵去感受和发现美，用自己的方式去表现和创造美。

幼儿对事物的感受和理解不同于成人，他们表达自己认识和情感的方式也有别于成人。幼儿独特的笔触、动作和语言往往蕴含着丰富的想象和情感，成人应对幼儿的艺术表现给予充分的理解和尊重，不能用自己的审美标准去评判幼儿，更不能为追求结果的“完美”而对幼儿进行千篇一律的训练，以免扼杀其想象与创造的萌芽。

（一）感受与欣赏

目标 1　喜欢自然界与生活中美的事物

3～4 岁	4～5 岁	5～6 岁
1. 喜欢观看花草树木、日月星空等大自然中美的事物。 2. 容易被自然界中的鸟鸣、风声、雨声等好听的声音所吸引	1. 在欣赏自然界和生活环境中美的事物时，关注其色彩、形态等特征。 2. 喜欢倾听各种好听的声音，感知声音的高低、长短、强弱等变化	1. 乐于收集美的物品或向别人介绍所发现的美的事物。 2. 乐于模仿自然界和生活环境中有特点的声音，并产生相应的联想

教育建议：

1. 和幼儿一起感受、发现和欣赏自然环境和人文景观中美的事物。如：

- 让幼儿多接触大自然，感受和欣赏美丽的景色和好听的声音。
- 经常带幼儿参观园林、名胜古迹等人文景观，讲讲有关的历史故事、传说，与幼儿一起讨论和交流对美的感受。

2. 和幼儿一起发现美的事物的特征，感受和欣赏美。如：

- 让幼儿观察常见动植物以及其他物体，引导幼儿用自己的语言、动作等描述它们美的方面，如颜色、形状、形态等。
- 让幼儿倾听和分辨各种声响，引导幼儿用自己的方式来表达他对音色、强弱、快慢的感受。
- 支持幼儿收集喜欢的物品并和他一起欣赏。

目标 2　喜欢欣赏多种多样的艺术形式和作品

3～4 岁	4～5 岁	5～6 岁
1. 喜欢听音乐或观看舞蹈、戏剧等表演。 2. 乐于观看绘画、泥塑或其他艺术形式的作品	1. 能够专心地观看自己喜欢的文艺演出或艺术品，有模仿和参与的愿望。 2. 欣赏艺术作品时会产生相应的联想和情绪反应	1. 艺术欣赏时常常用表情、动作、语言等方式表达自己的理解。 2. 愿意和别人分享、交流自己喜爱的艺术作品和美感体验

教育建议：

1. 创造条件让幼儿接触多种艺术形式和作品。如：

- 经常让幼儿接触适宜的、各种形式的音乐作品，丰富幼儿对音乐的感受和体验。
- 和幼儿一起用图画、手工制品等装饰和美化环境。
- 带幼儿观看或共同参与传统民间艺术和地方民俗文化活动，如皮影戏、剪纸和捏面人等。
- 有条件的情况下，带幼儿去剧院、美术馆、博物馆等欣赏文艺表演和艺术作品。

2. 尊重幼儿的兴趣和独特感受，理解他们欣赏时的行为。如：

- 理解和尊重幼儿在欣赏艺术作品时的手舞足蹈、即兴模仿等行为。
- 当幼儿主动介绍自己喜爱的舞蹈、戏曲、绘画或工艺品时，要耐心倾听并给予积极回应和鼓励。

（二）表现与创造

目标1　喜欢进行艺术活动并大胆表现

3～4岁	4～5岁	5～6岁
1.经常自哼自唱或模仿有趣的动作、表情和声调。 2.经常涂涂画画、粘粘贴贴并乐在其中	1. 经常唱唱跳跳，愿意参加歌唱、律动、舞蹈、表演等活动。 2. 经常用绘画、捏泥、手工制作等多种方式表现自己的所见所想	1. 积极参与艺术活动，有自己比较喜欢的活动形式。 2. 能用多种工具、材料或不同的表现手法表达自己的感受和想象。 3. 艺术活动中能与他人相互配合，也能独立表现

教育建议：

1. 创造机会和条件，支持幼儿自发的艺术表现和创造。

- 提供丰富的便于幼儿取放的材料、工具或物品，支持幼儿进行自主绘画、手工、歌唱、表演等艺术活动。
- 经常和幼儿一起唱歌、表演、绘画、制作，共同分享艺术活动的乐趣。

2. 营造安全的心理氛围，让幼儿敢于并乐于表达表现。如：

- 欣赏和回应幼儿的哼哼唱唱、模仿表演等自发的艺术活动，赞赏他独特的表现方式。
- 在幼儿自主表达创作过程中，不做过多干预或把自己的意愿强加给幼儿，在幼儿需要时再给予具体的帮助。
- 了解并倾听幼儿艺术表现的想法或感受，领会并尊重幼儿的创作意图，不简单用“像不像”“好不好”等成人标准来评价。
- 展示幼儿的作品，鼓励幼儿用自己的作品或艺术品布置环境。

目标 2 具有初步的艺术表现与创造能力

3～4 岁	4～5 岁	5～6 岁
1. 能模仿学唱短小歌曲。 2. 能跟随熟悉的音乐做身体动作。 3. 能用声音、动作、姿态模拟自然界的事物和生活情景。 4. 能用简单的线条和色彩大体画出自己想画的人或事物	1. 能用自然的、音量适中的声音基本准确地唱歌。 2. 能通过即兴哼唱、即兴表演或给熟悉的歌曲编词来表达自己的心情。 3. 能用拍手、踏脚等身体动作或可敲击的物品敲打节拍和基本节奏。 4. 能运用绘画、手工制作等表现自己观察到或想象的事物	1. 能用基本准确的节奏和音调唱歌。 2. 能用律动或简单的舞蹈动作表现自己的情绪或自然界的情景。 3. 能自编自演故事，并为表演选择和搭配简单的服饰、道具或布景。 4. 能用自己制作的美术作品布置环境、美化生活

教育建议：

尊重幼儿自发的表现和创造，并给予适当的指导。如：

- 鼓励幼儿在生活中细心观察、体验，为艺术活动积累经验与素材。如，观察不同树种的形态、色彩等。
- 提供丰富的材料，如图书、照片、绘画或音乐作品等，让幼儿自主选择，用自己喜欢的方式去模仿或创作，成人不做过多要求。
- 根据幼儿的生活经验，与幼儿共同确定艺术表达表现的主题，引导幼儿围绕主题展开想象，进行艺术表现。
- 幼儿绘画时，不宜提供范画，特别不应要求幼儿完全按照范画来画。
- 肯定幼儿作品的优点，用表达自己感受的方式引导其提高。如，“你的画用了这么多红颜色，感觉就像过年一样喜庆”“你扮演的大灰狼声音真像，要是表情再凶一点就更好了”等。